잠재고객을 충성고객으로

콘텐츠 인사이트
2024

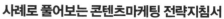

사례로 풀어보는 콘텐츠마케팅 전략지침서

더콘텐츠연구소·박혜진

콘텐츠
인사이트
2024

잠재고객을
충성고객으로

THE CONTENTS 🗩

목 차

콘텐츠
인사이트
2024

Trend

'트렌드'는 현시점
대중들의 이목을 사로잡은
성공 공식 중 하나입니다.
디지털 마케팅의 트렌드는
타 산업에 비해 빠르게 변화하고 있어,
트렌드의 흐름을 살피는 역량이
더욱 요구되고 있습니다.

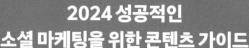

**2024 성공적인
소셜 마케팅을 위한 콘텐츠 가이드**

콘텐츠로 브랜드·정책 소비자와 똑똑하게 소통하는 방법

2024 성공적인 소셜 마케팅을 위한 콘텐츠 가이드

다양한 소셜미디어 채널속에서 실시간 쏟아져 나오는 각양각색의 콘텐츠들. 웹사이트가 서핑을 통해야만 얻을 수 있는 정보의 호수라면 소셜미디어는 참여하는 것만으로도 얻을 수 있는 정보의 진정한 바다라 할 수 있다. 제품이나 정책의 생산과 소비, 유통의 순환과정에서 양방향 소통은 중요한 핵심 요소이고 효과적인 소통을 위한 콘텐츠는 성공의 관건이라 해도 과언이 아니다.

이런 환경에서 개인은 물론이고 기업·기관의 SNS 담당자들은 과연 어떻게 독창적이고 차별화된 정보를 생산하고 공유해 나갈 것이냐가 문제다. 특히 주어진 무기가 내 것이 아닌 전월세로 세 들어 살고 있는 입장에서 집주인의 동향에 영향을 받아야 하고 비용을 지불해도 성과를 기대할 수 없는 환경에서는 더욱 고객과의 소통 매개체인 콘텐츠가 성공과 실패를 결정한다.

어떤 콘텐츠로 어떻게 소통을 해야 효과적일까? 소통하는 방식은 정말 다양하다. 그 중에서 SNS를 기반으로 하는 디지털 소통은 참여, 개방, 공유, 수평, 상호작용이라는 속성이 담겨있어 소통 경쟁력에서 핵심 역할을 맡고 있다. 그러나 디지털 소통 시스템이 아무리 잘 갖춰져 있어도 이를 활용하는 사람의 디지털 마인드가 부족하면 무용지물이다. 또한 개인의 디지털 소통역량이 뛰어나더라도 그 조직의 문화가 권위주의와 폐쇄성을 극복하지 못하면 이 또한 소용이 없다. 특히 조직의 CEO와 경영층의 디지털 소통 마인드 부재는 좋은 성과를 기대하기 어렵다. 이러한 환경속에서 B2B기업 중 GS칼텍스와 현대모비스의 디지털 소통은 우수사례로 손꼽히고 있다. 장치산업과 제조업의 경우 조직문화와 구성원의 소통마인드가 경직돼 있을 것으로 예상하지만 오히려 두 기업은 B2C기업보다 비교우위 소통경쟁력을 확보하고 있다.

다음은 콘텐츠이다. 300여개 기업·기관의 디지털 소통활동을 분석해 보면 환경과 트렌드가 변하더라도 그 중심을 관통하는 성공요인이 존재한다. 브랜드와 미디어의 융합, 참신하고 기발한 콘텐츠, 감성적 스토리텔링, 크리에이터 협업, 타이밍에 강한 콘텐츠, 매출과 정책에 기여하는 콘텐츠, 고객참여형 콘텐츠, 정보·재미·혜택을 주는 콘텐츠, 트렌드를 빠르게 접목한 콘텐츠, 콜라보레이션 콘텐츠, 신기술 접목 메타버스, NFT콘텐츠 등의 요소이다.

그중 브랜드와 미디어와의 융합은 브랜드와 미디어의 융합은 얼마나 브랜드가 미디어에 브랜드를 담아내고 있는지를 의미한다. 즉, 브랜드는 주체적으로 자신의 스토리를 전달하는 방식으로 변화할 필요가 있다. 비용을 지불하는 페이드 미디어Paid Media와는 달리 온드 미디어Owned Media 개념의 브랜드 미디어는 허브 역할과 정보 DB 역할도 수행하면서 고객과의 지속적인 소통의 장으로 충성고객 확보를 위한 중요한 다리 역할을 하고 있다.

국내는 삼성전자, 현대차그룹, SK그룹, GS칼텍스가 대표적인 사례이고 해외는 코카콜라, 시스코, 맥도널드, 월마트, GE 등이 브랜드 미디어를 활발하게 운영하고 있다.

이제 브랜드가 곧 콘텐츠다. 업의 특성에 적합한 브랜디드 콘텐츠는 일방적인 정보 피로도를 없애 주고 콘텐츠에 브랜드를 연결해주고 연상시킬 수 있는 웹툰, 영상, 게임, 드라마 등 시각적 형태로 전달함으로써 브랜드 메시지와 제품, 정책을 효율적으로 전달하는 방식이 되고 있다. LG유플러스, 우리은행, 삼성생명, 신한카드, 현대백화점면세점, NS홈쇼핑 등의 브랜디드 콘텐츠가 호평을 받은 사례이다.

공공기관은 경우 업의 특성이 명확하다. 독창적인 콘텐츠를 기반으로 차별화된 스토리텔링, 그리고 실무자의 소통능력 향상 등에 힘입어 SNS 소통효과를 톡톡히 보고 있다. 지자체의 경우 이제 도시는 글로벌 도시를 지향하고 있어 도시 브랜딩을 통한 소통 활동은 국내외를 막론하고 확대될 것이다. 국립공원공단, 서울시, 충청남도, 천안시, 국민연금공단, 국립생태원, KTV, 한국장학재단 등에서 공공의 이정표를 제시해 주고 있다.

또한 네트워크 발전은 커머스와의 연계를 촉발시키고 있다. 미디어와 커머스, 영상과 커머스와의 만남은 이제 필연적이다. 제품과 정책 마케팅에 중요한 요소로 재미와 흥미 위주의 콘텐츠와 병행하여 실질적인 매출과 정책에 기여하는 콘텐츠가 각광을 받고 있다. 특히 11번가 예능형 라이브 커머스 등 소셜미디어의 커머스화는 판매를 촉진하고자 하는 기업의 니즈와 맞물려 성장을 거듭하고 있고 핵심 전략으로 부상하고 있다.

디지털 소통의 성공과 실패는 네트워크 변화에 대응하기 위해 새롭게 접근하는 것보다는 기존의 콘텐츠를 새로운 관점에서 재설계하면서 마인드를 새롭게 가져야 할 필요가 있다. 참여, 개방, 공유, 수평, 투명한 문화가 조직내에 실질적으로 자리잡아야 성과를 거둘 수 있다. 문제는 콘텐츠고 답은 사람에게 달려 있다. 정해진 목적지가 아닌 소비자와 통하는 여정을 관리하는 콘텐츠와 스토리 로드맵 전략이 필요하다. 다음은 400여개 기업 및 공공기관의 콘텐츠 사례를 분석한 결과 공통적인 핵심 성공요인을 정리한 내용이다.

01

임직원 참여 콘텐츠로 정보의 신뢰성을 높여라
소소한 임직원들의 이야기는 고객 소통경쟁력의 토양이다

삼성전자 임직원 활용 유튜브 콘텐츠 '삼반뉴스'

조직 내 1개 팀 또는 담당자 1~2명이 수만 또는 수십만 명의 고객과 제대로 소통하는 것은 쉽지 않다. 이야기할 소재는 한정되어 있으며 고객에 적합한 콘텐츠 제작, 그리고 실시간 불특정 다수 고객과의 대화, 이에 대한 이해를 동반해야 성과를 얻을 수 있기에 상사와 경영층에 대한 끊임없는 구애작전과 당장 급한 사안이 아닌 사내 마케팅 활동을 지속하는 것은 지치기 마련이다. 이로 인해 외부 대행사에 조력을 받기도 하고 대학생 서포터즈도 참여시켜 보지만 업의 특성과 연관된 전문성 있는 콘텐츠 제작과 우리 이야기의 쉬운 전개에 대한 필요성에 따라 내부 직원의 도움이 절대적으로 필요하다. 해당 기업의 제품에 대한 전문지식은 내부 직원이 제일 잘 알기 때문이다. 내부소통에서 경쟁력을 갖춘 기업·기관은 SNS 고객 소통에도 강점을 확실히 보여준다.

삼성전자 반도체의 경우 유튜브 채널을 통해 삼반뉴스 코너를 통해 어려운 반도체 지식을 임직원이 직접 출연하여 콘텐츠를 제작하고 있다. 당연히 고객의 이해도를 높이고 기업의 이야기를 흥미롭게 전달한다. 현대자동차 그룹은 뉴스룸을 통해 〈함께하는 미래공감 스토리〉, 〈HMG 라이프〉 등을 통해 직원 콘텐츠를 영상으로 제작하여 자동차 관련 정보와 ESG 등 직원들의 업무에 대해 자세하게 정보를 전달해 주고 있어 좋은 반응을 얻고 있다. 이처럼, 회사 구성원들의 관심과 적극적인 참여는 고객과의 소통경쟁력 강화에 믿음직한 기반이 된다.

전문적인 정보제공은 물론 임직원의 친근한 모습을 전달하는 콘텐츠도 강점을 보이고 있다. 한국중부발전은 재직하는 임직원이 직접 방문하여 엄선한 맛집 리스트를 생생한 한 줄 평과 함께 제작한 슬기로운 맛집 생활 편이 연재 중이다. 해당 콘텐츠에는 '꼭 가보고 싶다', '다른 지역의 맛집도 부탁드린다.'와 같은 사용자들의 호평이 이어지고 있다. 또한, 직장생활을 시작하는 MZ 세대 신입사원들을 위해 '퇴근 시간 단축해 보자'를 주제로 사무실에서 자주 사용하는 프로그램의 단축키를 알려주는 시리즈를 연재하여 MZ 세대 신입 직장인들에게 호평을 받았다.

02
고객 참여 콘텐츠로 브랜드 이미지를 강화하라
참여 기반의 콘텐츠는 신뢰감 형성에 좋은 원동력이 된다

참여와 경험마케팅이 뜨고 있다. 타인이 실제 경험한 의견이 제품구매 또는 정책수용에 영향을 미치는 중요한 요소로 떠오르고 있다. 이는 고객의 생각과 경

LG유플러스 고객 브랜드 화보 캠페인 콘텐츠

험이 공유되는 SNS를 통해 더욱 강화되고 있다. 일반적으로 미끼성 맛집 추천은 쉽게 믿지 못하지만 느슨한 관계라도 타임라인상의 친구가 추천하는 맛집에는 고개를 끄덕이기 마련이다. 광고성 리뷰와 실제 리뷰가 혼재하는 공간에서 고객들의 실제 경험을 기반으로 하는 콘텐츠는 고객과의 신뢰감 형성에 중요한 역할을 한다.

LG 유플러스는 고객참여형 콘텐츠 'WHY NOT 고객 브랜드 화보 시리즈'를 인스타그램 채널에 지속적으로 선보이고 있다. 고객 경험 혁신 캠페인의 핵심 역할을 맡고 있으며, 고객 화보를 통해 고객에게 색다른 경험을 선사하는 것은 물론 LG 유플러스의 브랜드 지향점을 자연스럽게 전달하고 있는 것이 특징이다. 진정성, 도전, 담대함, 적극성 등 고객들의 다양한 페르소나를 브랜드 정체성과 연관 짓는 이야기로 재치 있게 풀어나간다.

해당 콘텐츠는 단지 매출을 위한 마케팅이 아닌, 지속적인 고객 경험 혁신의 필요성을 강조한 캠페인으로써 긍정적인 반응을 얻고 있다. 이는 LG유플러스만의 독자적인 '찐팬' 전략으로 보이며, 충성고객에게 통신의 한계를 넘는 문화 경험을 제공하고 있다는 평이다. 특히 인스타그램 채널 내 '가이드' 기능을 활용, 자세한 인터뷰 내용 등을 기재하며 인스타그램 채널 이해를 기반으로 적절한 활용이 돋보이고 있다.

잡코리아 알바몬은 회원들의 아르바이트 경험담을 활용한 콘텐츠로 고객들과의 공감대를 형성하고 있고, 카페베네는 카페베네를 이야기하고 있는 고객들의 사진을 갤러리에 모아서 제공함으로써 고객들의 경험을 한눈에 볼 수 있게 한다. 고객의 실제 경험이 녹아 있는 콘텐츠는 자연스럽게 공감대를 형성해주고 콘텐츠 자체에도 신빙성을 더해준다. 고객의 목소리로 전해주는 이야기는 다른 고객에게도 좀 더 큰 영향력을 발휘하고 긍정적 이미지 제고에도 한 몫 한다. 그러나 자사 직원이 고객인양 올리는 메시지에는 역풍이 불 때도 있다.

03
브랜드(제품)과 정책을 쉬운 콘텐츠로 재구성하라
고객들에게 쉽게 이야기를 들려줄 필요가 있다

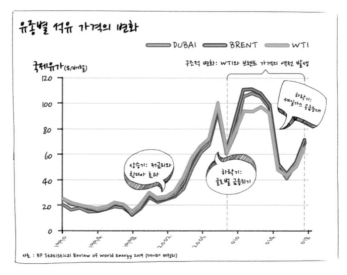

GS칼텍스 '에너지학개론' 콘텐츠

SNS를 통해 감성의 메시지만 전달할 수는 없다. 때론 고객이 지루하게 여길지라도 기업·기관의 이야기를 전달할 필요가 있다. 이 또한 고객에게 필요한 정보이기 때문이다. 실제 고객 조사결과 기업·기관과 관련된 정보제공을 요청하고 있으며 제공되는 비율은 30%가 적당하다는 의견이다. 다만 고객이 쉽게 이해할 수 있는 콘텐츠로 가공하거나 세심하게 스토리를 입혀 흥미를 유발시킬 수 있다면 금상첨화이다.

GS칼텍스는 '미디어허브'와 유튜브 채널을 통해 인포그래픽과 웹툰 등을 활용하여 기업의 제품 이야기를 이해하기 쉽게 제공한다. 이외에도 SK하이닉스는 고객들이 어렵게 느낄 수 있는 반도체를 소재로 한 '반도체 토막상식 Quiz'를 제공하여 반도체 상식을 누구나 쉽게 이해할 수 있도록 하고 나아가 반도체에 흥미를 가질 수 있도록 구성하고 있다.

콜라보를 통해 정책 정보를 쉽게 전달하며 접근성을 높인 사례도 주목할 만하다. 국민건강보험은 정보형 콘텐츠에 최근 인기있는 개그우먼 이수지와의 1인 2역 콜라보를 통해 시민들의 호응을 얻고 있다. 해당 영상 콘텐츠는 일상 속 흔히 필요한 제증명서 발급에 대한 정보를 정확하게 알리면서, 중간에 유쾌한 상황극을 선보여 정책소비자들의 흥미를 끌고 있다.

영상 콘텐츠의 제목 또한 '이수지가 해봤더니 10초면 SSAP 가능?' 이라는 SNS 상의 밈Meme을 접목시켜 기관의 친밀감 형성하고 있다는 분석이다. 국민건강보험공단 밈 활용은 영상 콘텐츠에서 끝나지 않는다. 인스타그램에서는 자체 제작 캐릭터 '건이강이'를 활용한 인스타툰을 선보이고 있는데, 업과 관련된 정보를 제공할 뿐만 아니라 최근 화제를 모으는 밈을 적극적으로 활용한 콘텐츠로 공감대를 형성하며 소통하고 있다.

단순 흥미를 유발하는 콘텐츠가 넘쳐나는 SNS상에서 고객에게 브랜드의 이야기를 전달하는 임무를 홀대하지 말고 쉽게, 그리고 위트 있게 녹여낼 필요가 있다. 고객들은 브랜드를 알고 싶어 한다. 기업·기관 또한 SNS로 고객을 만나는 이유는 기업·기관의 다양한 소재를 이야기하길 원하기 때문이다. 자칫 고객참여는 많지만 기업·기관의 이야기와 전혀 다른 방향으로 흘러간다면 존재이유에 대해 경영층에 보고서를 수시로 작성해야 하는 번거로움은 감수해야 한다.

04

ESG경영 콘텐츠 등으로 착한 기업(관)에 합류하라

고객과 함께 하는 ESG콘텐츠를 개발하고 확산하라

코웨이 고객 참여형 ESG 콘텐츠

소셜미디어는 대규모 사회시스템으로서 사회공헌활동₍CSR₎에 최적화된 공간이다. 이윤추구와 병행하여 사회적 책임을 다하는 기업의 모습이 사회공헌활동을 통해 고객의 호감도를 높일 수 있기 때문이다. SNS와의 융합은 단순히 CSR 영역 확장만이 아닌 고객과 함께 하는 새로운 방식의 CSR을 추구할 수 있어 고객들에게 큰 호응을 얻고 있다.

코웨이는 지속가능한 미래가치 창출을 위해 ESG 경영 확산에 기여하는 콘텐츠를 통해 ESG활동에도 앞장서고 있다. 리버플로깅 챌린지를 통해, 소비자가 ESG활동에 대한 참여를 독려하고 있다는 점에서 바이럴 효과를 톡톡히 누리고 있다. 이러한 흐름에 따라 ESG 콘텐츠 핵심을 잘 파악하고 전파하고 있다는 평가이다. 리버플로깅 참여 키트에 대한 소개와 리버플로깅 챌린지를 실제 시행한 콘텐츠를 발행하며 코웨이의 가치와 신념을 효과적으로 전달하고 시민들의 참여를 유도한다. 이외에도 그린그로잉 챌린지를 통해 식목일과 지구의 날을 앞두고 자연의 소중함을 되새기는 친환경 새싹키트를 제공해 친환경의 의미를 시민들과 함께 되새기고 있다. 이처럼 코웨이는 트렌드에 맞는 콘텐츠를 발행하며 자사만의 브랜드를 차별화하고 있다

오비맥주는 환경재단과 함께 대학생 사회공헌 서포터즈 '오비랑'을 선발해 함께 친환경 프로그램을 운영하고, '세계 물의 날'의 의미를 널리 알리기 위해 물과 환경의 소중함에 대해 다시 한번 생각하는 캠페인을 펼치는 등 친환경 경영에 앞장서고 있다. 또한 카스 맥주 제조과정에서 자연스레 발생하는 맥주박을 업사이클링한 리너지RE:nerge 가루를 활용해 지속가능한 탄소저감을 실천하고 있다. 이러한 ESG경영 실천활동을 콘텐츠로 제작해 착한기업 이미지를 제고하는 데 기여하고 있다.

시민들의 ESG 활동을 외부에서 독려하는 것 이외에도 자사 제품이 친환경 기준을 충족하고 있는 것을 콘텐츠로 알리며 브랜드 호감도를 높이는 사례도 있다. SK매직은 친환경 에코 가전인 올클린 공기청정기의 제품 특성을 반영해 제품 내·외부 소재는 물론 포장 패키지까지 모두 친환경 소재를 사용해 진정성 있는 ESG 경영 철학을 고객에게 전달하고 있다. 제품 배송, 설치, 포장 패키지 회수까지 전 과정을 고려한 모듈형 형태로 디자인해 자원 재사용과 사용 지속성을 한층 높인다는 콘텐츠를 널리 확산하고 있다. 시민들의 자발적인 참여뿐만 아니라 콘텐츠를 통해 실생활 속 ESG 활동을 제안하는 브랜드의 ESG 콘텐츠도 긍정적으로 평가되고 있다. 신한금융지주는 유튜브 채널인 '피식대학'과의 콜라보레이션을 진행해 성과를 내고 있다. 해당 콘텐츠는 피식대학이 한국의 신조어를 소개하는 숏폼 콘텐츠인 〈데일리 코리안〉 시리즈를 패러디한 형식으로 기획됐다. 〈실전 ESG 한국어〉 콘텐츠는 일상 속 ESG를 실천할 수 있는 사소한 용어들에 유쾌한 의미를 더해 표현하는 방식으로 구성되어 있으며, 커피 값을 아끼기 위한 용어로는 '텀블러요' 등을 소개한 것이 주요 사례이다.

고객이 함께할 수 있는 사회공헌활동은 고객의 참여도를 증진시킬 수 있을 뿐만 아니라 브랜드의 이미지를 보다 긍정적으로 이끌어 줄 수 있다.

05

시의성 콘텐츠를 타이밍에 맞게 응용하라

패러디를 통한 밈 콘텐츠, 재미와 본질적 목적을 동시에 달성한다

충주시 밈(Meme) 활용 영상 콘텐츠

될 성 부른 나무는 떡잎부터 알아본다는 속담이 있다. 어떤 일이 우연히 잘 될 수도 있겠지만 그 자체도 수많은 노력과 기본이 밑받침 돼야 가능한 일이다. 작은 아이디어지만 그 아이디어를 내기 위한 고뇌의 시간과 브레인스토밍은 결코 스쳐 넘길 사안이 아니다. 개인주의적 성향이 강해지는 사회적 상황 속에서 팔도 브랜드의 의리 동영상은 역으로 히트를 칠 수 있었다.

이는 SNS상에서 입소문이 퍼져 200만 명의 네티즌이 보름도 채 안 된 시점에서 리뷰한 팔도의 비락식혜 이야기다. 그러나 어쩌다가 타이밍이 맞아 그냥 얻어진 결과가 아니다. 해당 기업은 오래전부터 다양한 형태의 공모전을 통해 외부의 아이디어를 회사 제품에 접목해 오고 있었고, 시의 적절한 환경에서 팔도는 오랜 세월 '의리'를 외쳐온 김보성을 모델로 '으리으리' 광고를 제작하여 전국민적인 '의리신드롬'을 탄생시킬 수 있었다. 결국 시의적절한 타이밍 콘텐츠가 필요하다.

민 콘텐츠 또한 시의성에 중점을 둔 패러디 콘텐츠로 분류된다. 해당 시점에 유행하는 이슈를 접목하여 재미와 본연의 목적을 동시에 얻을 수 있는 콘텐츠 유형이다. 충주시는 지자체 유튜브 채널 중 두 번째로 많은 유튜브 구독자 수를 보유하고 있을 정도로 인기가 높다. 충주시는 '관짝 밈'을 응용해 사회적 거리두기를 홍보한 충주시 유튜브 채널의 경우 유행하고 있는 다양한 밈을 활용한 소위 'B급 감성'의 영상 제작으로 사람들에게 큰 호응을 얻었다.

해당 콘텐츠는 905만 회 조회수와 2,300여 개 댓들을 동원하며 공공기관의 경직돼 있고 변화를 싫어한다는 부정적 이미지를 일시에 해소해 준 사례이다. 새로운 접근 방식을 통해 지역과 정책 홍보와 이미지 변화를 동시에 이뤄내면서 밈 활용의 긍정적인 사례로 남아있다. 호불호가 갈릴 수 있는 사회적인 이슈를 활용해 공공기관이 지향하는 정책이나 경각심을 불러일으키는 캠페인을 진행하는 것은 좋은 발상의 전환이다.

06
일시적 감정이 아닌 고객의 감성에 소구하라
한순간의 감정적 어필보다 오래 지속할 수 있는 감성을 유지하라

SNS는 개인화된 감성의 채널로서 공감 콘텐츠에 대해 적극적으로 반응한다. 기업 SNS 감성 콘텐츠는 고객과 브랜드와의 감성적인 연결을 형성하는 데 중점을 둔 콘텐츠이다. 다양한 기업들은 SNS를 통해 감성적인 콘텐츠를 제공하여 고객들과의 관계를 강화하고 브랜드 인지도를 높이려고 노력하고 있다.

한국관광공사는 한국의 다양한 관광지와 문화를 소개하는 콘텐츠를 게시하면서 고객들과의 공감을 이끌어냈다. 예를 들어, 아름다운 자연경관이 담긴 사진과 함께 "한국에서의 휴가는 어떻게 보내고 싶으세요?"와 같은 질문을 던지는 글을 게시하여 시민들의 참여와 의견을 유도하여 성과를 내고 있다.

스타벅스는 커피와 관련된 감성적인 콘텐츠를 제공하여 커피를 즐기는 경험에

한국관광공사 '대한민국구석구석' 인스타그램 계정 콘텐츠

대한 감정을 공유한다. 아름다운 사진과 시나리오에 기반한 이야기를 SNS에 게시하여 고객들에게 따뜻한 분위기와 편안함을 전달하는데 중점을 두고 있다. 예를 들어, 〈다시 돌아온 클래식〉을 통해 '스타벅스 플래너와 함께 사용하면 무심한 듯 자연스러운 컬러 매치 완성. 펜 홀더에 넣어 간편하게 수납하고 기록이 필요한 순간 꺼내 사용해 보세요.'를 통해 고객의 감성에 다가가고 있다. 스타벅스의 겨울 이야기 등도 같은 맥락의 감성 콘텐츠이다.

코카-콜라의 경우도 특히 크리스마스 시즌에 감성적인 콘텐츠를 제공하는데 주력하고 있다. 가족, 사랑, 친구 등과 같은 가치에 초점을 맞춘 이야기를 전달하며, 코카콜라 제품과 함께하는 특별한 순간들을 공유하고 있다.

이러한 기업과 공공기관들은 감성적인 이미지와 이야기를 통해 고객들의 마음을 움직이고, 공감과 연결을 형성합니다. 이를 통해 기업 브랜드 이미지를 성공적으로 전달했다. 넘쳐나지만 천편일률적인 소통방식에서 벗어나 남들과 다른 독특한 무엇인가를 갖추었을 때, 고객들의 눈길을 잡아 끌고 고객들과의 활발한 소통을 이끌어낼 수 있으며 기업·기관의 이야기 또한 효과적으로 전달할 수 있다.

고객들의 감성을 자극하는 콘텐츠는 공감을 쉽게 불러 일으키고 이는 고객들의 자발적인 참여를 이끌어낼 수 있으며 인지도 제고 효과까지 성취해낼 수 있다. 다만 감성의 콘텐츠를 제작하면서 빤히 들여다 보이는 숨겨진 목적을 내보이는 우는 범하지 말아야 한다.

07
온/오프라인 콘텐츠를 연계하라
온라인과 오프라인 사이의 틈을 메우면 콘텐츠의 힘은 더욱 강력해진다

좌 | 신세계백화점 팝업 스토어 '하이퍼 그라운드' 콘텐츠   우 | 롯데리아 '롯리 사생대회' 콘텐츠

SNS 도입초기 대부분 해당 채널 안에서만 소비될 콘텐츠를 양산하고, 해당 채널 속 고객만을 대상으로 이야기를 전개해 나갔다. 그러나 이제 온라인과 오프라인, 그 경계가 무너지면서 기존 오프라인 콘텐츠와의 융합 또는 오프라인 콘텐츠의 온라인화가 급속하게 진행되고 있다. 고품질 콘텐츠를 요구하는 고객의 입맛 때문이다. 신세계백화점은 신세계 부산 센텀시티점에 MZ세대의 니즈에 맞춘 감성적 라이프스타일 공간 하이퍼 그라운드'를 오픈했다. 기존에 특색이 없던 영패션 공간의 리뉴얼을 통해 방문해 쇼핑하고 싶은 공간으로 탈바꿈시켜

호평을 받았다. 트렌디한 감성을 가진 인지도 높은 아티스트와의 온·오프 콜라보레이션 콘텐츠로 성과 거두었다.

백화점 내외 공간 비주얼 연출포토존 포함과 아트워크 제작과정의 컨셉을 함축한 캠페인 스토리텔링 온·오프라인 바이럴, 인플루언서 방문 콘텐츠 및 고객참여 이벤트, 신세계 매거진 스페셜 칼럼을 통한 공간, 브랜드, 판매 정보 제공 등 다양한 소통을 진행했다. 그 결과 매출은 전년대비 2.5배, 방문객수는 2.2배, 그리고 2030세대 신규고객 증가로 이어져 경쟁력을 입증받았다.

맥도날드는 신제품 출시를 기념하여 '금빛 행운을 잡아라' 행사를 오프라인에서 진행하는 동시에 온라인 이벤트로도 연결시켜 십만 명이 넘는 고객이 참여했다. 온라인과 오프라인의 경계를 허물고 그 사이를 메우는 콘텐츠는 고객들의 참여도를 획기적으로 끌어올릴 수 있고 소통력 또한 강화시킬 수 있다.

롯데리아는 다양한 소비자 참여형 콘텐츠로 온/오프라인 연계로 소비자와 지속 소통하고 있다. 콘텐츠 유형 또한 다채롭다는 점이 특징적이다. 퀴즈, 사생대회, 챌린지 등 사용자에게 재미를 더하는 콘텐츠 유형을 활용하고 참여를 독려하기 위한 확실한 리워드를 제시하며 친밀한 관계를 형성하고 있다. 그중 '롯리 사생대회' 콘텐츠는 고객들이 롯데리아 매장에서 제공받은 트레이 매트와 카톤박스를 활용해 참여할 수 있도록 했는데 오프라인 고객뿐 아니라 온라인에서도 이미지를 다운받아 참여할 수 있는 콘텐츠를 제공해 화제를 모았다. 이처럼 롯데리아는 젊은 브랜드 이미지를 제공하며 독단적인 매력 요소로 소비자에게 즐거움을 제공하고 있다.

고양시는 2023년 고양국제꽃박람회를 온/오프라인으로 진행해 화제를 모았다. 오프라인 꽃박람회가 종료된 후에도 '고양국제꽃포럼'의 하이라이트를 다시보기 할 수 있고 비즈니스 매칭을 이어갈 수 있도록 온라인 박람회를 별도 개최했다. 또한 웰컴가든과 모멘텀가든에서는 오프라인의 기억을 디지털 콘텐츠로도 추억할 수 있도록 NFT 포토존이 운영, 레트로한 TV가 있는 브라운관에서 사진을 촬영하면 QR코드가 인쇄된 영수증을 받도록 유도했다. 이어 사진 원본은

QR코드를 통해 다운로드하면 한정판 포토 카드로 제작되고, 포토 카드는 NFT로 기록되어 SNS로 올려지는 방식으로 입소문 성과를 냈다.

08

따로 또는 함께 콘텐츠를 융복합하라
기업(관)의 한정된 콘텐츠를 콜라보레이션으로 엮으면 Win-Win

삼성물산 리조트 부문 에버랜드×한국콘텐츠진흥원 '게임문화축제'

때론 홀로서기가 고객의 사랑을 독차지하며 인기를 이어갈 수 있겠지만, SNS상에서 지속 가능한 힘을 유지한다는 것은 어려운 부분이 많다. 소통은 협업과 불가분의 관계를 맺으면서 발전해 나간다. 타 브랜드 또는 타사와의 협업이 큰 힘을 발휘할 수 있을 때가 많다. 특히 고품질 콘텐츠 제작에 비용이 만만치 않아 주변 환경과의 적절한 콜라보레이션은 비용절감과 소통마케팅 효과 상승이라는 두 마리 토끼를 모두 잡을 수 있는 기회다. 예시로 삼성물산 리조트 부문이 운영하는 에버랜드는 문화체육관광부 한국콘텐츠진흥원과 함께 '2023 게임문화축제'를 콜라보를 통해 성공적으로 진행하였다.

버거킹도 젊은 층에게 인기 높은 '디아블로' 게임 브랜드와 콜라보를 진행하며 이색적인 온/오프라인 연계 콘텐츠 마케팅을 선보였다. 콜라보 굿즈와 게임형 콘텐츠로 디아블로 팬덤의 이목을 효과적으로 집중시키며 타깃 커버리지를 넓히고 있다.

한국관광공사는 올해 총 20개 이상의 지자체와 협업하여 연계 이벤트를 활발하게 진행하고 있다. 각 지역의 특색을 활용한 이벤트를 진행하여 각 지자체 SNS 활성화를 이끌어내고 지역 관광에 대한 고객들의 관심을 끌어 모았다. 이외에도 한국민속촌은 '500 얼음땡' 협찬사를 공개 모집하여 많은 기업들의 러브콜을 받았고 국립공원관리공단은 고어텍스와 함께 '안전산행 캠페인'을 진행해 많은 호응을 받았다. 타 브랜드와의 적절한 콜라보레이션은 서로에게 시너지 효과를 가져다 줄 수 있고 독자적으로 진행했을 때보다 더 많은 고객들의 눈길을 사로잡을 것이다.

09
국민생활속 밀착형 콘텐츠로 소통하라
SNS로 이미지 변신에 성공한 공공기관, 일관성이 유지의 비결

상품을 판매하는 민간기업의 영역일 것만 같던 디지털마케팅이 이제는 공공의 영역으로까지 확장되어 큰 힘을 발휘하고 있다. 전통적 미디어를 통해 일방적으로 진행되는 기관 및 정책 홍보는 더 이상 사람들의 흥미를 끌지 못한다. 다양한 디지털 플랫폼 채널은 쌍방향 소통이 가능한 열린 광장이 되어 '정책 소비자'의 자발적인 참여를 이끌어내고 정책 효과를 극대화하고 있다.

다양한 중앙행정기관들은 기관과 사업에 대한 정보를 친절하게 전달하여 혹시라도 있을 지 모를 국민의 오해와 편견을 해소에도 집중하고 있다. 온라인에서 잘못된 정보가 유포 확산되면서 생길 수 있는 사회적 혼란을 막고, 원활한 정책 실현이 이루어질 수 있도록 하여 기관의 신뢰도를 제고하고 있다. 또한 라이브

국립생태원 생활밀착형 콘텐츠

방송을 통한 소통, 따뜻한 메시지의 캠페인 등을 통해 친근한 기관 이미지를 만들어 나가고자 노력하고 있다.

준정부기관은 국립생태원이나 한국원자력환경공단과 같은 공공기관들의 경우 해당 기관이 담당하는 분야에 대한 전문성을 기반으로, 유용한 생활밀착형 콘텐츠를 제작하면서 큰 호응을 얻고 있다. 특히 일방적인 정보 전달에서 벗어나, 웹툰, 퀴즈 게임 형식 등 참여를 이끌어 낼 수 있는 독창적인 콘텐츠를 개발하고 있는 점이 눈여겨볼 만하다. 특히 기관의 경우 시민들의 일상에서 공감할 수 있는 소재를 발굴해 정책 정보와 접목하는 것이 참여를 이끄는 데 효과적이다. 이는 이용자들이 자발적으로 콘텐츠를 소비하는 과정에서 자연스러운 정보 습득이 가능하게 한다.

공기업인 한국관광공사는 한국 관광브랜드이자 해외홍보용 유튜브 채널 'Imagine your Korea'를 통해 'Feel the Rhythm of Korea' 시리즈를 차례로 공개한 바 있으며, 해당 콘텐츠는 국내외의 선풍적인 호응을 얻었다. 이에 힘입어 한국관광공사는 최근 'Hide&Seek'시리즈를 선보이며 그 열풍을 이어 나가고 있다. 기존 'Feel the Rhythm of Korea' 시리즈가 국악을 중심으로 한국의 정서를 전달했다면, 'Hide&Seek'은 전세계적으로 인기를 끌었던 넷플릭스 오리지널 콘텐츠 '오징어게임'에 등장한 한국의 추억 놀이인 '숨바꼭질'을 활용해 시선을 사로잡고 있다. 친숙한 숨바꼭질 놀이 문화를 활용하되, 전래동요 요소를 넣어 한국만의 흥을 보여주고 있다. 또한 한국을 대표하는 전통 관광 명소에서 이뤄지는 숨바꼭질에 팝 아트적인 그래픽과 재치있는 카메라 트릭이 녹아 들어 현대화된 K- 놀이와 K- 컬쳐를 힙Hip하게 알리며 젊은 세대의 마음을 사로잡고 있다.

광역자치단체 및 기초자치단체들은 소셜미디어를 통해 시민들의 목소리를 귀기울여 듣고 이를 시정에 반영하는 적극적인 '소통 행정'을 펼치고 있다. 특히 실시간으로 빠른 소통이 가능하다는 강점을 살려, 각종 재난 위기 관리나 행사 현장 라이브 중계 등에도 소셜미디어 채널을 활용하고 있다. 또한 시민들이 해당 지역에 대한 콘텐츠를 직접 기획·제작하는 SNS 기자단을 활발히 운영 중이다. 시민들이 직접적으로 참여할 수 있는 기회를 제공한다는 점에서 의미가 있을 뿐 아니라, 시민의 시각에서 작성된 지역밀착형 콘텐츠로 지역의 브랜드 가치를 높여나가고 있어 그 효과가 크다. 기관 별 소셜미디어의 특장점은 조금씩 상이하지만, 본질적으로 추구하는 운영 목표는 결국 일관성 있는 '소통'이다.

10
고객 눈높이에 적합한 콘텐츠로 짧게 소통하라
바쁜 현대인의 콘텐츠 소비행태를 빠르게 파악해 접목하라

숏폼 콘텐츠short-form contents 는 짧게는 10초, 길게는 10분 내외의 영상 폼으로, 최근 콘텐츠 트렌드이다. 짧은 시간에 함축하여 메시지를 전달하는 숏폼 콘텐츠는 최적의 홍보 수단으로 자리매김하고 있다. 짧은 시간 내에 전달하고 있어 행동 전환으로 쉽게 이루어진다는 장점을 가지고 있다. 이에 MZ세대는 숏폼 챌린지에 참여하거나 일상을 숏폼 콘텐츠로 공유하는 등 직접 생산자가 되어 다양한 콘텐츠를 자발적으로 생산하고 있다.

하이트진로의 다채로운 콘텐츠 중 가장 주목되는 것은 숏폼 콘텐츠이다. 인스타그램의 릴스를 적극 활용하여 콘텐츠를 꾸준히 선보여 집중도를 높이고 가볍게 소비할 수 있는 콘텐츠로 꾸준히 소통하고 있다. 숏폼 영상 콘텐츠 중 유명 디자이너, 타 브랜드와의 콜라보 콘텐츠를 생동감 넘치게 전달하며 주목도를 높이고 있다.

오리온은 15년 전에 출시되었던 '와클'이라는 과자를 재출시하며 인스타그램 릴스 기능을 통한 와클 과자의 제조 방식을 숏폼 콘텐츠로 선보이며 화제를 모았다. 오리온은 인스타그램 릴스를 통해 쇼츠 트렌드를 흡수하고 있는데, '과자 제조 과정은 이렇습니다', '와플 기계에 눌러 과자 와플로 만들기', '초대형 과자 만들기' 등 대중들에게 인기를 끌 소재와 텍스트 디자인을 가미하여 자사 제품의 홍보효과를 톡톡 누렸다. 이러한 디지털 소통방식은 주목받는 영상 포맷의 콜라보 콘텐츠로 소비자들의 관심을 집중시키고 있다.

방송사 유튜브 채널 또한 이런 효과를 적극적으로 활용하고 있다. 방송사 유튜브 채널은 '편집의 편집'을 더한 쇼츠 콘텐츠를 선보이고 있다. 이미 방송된 긴 분량의 예능 중 화제성이 높은 장면을 편집해 유튜브 채널에 업로드하고 있으며, 이에 더 나아가 그 영상 중 일부를 다시 추출해 쇼츠 형식으로 업로드한다. 그 예로 SBS 예능 채널 '스브스 예능 맛집', SBS 장수 예능 런닝맨 공식 채널 '런닝맨 ⊠ 스브스 공식 채널'이 있다. 특히, 알고리즘의 영향을 많이 받는 쇼츠의 특성상 관심 평소 관심 없는 이들에게는 숏폼 콘텐츠가 새로운 유입 경로로 작용하고 있다.

숏폼 콘텐츠를 이용해 공익 캠페인을 진행한 사례도 눈에 띄고 있다. CU는 지난 3.1절을 맞아 '다시 읽는 독립선언서' 캠페인을 진행했다. CU는 3.1 독립선언서 전문 중 일부를 발췌해 인스타그램 필터를 제작하였으며 캠페인은 이 중 필터 하나를 선택해 릴스 영상을 촬영한 뒤 개인 계정에 업로드하는 방식으로 진행되었다. '#다시 읽는 독립선언서' 해시태그와 함께 업로드하면 참여가 완료가 되는 소비자 참여형 콘텐츠이다. 이 캠페인의 참여가 301건이 넘는 자발적 참여를 이루어 내어 독립운동 유공자 후손의 주거 환경 개선 사업에 1천만 원이 성공적으로 기부되었다. 숏폼 콘텐츠가 MZ세대를 중심으로 영향력이 크고, 자발적인 고객의 참여를 유도하기 위해 좋은 소통 콘텐츠 유형리라는 점을 다시한번 입증하는 사례로 평가받고 있다.

11
웹툰_{인스타툰} 콘텐츠의 재해석, 콘텐츠 가독성을 높여라
동일한 콘텐츠라도 고유한 색을 입혔을 때 콘텐츠는 빛난다

하루에도 수백개의 콘텐츠들을 접하는 소비자들에게 기업·기관의 제품 및 서비스에 대한 정보를 단편적으로 전달하는 것은 소비자들에게 주목을 받기 어

'요기요' 세계관 활용 인스타툰 콘텐츠

렵다. 특히 MZ세대 소비자들은 공감과 재미의 요소가 포함된 콘텐츠를 선호하기 때문에 이를 반영한 콘텐츠 유형을 접목하는 것이 중요하다. MZ세대에게 꾸준히 주목을 받고 있는 인스타툰 콘텐츠가 호응도가 높아 메시지 전달에 효과적인 것으로 평가됐다.

인스타툰은 '인스타그램Instagram'과 '웹툰Webtoon'의 합성어로 인스타그램에서 연재되는 웹툰을 의미한다. 일상적인 에피소드부터 작가마다 갖고 있는 콘셉트에 따라 개성 있고 참신한 만화를 취향대로 즐길 수 있어 MZ세대 사이에서 큰 인기를 얻고 있는 콘텐츠 유형이다. 인스타툰은 하나의 게시물에 긴 스토리를 담아내기 어려워 짧고 재미있게 에피소드를 표현하는 데 중점을 둔다. 이는 강렬하고 짧은 메시시에 호응도가 높은 MZ세대의 특징과 맞물려 있어 주목받고 있다.

기업의 경우 주로 인스타툰은 작가와의 협업을 통한 광고나, 기업 자체적으로 공식 SNS에서 연재하는 방식으로 진행된다. 인스타툰 콜라보 콘텐츠의 경우, 기업에 대한 거부감을 줄이면서 인스타툰을 보는 MZ세대에게 효과적으로 정보전달이 가능하다는 강점을 보이고 있다.

음식 배달 서비스 업계 '요기요'는 지속적으로 인스타툰을 업로드하여 사용자들과의 친밀함을 쌓아가고 있다. 특히 인스타툰 안에 요기요의 브랜드 디자인을 잘 반영해 주인공 '요조이' 캐릭터를 구성한 점이 눈에 띄며, 해당 브랜드의 이미지를 연상시키는 역할을 해내고 있다. 요기요나라의 인스타툰은 독창적인 스토리텔링으로 사용자들에게 호감을 얻고 있다. 요기요 인스타툰의 세계관인 '요기요나라'에서는 밥무원 활동을 하는 등장인물 '요조이'가 먹는 즐거움을 추구하며 소비자 공복을 예방한다. 이와 대비되는 '안먹당'은 이를 방해하는 역할을 담당한다. 나아가 요기요 판매 상품과 인스타툰을 자연스럽게 연결하고 이벤트를 통해 요기요 어플의 소비로 연결될 수 있도록 유도하고 있다.

인스타툰 콘텐츠 / 좌 | **국민연금공단** 우 | **한국수자원공사**

한편 공공기관의 경우 인스타툰 콘텐츠 형식을 활용함으로써 다소 보수적이고 딱딱하는 이미지를 친근한 이미지로 변화를 시도하고 있다. 국민연금공단은 인스타그램 계정에 직접 인스타툰 콘텐츠를 제작해 발행하는 대표적인 공공기관이다. 국민연금공단의 인스타툰은 약 10페이지의 분량으로 긴 호흡의 스토리텔링이 담겨있다는 특성을 가지고 있다. 여기에 각 공단 지사의 임직원들 스토리를 잔잔하게 표현하며 친밀도를 높이고 있는 것으로 분석된다.

이외에도 '입사 1년차 동기들의 솔직토크 용찐터뷰', '직장생활 밸런스게임편 동기들의 수다' 등 사내 직원들의 이야기를 재밌게 풀어낸 예능형 영상 콘텐츠가 함께 업로드 되는 점을 미루어 보아 사내외의 벽을 허물고 직접적으로 국민들과 소통하고 함께하는데 주력하고 있음을 알 수 있다.

한국수자원공사의 경우 귀여운 외모와 친근한 말투로 큰 인기를 얻고 있는 방울이 캐릭터를 활용한 인스타툰으로 좋은 평가를 받고 있다. 한국수자원공사는 인스타툰을 활용하여 업의 특성과 관련된 정보와 힐링 메시지 전달 등 국민들과 한국수자원공사간 소통의 가교 역할을 수행하고 있다. 특히 2030세대의 많은 공감을 받을 수 있는 '직장인, 인턴'이라는 페르소나 요소를 넣어 인스타툰을 제작해 직장인들의 공감대를 형성하고 있다.

SNS를 활발히 사용하는 MZ세대들 사이에서 인스타툰에 대한 관심은 여전히 뜨겁다. 짧고 가볍게 소비할 수 있는 인스타툰 콘텐츠는 퀄리티보다는 공감되는 친근한 우리 일상 속 이야기에 반응하고 있다. 이러한 인스타툰은 SNS 콘텐츠를 더욱 풍성하게, 그리고 MZ세대들의 오락적 흥미를 충족시켜준다는 점에서 성과가 입증되고 있다. 인스타툰은 언택트 시대의 디지털 마케팅 수단으로도 주목받고 있는데, 인기 있는 작가를 섭외해 광고를 진행하거나 기업이 직접 인스타툰을 연재하는 등 인스타툰 활용 마케팅은 젊은 세대와의 소통에 효과적이다. 또한 캐릭터 콘텐츠는 공감형, B급감성, 프로모션형 이벤트 등의 요소를 더해 다채롭게 활용하고 있어 접근성과 호감도를 높이고 있다. 특히 캐릭터 콘텐츠는 MZ세대의 일상 속 공감되는 주제로 이목을 끌고 있다. 캐릭터 콘텐츠는 기업은 물론 공공기관에서 다양한 메시지 전달의 매개체로 주목을 받고 있다. 특히 메타버스 콘텐츠로의 진입에 캐릭터는 필수 아이템으로 활용도가 확장되는 추세이다.

12
우리 브랜드 이야기를 자연스럽게 공유하라
브랜디드 콘텐츠로 고객과의 정겨운 소통이 대세다

바쁜 현대인의 일상 속, 고객들은 소소함의 재미를 필요로 한다. 소소한 이야기

좌 | **스타벅스 매장 내 사연 콘텐츠**   우 | **이디야 실제 알바생이 알려주는 꿀팁 콘텐츠**

는 고객과의 소통에 정情을 더해주고 이는 소통에 커다란 힘으로 작용하고 있다. 더콘텐츠연구소의 2030 조사에 따르면 SNS 채널 속에서 가장 선호하는 콘텐츠로 간단한 퀴즈(26%), 맛집, 여행 관련 생활정보(20%), 실무자 일상이야기(12%)라고 응답해 소소한 재미를 얻고 싶다는 의견이 많았다. 스타벅스는 실제 매장을 배경으로 신입 파트너인 주인공의 입사 이후 일상을 담아낸 경험 기반 스토리텔링 콘텐츠로 스타벅스를 찾는 소비자들에게 친근함과 함께 공감을 이끌어냈다. 해당 콘텐츠는 현재 누적 조회수 430만 회를 넘어섰고, 5만 건에 달하는 댓글과 좋아요로 호응을 얻고 있다.

이디야는 실제 이디야에서 근무하는 알바생을 섭외하여 지속적으로 이디야의 소식을 직간접적으로 전달하고 있다. '이디야 메이튜'라는 시리즈 콘텐츠로 선보이며 실제 이디야에서 알바하는 직원들이 이야기해주는 이디야의 메뉴의 맛있는 조합 등을 설명하고 매장 내 다양한 에피소드 등도 친근하며 자연스럽게 전달하고 있다. 이처럼 브랜드의 이야기를 자연스럽게 전달하는 콘텐츠는 브랜드의 호감도와 신뢰도에 긍정적인 영향을 미치고 있다.

1

Analysis

어떤 기업·기관이
소통에서 두각을 나타내고,
어떤 콘텐츠가 고객의 관심을 끌었을까요?
더콘텐츠연구소에서는 콘텐츠경쟁력지수와
소통지수 그리고 모니터링 등을 기반으로
각 업종별로 소통 경쟁력과
트렌드를 분석해 보았습니다.

업종별 소통 경쟁력 분석

식품, 생활용품 업계

식품업계

음료업계

주류업계

라면업계

제과업계

F&B/케이터링 업계

생활위생용품업계

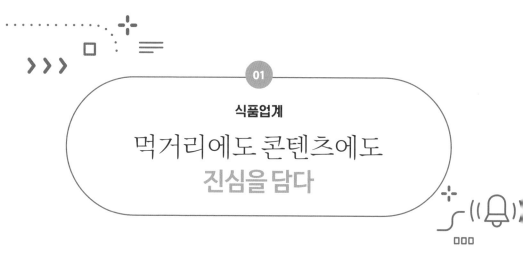

식품업계

먹거리에도 콘텐츠에도
진심을 담다

국내는 물론 전 세계적으로 비건 식품의 성장세가 두드러지고 있다. 비건 식품은 이제 대중적인 트렌드로 자리매김하고 있다. 식품업계는 비건 제품을 선보이는 것을 넘어 환경, 동물복지 등 ESG 콘텐츠에서도 남다른 행보를 이어가고 있다. 업계는 후킹성 높은 자극적인 콘텐츠보다는 진정성 높은 ESG 콘텐츠를 통해 브랜드의 호감도와 경쟁력을 높이고 있다.

풀무원 / 좌 | **지구밥차 콜라보 콘텐츠** 우 | **지구식단 챌린지 콘텐츠**

풀무원은 영상 콘텐츠에 강점을 보이며 관련업계의 유튜브 콘텐츠 경쟁력을 이끌고 있다. 최근에는 콜라보 예능형 영상 콘텐츠를 중심으로 채널을 운영하고 있다. 인플루언서와 콜라보를 진행한 시리즈 영상 콘텐츠는 매회 높은 조회수를 기록하며 성과를 이어가고 있다. 〈지구밥차〉의 경우 재미와 ESG 메시지를 함께 전달한 성공사례로 분석됐다. 김풍과 인플루언서 일주어터와의 색다른 케미를 잘 담아낸 것은 물론, 자사 비건 제품을 자연스럽게 알리며 지구와 환경을 생각하는 풀무원의 메시지를 잘 녹여냈다는 의견이다.

예능형 형식을 차용하였으나 자극적이지 않게 선한 브랜드의 이미지를 효과적으로 소구한 사례이다. 유튜브 채널 이외에도 풀무원은 지속적으로 〈지구식단 챌린지〉 콘텐츠를 통해 소비자가 일상 속에서 친환경 식단에 동참할 수 있도록 장려하고 있다. 단순히 일회성 이벤트에서 그치지 않고 지난 1년 동안 지속적으로 진행해 오며 풀무원의 대표 콘텐츠로 자리잡았다. 브랜드의 일방적인 ESG 메시지 전달을 넘어 일상 속 소비자가 쉽게 참여할 수 있는 참여형 콘텐츠를 통해 호평을 얻고 있다.

●●

공감, 참여형 콘텐츠로
소비자에게 더 가까이

청정원은 자체 캐릭터 '정원이'를 활용해 특유의 감성적인 콘텐츠로 디지털 소통을 이어가고 있다. 정원이 캐릭터는 홍보용 콘텐츠에만 등장하는 것이 아닌

청정원 / 좌 | **친환경 OOTD 콘텐츠** 우 | **청정원 행복놀이터 영상 콘텐츠**

공감형 콘텐츠에 자주 등장하며 소비자와 유대관계를 높이고 있다.

대표적으로는 〈오늘부터 나도 작가!〉라는 소비자 참여형 콘텐츠를 통해 소비자와 함께 콘텐츠를 만들어가며 소통하고 있어, 캐릭터를 잘 활용하는 브랜드의 사례로 주목받고 있다. 캐릭터 정원이는 ESG 콘텐츠에도 등장하는데, 인스타그램에서 상대적으로 언급량이 많은 'OOTD'라는 패션과 친환경 메시지와 연결하여 ESG 콘텐츠에 독창성을 더하고 있다. 친환경 이외에도 청정원은 동물복지와 관련된 〈행복놀이터〉 영상 콘텐츠로 동물복지에도 앞장서는 모습을 재치있게 보여주고 있다. 풀무원이 실제 시행하고 있는 행복놀이터 장점을 재미있게 전달해 몰입도를 높였다.

CJ제일제당 / 좌 임직원 환경정화 활동 우 햇반 용기를 재활용한 응원봉

CJ제일제당은 업계에서 활발히 ESG 활동을 전개해 나가며 '찐환경' 행보를 보이고 있다. 그 중 반려 해변을 입양하여 임직원들과 함께 해양 환경정화 활동을 진행하며 실천적인 ESG 활동을 보여주고 있다.

또한 CJ제일제당은 임직원 외에도 소비자가 직접 참여할 수 있는 ESG 활동도 진행하고 있다. 대표적으로 햇반 수거 캠페인을 통해 소비자가 돌려보낸 햇반 용기로 젊은 층이 선호하는 'MAMA WARDS' 응원봉을 제작한 콘텐츠가 소비자의 이목을 끌었다. 연말 뮤직 페스티벌 행사에 활용될 굿즈를 햇반 용기 재활용으로 제작된 점도 신박하는 평을 얻었다.

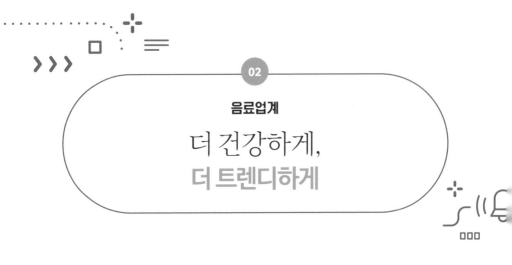

음료업계

02

더 건강하게,
더 트렌디하게

최근 음료업계는 헬시플레저Healthy Pleasure 트렌드의 확산으로 다양한 제로 탄산 음료제품을 발행하고 콘텐츠를 통해 제로 제품을 적극적으로 홍보하고 있다. 건강관리를 중요시하는 소비자들이 늘어남에 따라, 제로 슈거·칼로리 제품 매출액도 증가하고 있는 추세이다. 기존 제품의 맛을 잃지 않으면서도 설탕과 칼로리를 줄이는 게 제로 라인업의 핵심이다. 이러한 건강 열풍에 따라, 음료업계는 소비자의 니즈를 충족시키는 다채로운 콘텐츠로 제품의 인지도와 브랜드의 호감도를 함께 높이고 있는 것으로 분석된다.

코카-콜라는 SNS채널을 적극적으로 활용하며 '빅 모델' 콘텐츠를 통해 브랜드 가치를 높이고 헬시플레져Healthy Pleasure 제품의 인지도를 확대하고 있다. 인지도

코카-콜라 / 인스타그램, 유튜브 콘텐츠

강화를 위해 뉴진스를 모델로 발탁하고 대중성 높은 콘텐츠를 발행한다. 이는 콘텐츠가 노출되면서 자사 기업과 제품명을 대중에 빠르게 알리는 효과가 나타나고 있다는 평가이다.

최신 트렌드에 맞는 빅모델을 선정하여 MZ세대의 마음을 사로잡고 소비자의 '팬심'을 자극함으로써 신제품을 홍보하고 있다. 개인의 관심사와 취향이 뚜렷한 MZ세대를 위한 타겟팅 전략_{디깅} Digging으로 판단된다. 코카-콜라는 제로 상품을 집중적으로 콘텐츠로 선보이고 있는데, 코카-콜라 제로를 상징하는 검정색과 그라데이션으로 펼쳐진 골드 컬러를 일관되게 콘텐츠에 활용하고 있는 것이 특징이다.

최근 '코카-콜라 X 뉴진스 스페셜 패키지'를 선보이며 글로벌 뮤직 플랫폼 '코크 스튜디오'를 통해 독창적인 시각적 경험을 전달하며 콘텐츠 독창성을 인정받고 있다. 이는 다양한 콘텐츠로 제품을 홍보한다는 점에서 다채로움을 더하고 있다.

●●

소비자에게 색다른 경험을 제공하는
온오프라인 연계 콘텐츠

롯데칠성음료 인스타그램 ╱ 좌| 밀키스 팝업스토어 우| S바다워크필라세트 콜라보 이벤트

동아오츠카 인스타그램 ╱ 좌│**콜라보 콘텐츠** 우│**프로모션 참여형 콘텐츠**

롯데칠성음료는 온오프라인 연계 콘텐츠에서 가장 높은 경쟁력을 보이고 있다. 제품의 개성을 잘 살린 오프라인 콘텐츠는 긍정적인 브랜드 이미지를 제고와 더불어 제품 인지도 향상에 기여하고 있는 것으로 분석됐다. 나아가 자사 팝업 스토어에 대한 소식을 자사 SNS채널에 디지털 콘텐츠로 발행하며, 온오프라인 을 넘나드는 소통으로 호평을 받고 있다.

특히 팝업스토어의 경우 현지 매장과의 콜라보, 캐릭터 콜라보, 타 업계 제품과 의 콜라보 등을 더해 제품의 색다른 경험을 제공하고 있다. 최근 밀키스제로 출 시와 함께 오픈한 '구름하우스' 팝업스토어는 시나모롤 캐릭터와 콜라보를 진행 하여 호평을 얻었다. 팝업스토어의 공간은 부드러운 구름 속에 있는 듯한 동화 적인 장소로 구현되어 제품의 특장점을 효과적으로 전달했다는 의견이다.

롯데칠성음료는 제로제품 출시와 더불어 건강과 관련된 업계와 콜라보를 진행 하며 MZ세대의 헬시플레저 니즈를 충족시키는 콘텐츠를 선보이고 있다. 이외 에도 〈도전지구특공대8.0〉 콘텐츠와 같이 환경과 관련된 소비자참여형 콘텐츠 와 굿즈를 선보이며 개인의 헬시플레저를 넘어 지구의 헬시플레저까지 생각하 는 브랜드의 모습을 효과적으로 전달하고 있다.

동아오츠카는 전략적인 타겟팅과 함께 참여형 콘텐츠를 통해 소비자의 만족감과 구매욕구를 불러일으키고 있다. 동아오츠카는 스포츠 관련 일반인과 선수를 모델로 발탁하여 피트니스 대상 헬시플레져_{Healthy Pleasure} 콘텐츠 전략을 펼치고 있다. 제로 음료 '나랑드 사이다'의 타깃 층 중 피트니스에 관심이 많은 소비자를 대상으로 엠버서더를 모집하고 콜라보 이벤트를 진행하고 있다. 또한, 전국 피트니스 대회를 협찬하며 브랜드 이미지를 새롭게 재정비하고 제로 칼로리 사이다의 특정 타깃을 집중 공략하고 있다.

또한 동아오츠카는 〈월간 포카리 캠페인〉라는 소비자 참여형 콘텐츠를 선보이며 온라인 접점을 넓히기 위해 노력하고 있다. 본 캠페인은 파란색을 소재로 한 포카리스웨트 관련 게시물을 업로드하는 소비자의 행태에 착안해 기획된 캠페인이다. 제시된 주제에 맞춰 자사의 제품과 함께 촬영한 사진을 인스타그램 게시물에 업로드하여 응모하고 우승자를 가리는 캠페인이다. 이는 자연스러운 바이럴 효과를 통해 넓은 소비자에게 다다를 수 있다는 장점을 가지고 있다. 또한 보상에 대한 리워드로, 각종 경품 및 포카리스웨트 한정판 굿즈를 선물로 줌으로써 참여를 도모하고 있다. 이처럼 동아오츠카는 자사만의 전략적인 타깃팅으로 소비자의 마음을 사로잡고 있다.

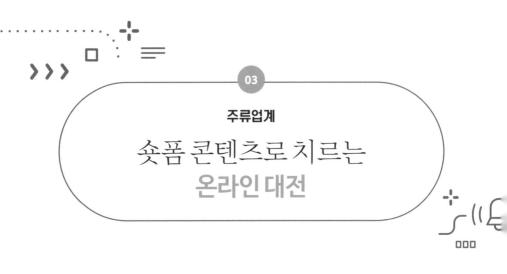

03

주류업계

숏폼 콘텐츠로 치르는
온라인 대전

주류업계는 치열해진 경쟁에서 우위를 선점하기 위해 젊은 세대가 자주 이용하는 소셜미디어의 콘텐츠 발행에 더욱 집중하고 있는 모습이다. 특히 MZ세대를 타깃으로 주류 기업들은 자사의 제품에 맞는 개성 있는 컨셉으로 제품 마다 독립된 SNS 채널을 운영하고 있다. 제품만의 세계관을 부여한 콘텐츠를 중심으로 디지털 경험을 극대화시키며 제품을 각인시키고 있다. 주류업계는 다양한 업종 중에서도 트렌드에 민감하게 반응하며 콘텐츠를 발행하고 있다.

최근에는 콜라보 콘텐츠와 오프라인 연계 콘텐츠에서 두각을 나타내며 세로형 숏폼 콘텐츠의 활용이 돋보이고 있다. 이처럼 주류업계는 각각의 제품에 대한 브랜딩으로 브랜드 이미지를 제고하는데 집중하고 있다.

하이트진로 / 켈리 인스타그램 콘텐츠

하이트진로는 지난 4월 '반전라거-켈리'라는 맥주를 새로 출시하며 독창적인 콘텐츠 마케팅으로 젊고 트렌디한 브랜드 이미지를 선점하고 있다는 평가를 받고 있다. 특히 켈리의 TVCF 광고 콘텐츠가 소셜미디어 채널인 인스타그램과 연결되어 소비자 참여형 콘텐츠로 이어진 점이 큰 호평을 얻고 있다. '#켈리샷'의 참여를 유도하고 있는 TVCF의 활기 넘치는 이미지는 인스

하이트진로 /
좌 | 진로 콜라보 콘텐츠 우 | 테라 콜라보 ＋ESG 콘텐츠

타그램을 이용하는 젊은 세대의 약 4만건의 자발적인 참여를 불러일으키며 채널을 넘나드는 콘텐츠 마케팅 우수사례로 평가받고 있다. 켈리의 공식 인스타그램에서는 '#켈리샷' 주인공들로 선정이 된 사진 콘텐츠를 공식 SNS채널에 업로드하고 이외에도 옥외광고에 직접 활용하며 소비자와 브랜드가 함께 만들어가는 새로운 디지털 광고의 형식을 보여주고 있다.

하이트진로의 다채로운 콘텐츠 중 가장 주목되는 것은 숏폼 콘텐츠이다. 인스타그램의 릴스를 적극 활용하여 콘텐츠를 꾸준히 선보여 집중도를 높이고 가볍게 소비할 수 있는 콘텐츠로 꾸준히 소통하고 있다. 숏폼 영상 콘텐츠 중 유명 디자이너, 타 브랜드와의 콜라보 콘텐츠를 생동감 넘치게 전달하며 주목도를 높이고 있다. 지속적으로 자사 캐릭터를 활용한 밈Meme 콘텐츠 이외에도 브랜드 이미지를 환기시킬 수 있는 콜라보 콘텐츠를 통해 새로운 볼거리를 제공하며 콘텐츠의 다채로움을 더하고 있다.

하이트진로의 테라에서는 타 브랜드와 콜라보하며 환경에 대한 자사의 신념을 간접적으로 전달해 호평을 받고 있다. 직접적인 메시지 전달이 아니라 콘텐츠를 통해 대학에서 버려지는 미술 작품 캔버스와 자사 제품인 테라 폐현수막이 만

나 업사이클링 되는 모습을 짧고 굵게 세로형 숏폼 콘텐츠로 전달하며 메시지 전달방식에서 긍정적인 평가를 받았다. 하이트진로는 브랜드만의 고유한 콘텐츠로 꾸준히 소통을 하는 동시에 브랜드 이미지를 환기시킬 수 있는 숏폼 콘텐츠로 디지털 경험을 강화하고 있다.

고객의 마음을 홀리는 캐릭터 세계관

롯데칠성의 새로는 소셜미디어 소통채널을 넘나드는 '새로구미' 캐릭터 세계관 콘텐츠를 통해 단단한 팬덤을 구축하며 콘텐츠 차별화 전략에 성공적이라는 평이다. 특히, 캐릭터를 숏폼과 인스타툰 등 트렌디한 콘텐츠 유형을 접목해 '새로구미' 캐릭터의 스토리텔링을 매력도 높게 선보이며 업계에서 가장 앞선 성과를 보였다. 인스타그램 채널에서는 숏폼 시리즈 콘텐츠로 발행되고 있는 〈오늘의 강의〉가 주목받고 있다. 새로구미 캐릭터가 '슬기로운 술자리 생활' 일타강사라는 컨셉으로 등장하며 일상 속 공감 소재로 소통하며 팬덤을 구축하고 있다. 이러한 캐릭터 활용 전략은 캐릭터를 보다 입체적으로 활용하는 전략으로 실제

롯데칠성 새로 ／ **좌| 새로구미 숏폼 콘텐츠** 우| **새로구미 영상 콘텐츠**

오비맥주 / 좌 ESG 콘텐츠 우 음주운전 방지장치 콘텐츠

일어날 법한 이야기들을 B급 감성으로 풀어내며 많은 이들에게 재미를 선사하고 있다. 최근 제로 슈가 새로를 선보이며 제품 내에 캐릭터의 세계관을 풍성하게 구성한 점도 인상 깊다는 평이다. 또한 비하인드 콘텐츠 등 다각도의 시선에서 바라본 콘텐츠로 브랜드 스토리의 힘을 여실히 보여주고 있다.

오비맥주는 최근 쓰레기를 줍는 플로깅 행사인 〈오비맥주와 플로깅을!〉을 진행하며 소셜미디어 채널에 행사의 생생한 현장 모습을 담은 콘텐츠를 발행해 기업의 호감도를 높였다. 단순히 환경에 대한 콘텐츠를 발행하고, 일방적인 메시지를 전달하는 방식이 아니라 오비맥주의 ESG 신념을 소비자 직접 참여로 함께 전파하고 있어 브랜드 강화에 크게 기여하고 있다. 여기에 오비맥주의 캐릭터를 함께 활용해 콘텐츠를 구성하여 소비자에게 친근감을 제공하고 있어 신선하다는 평이다. 또한 오비맥주는 민간기업 최초로 음주운전 근절을 위한 음주운전 방지장치 시범사업을 운영하며 브랜드 신뢰도에서 소비자들의 높은 평가를 받고 있다. 업의 특성과 직접적으로 관련된 ESG 캠페인으로서 브랜드가 앞장서 선한 영향력을 행사하고 있다는 평이다. 오비맥주는 음주운전 방지, 환경과 관련된 디지털 콘텐츠를 통해 브랜드 이미지를 제고하고 있다.

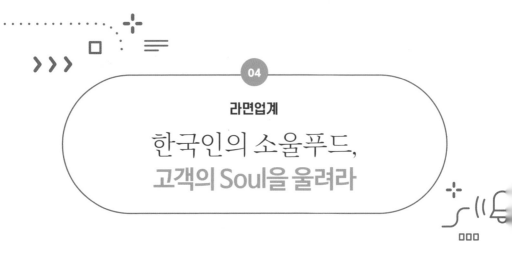

04

라면업계

한국인의 소울푸드,
고객의 Soul을 울려라

외식 물가가 가파르게 상승함에 따라 집밥 수요가 늘어나고 있다. 라면업계는 익숙한 맛을 무기로 이전보다 과감하고 독창적인 콘텐츠로 고객 접점을 넓히고 있다. 업계는 제품 고유의 소스나 시즈닝을 개별적으로 판매하면서 관련된 레시피 콘텐츠로 고객지향적 소통을 강화하고 있다. 나아가 기존 라면보다 열량이 낮은 건면 등을 출시하며 현재의 트렌드와 소비자 니즈에 맞춘 제품을 꾸준히 선보이고 있다. SNS기반 디지털 소통능력도 트렌드를 빠르게 접목시킨 콘텐츠 유형을 활용해 젊은 층의 이목을 효과적으로 사로잡고 있다는 분석이다.

라면업계는 레시피 콘텐츠 등을 활용하여 블로그, 페이스북 소통채널이 타 업계와 달리 활성화돼 있고, 다양한 이벤트/프로모션 활동으로 전반적인 소통경

농심 ╱ 좌┃ **'라면에 미친자들' 숏폼 콘텐츠** 우┃ **짜파게티 레시피 콘텐츠**

쟁력 강세를 보이고 있다. 기업간 디지털 소통효과 편차 또한 미미한 수준으로 하반기 경쟁이 더욱 치열해질 전망이다.

농심은 전통적으로 고객과의 소통경쟁력이 탄탄한 기업이다. 농심은 MZ세대가 흥미를 가지는 트렌드에 맞춰 차별화 전략을 펼치고 있다. 일상 속 자사 제품이 곳곳에 등장하는 숏폼 웹드라마 콘텐츠를 통해 자사 제품을 간접적으로 담아내고 있다. 스토리텔링을 더한 웹드라마 숏폼 콘텐츠는 홍보성 콘텐츠라는 인식을 낮추고 사용자들의 엔터테인먼트까지 충족시켜 브랜드 이미지제고에 효과적이다. 농심 콘텐츠의 성공사례가 입증해 주고 있다.

아울러 농심은 인기있는 자사 제품 고유의 소스를 단독으로 발매하여 매출 증대에 기여하고 있다. 이에 관련하여 콘텐츠 발행에도 적극적이다. 인스타그램을 통해 해당 소스를 홍보하고 활용할 수 있는 다양한 방법에 대해 주기적으로 콘텐츠로 풀어내며 구매욕구를 효과적으로 높이고 있다. 특히 젊은 층의 니즈에 맞춘 레시피로 요리 콘텐츠를 활발하게 발행하며 디지털소통 강화에 나서고 있다. 이처럼 농심은 혁신적인 마케팅 활동을 위한 제품과 이에 맞는 콘텐츠를 발행하며 소비자 친화적인 소통활동을 지속적으로 이어 나가고 있다.

●●
시선을 끄는 밈 콘텐츠와
소비자의 적극적 참여를 이끌어내는 양방향 콘텐츠

오뚜기 / 좌│진순파 vs 진매파 논란 종결 우│숏폼 요리 콘텐츠

오뚜기는 자사 브랜드의 밈Meme을 콘텐츠로 잘 활용해 호평을 받고 있다. 자사 제품인 '진라면'은 맵기에 차이에 따른 각각의 제품을 선호하는 일종의 밈Meme 을 가지고 있다. 진라면 순한맛을 선호하는 이들을 진순파, 진라면 매운맛을 선 호하는 이들을 진매파라고 칭한다. 오뚜기는 소비자들의 나뉘는 취향을 적극적 으로 자사 콘텐츠로 끌어와 활용하고 있다. 또한 소비자는 오뚜기 제품을 활용 하여 독창적인 다양한 레시피를 유튜브에 업로드하는데, 컵누들 면을 활용한 까르보나라 레시피가 대표적인 사례이다. 오뚜기는 자사 숏폼 레시피 콘텐츠를 통해 소비자의 니즈를 파악한 콘텐츠를 선보이고 있다.

팔도 인스타그램 ╱ 프로모션형 이벤트 콘텐츠

팔도는 제품별 체험단 모집과 인증 이벤트, 그리고 흥미 있는 다양한 퀴즈 등 고 객참여형 프로모션/이벤트 콘텐츠로 소비자들의 적극적인 참여를 이끌어내 고, 팔도만의 색다른 컨셉을 통한 콘텐츠 발행으로 디지털 콘텐츠 전반에 대한 몰입도를 증가시키고 있다는 평이다. 팔도의 인스타그램은 우주를 배경으로 한 콘텐츠를 다수 발행하고 있다.

이는 캐릭터 마케팅과 동일한 효과를 발휘한다는 평이다. 일관성 있는 컨셉과 독특함을 가진 컨셉으로 소비자에게 팔도의 이미지를 색다르게 각인시키고 있 다. 여기에 팔도의 인스타그램 콘텐츠는 프로모션형 이벤트 콘텐츠가 주목받고 있다. 자사의 제품을 활용한 퀴즈와 밸런스 게임 등 소비자 참여형 콘텐츠를 발행하면서 자연스럽게 제품홍보를 하고 있다. 이와 동시에 소비자의 유입과 구매 전환까지 효율적으로 진행하고 있다는 평이다.

삼양 ／ 좌ㅣ여자아이들 콜라보 콘텐츠 우ㅣ인플루언서 콜라보 콘텐츠

삼양은 디지털 콘텐츠를 통해 브랜드 이미지 제고에서 높은 경쟁력을 보였다. 또한 유튜브, 인스타그램 등 소통채널이 고르게 경쟁력을 유지하면서 고객과의 소통만족도 측면에서 상대적으로 좋은 성과를 거두고 있다. 특히 MZ세대가 선호하는 다양한 인플루언서를 섭외해 콜라보 콘텐츠로 브랜드 이미지를 젊게 만들고 있다는 분석이다. MZ세대에게 인기있는 아이돌여자아이들과 인플루언서진용진, 주우재, 몽자, 이호창, 문성훈, 김계란 등를 자사 제품과 콜라보하여 콘텐츠를 발행해 콘텐츠 참여도를 높이고 있다. 다만, 삼양식품 콘텐츠의 경우 지속성 있는 콘텐츠보다는 단발성 콜라보 콘텐츠 및 캐릭터 콘텐츠에만 주력하여 다소 아쉽다는 평이다.

라면 업계는 자사의 제품을 효율적으로 활용하며 소비자의 니즈에 맞춘 콘텐츠, 자사 브랜드를 색다르게 인식시키기 위한 콘텐츠, 젊은 브랜드 이미지를 제고하는 콘텐츠, 이슈에 대응하는 콘텐츠 등 다채로운 콘텐츠들을 발행하며 소비자의 마음을 사로잡고 있다. 모수팬 수, 팔로워 수, 구독자 수 확장보다는 핵심 타겟층에 걸맞은 콘텐츠 마케팅을 통해 제품 인지도와 매출증대에 기여하고 있다.

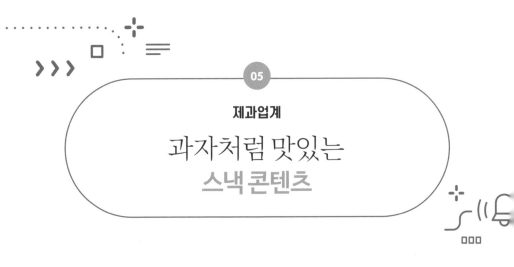

05

제과업계

과자처럼 맛있는
스낵 콘텐츠

과자/빙과업계는 자사 제품의 차별점을 두기 위해 MZ세대가 흥미를 가지는 트렌드를 파악하고 이를 적극적으로 콘텐츠에 반영하고 있다. 단순히 브랜드의 제품 이미지만 전달하는 것이 아닌 스토리텔링을 통한 캐릭터 콘텐츠 활용과 색다른 리뷰 콘텐츠가 두각을 드러내고 있다. 특히 젊은 층이 즐길 수 있는 스낵 콘텐츠를 활발하게 발행하며 디지털소통 강화에 나서면서 공격적이고 혁신적인 마케팅 활동을 진행하고 있다.

빙그레는 빙그레 왕국이라는 가상세계관을 중심으로 인스타그램 채널에서 큰 인기를 얻고 있다. 지속적으로 세계관을 확장하고 자사 제품 내에 다채로운 스토리텔링을 더한 콘텐츠가 여전히 소비자의 높은 호응을 받으며 종합식품업계

빙그레 / 빙그레우스 유튜브 콘텐츠

의 콘텐츠 경쟁력을 견인하고 있다. 빙그레우스 뿐만이 아니라 빙그레 세계관브랜드 유니버스에 속해 있는 다양한 자체 캐릭터를 활용해 차별화된 프로모션을 선보이고 있다. 이처럼 MZ세대를 타깃으로 B급 정서를 전달하는 빙그레는 세계관 콘텐츠 트렌드를 주도하며 제품 홍보를 효과적으로 진행하고 있다. MZ 세대가 좋아하는 B급 감성을 재치있게 풀어내는 빙그레의 전략은 브랜드 호감도를 지속적으로 높이고 있는 것으로 분석됐다.

아울러 유튜브 채널로 가상세계관을 확장해 눈길을 모으고 있다. 빙그레 자체 캐릭터 빙그레우스를 '아카펠라 스페셜티' 실제 광고모델로 선정했는데, 이는 SNS 상에서 활동했던 빙그레우스가 유튜브를 통해 버튜버로 전환했다는 점에서 신박하다는 평이다.

••

인스타그램에 강점을 보인 빙그레
유튜브의 경쟁력이 높은 롯데웰푸드

롯데웰푸드는 콜라보 영상과 ASMR, 임직원 브이로그 등 다채로운 영상 콘텐츠로 유튜브에서 강점을 보이며 콘텐츠 경쟁력을 높이고 있다. 뇌를 자극해 심리적인 안정을 유도하는 롯데웰푸드의 ASMR 콘텐츠인 〈팅글맛ZIP〉는 시리즈 형태로 자사 제품 포장을 뜯는 순간부터 먹는 순간까지 ASMR로 담아내어 제품의 호감도를 높이고 있다. 이러한 롯데웰푸드의 영상 콘텐츠는 시각은 물론

롯데웰푸드 스위트tv ／ 좌│팅글맛ZIP ASMR 우│롯데웰푸드×윤하프로젝트

오리온 / 좌ㅣ오리온 고래밥 챌린지 이벤트 우ㅣ오리온 라인업 맞추기 이벤트

청각을 만족시키는 영상 콘텐츠로 평가받고 있다.

이외에도 롯데웰푸드의 콜라보 영상 콘텐츠가 눈길을 모으고 있다. 웹드라마 요소를 활용하는 것은 물론 아티스트와 콜라보를 통해 자사 제품을 다양한 상황 속에서 입체적으로 담아내 주목받고 있다. 국내 최초 인터랙티브 뇌파NFT 를 활용한 미디어아티스트와 콜라보하여 소비자가 자사 제품의 초콜릿과 사탕을 먹으며 변화하는 뇌파로 직접 아트 작품을 만드는 체험형 콘텐츠 선보인 바 있다. 이와 관련한 스토리텔링을 영상 콘텐츠로 담아내 소비자의 호기심을 자극시키며 다채로움을 더하고 있다.

오리온은 자사의 상품과 캐릭터를 통한 프로모션/이벤트를 통해 높은 호응을 얻고 있다. 특히 오리온의 SNS 채널 중 인스타그램에서 게임 요소를 더한 프로모션/이벤트 콘텐츠의 차별점이 돋보이고 있다. 제품 속 게임 요소를 더한 패키지로 고객들에게 재미를 더하고 SNS 참여형 콘텐츠로 연결시켜 브랜드와 고객간의 관계를 끈끈하게 만들고 있다는 분석이다. 또한 수수께끼, 밸런스 게임 요소를 가미한 콘텐츠에 강점을 보이며 제품을 효과적으로 각인시키고 있다. 이처럼 오리온은 게임요소를 더한 흥미 유발성 콘텐츠로 흥미와 정보를 함께 제공해 고객들의 유입을 이끌어내고 있다.

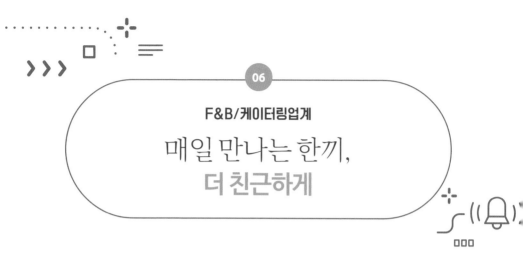

06

F&B/케이터링업계

매일 만나는 한끼,
더 친근하게

엔데믹의 영향으로 분주해진 업계 중 하나는 식품제조, F&B/케이터링업계이다. 오피스·산업체 등 외부 대형 사업장 수주가 늘어나면서 단체급식 부문에서도 호실적을 거두고 있다. 식품 제조 및 F&B, 케이터링 등의 시장이 점차 커지고 있는 것이다. 또한 런치플레이션 등으로 인해 간편식밀키트 수요가 증가함에 따라 업계는 라인업을 확대하며 일반 소비자와의 접점을 넓히고 있다.

이에 B2B 고객과 B2C 고객을 모두 겨냥하는 디지털 콘텐츠를 발행하며 고객 경험을 강화하고 있다. 뿐만 아니라 ESG 경영에 앞장서며 ESG 콘텐츠도 활발히 선보이고 있다. 최근에는 팝업스토어와 식음박람회 등을 통해 온오프라인 접점 또한 넓히고 있다. 그러나 소비자를 직접 상대하고 있음에도 고객과의 소통에는 미흡하다는 지적과 함께 개선이 시급하다는 의견이다.

신세계푸드 / 좌ㅣ**예능형 콘텐츠** 우ㅣ**콜라보/챌린지 콘텐츠**

신세계푸드는 SNS 소통채널이 고르게 활성화되고 있고, 그 중 〈푸드IN-고진감래〉가 호평을 받고 있다. 신세계푸드의 식자재를 사용하는 자사 밀키트 현장을 임직원이 직접 체험하는 예능형 콘텐츠이다. 임직원이 직접 출연해 자사 제품이 직접 만들어지는 생상 공장을 체험하며 재미와 신뢰도를 높였다는 평이다. 또한 구내 식당을 보여주고 식품에 대한 위생과 퀄리티를 내세우며 신세계푸드에 대한 호감도를 높였다.

신세계푸드의 B2C 콘텐츠 중 가장 주목되는 것은 〈타임세일 챌린지〉 시리즈이다. 소비자인 시민과 함께 자사 제품에 대한 챌린지를 찍으며 집계된 수만큼 대중에게 할인율을 제공하는 독창적인 콘텐츠이다. MZ세대에게 인기있는 인플루언서를 출연시켜 친근감을 주며 기업의 젊은 이미지를 제고했다는 평가이다. 또한, 잠재적 소비자인 시민을 대상으로 재미있는 챌린지를 통해 자사 제품을 자연스럽게 홍보 했다는 평가이다. 이처럼 신세계 푸드는 MZ세대를 사로잡기 위한 콘텐츠 방식을 차용하며 기업과 소비자에게 자사의 브랜드를 어필하고 있다.

삼성웰스토리 / 좌ㅣ**콜라보 콘텐츠** 우ㅣ**임직원 참여 콘텐츠**

삼성웰스토리는 자사만의 브랜드 컬러인 그린컬러를 일관되게 콘텐츠에 적용시켜 브랜드 이미지를 효과적으로 각인시키고 있다. 삼성웰스토리는 삼성웰스토리TV라는 참신한 유튜브 채널에서 B2B 고객과 B2C 고객 모두를 만족시킬 수 있는 영상 콘텐츠로 주목을 받고 있다. 그 중 〈환경탈퇴〉 시리즈 콘텐츠는 ESG 콘텐츠임에도 래퍼 던밀스와 과감하게 콜라보를 진행해 젊은 층의 이목을 집중시켰다. 래퍼 던밀스가 출연한 기업의 ESG 메시지를 전달하며 기업의 젊은 분위기를 불어넣고 있다는 분석이다. 또한 래퍼 던밀스가 삼성웰스토리의 식자재 공급 장소에 직접 방문하여 식품을 체험하는 모습을 담아내 기업의 신뢰감까지 높이고 있다.

이외에도 자사 영양사가 직접 출연하는 〈내몸내산〉 시리즈 콘텐츠로 다양한 음식 궁합과 영양식단을 추천하는 전문성 높은 정보를 전달해 호평을 받았다. 해당 분야에 박식한 영양사가 직접 출연하여 관련 정보를 전달한다는 점에서 신뢰성을 얻고 있다. 또한 유용한 정보를 전문적으로 전달하며 자사 제품을 자연스럽게 연결시킨다는 점이 효과적이라는 평이다.

다만 경쟁력 있는 영상콘텐츠 업데이트가 미흡하고, 블로그 부재와 함께 페이스북은 지난 1월말로 업데이트가 없어 고객과의 지속가능한 소통경영에 획기적인 전환점이 필요하다는 지적이다.

●●
디지털 고객경험을 넓히는
맞춤 콘텐츠

현대그린푸드는 '믿고 먹는 맛있는 건강식'이라는 메시지를 내세운 밀키트 브랜드 그리팅의 소셜채널SNS 적극 활용하고 있다. 최근에는 팝업 스토어로 유명한

현대그린푸드 / 좌|팝업스토어 콘텐츠 우|프로모션형 이벤트 콘텐츠

더현대에 현대그린푸드 팝업스토어를 선보이며 큰 인기를 얻었다. SNS를 통한 이벤트/프로모션도 활발하게 진행하고 있다. 자사 브랜드 팝업스토어에 대한 소식을 디지털 콘텐츠로 함께 발행해 온/오프라인을 넘나드는 소통으로 호평을 받고 있다. 그리팅은 건강을 중요하게 생각하는 소비자의 니즈에 따라, 건강, 자기 관리에 중점을 두고 콘텐츠를 선보이고 있다.

소비자를 위한 영양진단 서비스를 제공하며 디지털 고객 경험을 높이고 있다. 개인의 식습관을 전문적으로 진단하고 더욱 건강한 식사 가이드를 제안하며 브랜드의 신뢰도를 높이고 있다. 이러한 서비스는 카드 뉴스 형태의 콘텐츠로 선보이며 다양한 소비자의 접점을 넓히고 있다. 프로모션형 이벤트를 병행해 참여도, 호감도를 높이고 있다.

향후 현대그린푸드는 건강이라는 주제로 맞춤형 서비스를 적극적으로 콘텐츠로 개발하여 소통경쟁력을 강화해야 브랜드 경쟁력을 보다 높일 수 있다는 분석이다. 현대그린푸드의 경우 현대백화점그룹을 통한 콘텐츠 통합으로 자체 운영은 인스타그램에 의존하고 있다. 통합운영에 따른 장점도 있지만 독창적인 디지털 경쟁력 제고에는 한계가 있어 향후 현대그린푸드만의 SNS 채널 전반에 대한 전략에 따른 콘텐츠 로드맵과 프로모션 로드맵 마련이 시급한 실정이다.

아워홈 / 좌│**온오프라인 연계 콘텐츠** 우│**인스타툰 콘텐츠**

아워홈은 〈놀러와! 우리집〉이라는 컨셉의 다양한 콘텐츠를 담아내고 있는 블로그를 비롯해 SNS 기반 소통채널을 가동하고 있다. 특히 우리집레시피 등 고객경험을 중시하는 콘텐츠로 브랜드 가치를 높이고 있다. 캘리스랩은 아워홈의 구내식당으로, 퍼스널 헬스케어 프로그램을 갖추고 있다. 단순 식사를 하는 것을 넘어 개인의 건강에 맞춘 식단을 제공하는 것을 통해 고객 경험을 도모하고 있다. 관련 내용을 다채롭게 전달하는데, 카드뉴스, 인스타툰 등 소비자가 콘텐츠를 쉽고 소비하고 받아들일 수 있도록 발행하고 있다.

이처럼 아워홈은 자사의 시설 및 제품을 내세우며 브랜드에 대한 호감도를 높이고 있다. 다만, 아쉬운 점은 일관성 있는 콘텐츠가 존재하지 않으며 콘텐츠 타겟팅이 소비자에게 집중되었다는 점이다. 시리즈 콘텐츠를 발행하고 기업과 소비자 모두에게 이로운 콘텐츠를 발행한다면 브랜드 경쟁력 면에서 호감도를 높일 수 있을 것이라는 평가이다.

식품제조, F&B업계는 호황을 맞이함에 따라 B2B 고객과 B2C 고객을 모두 겨냥하는 디지털 콘텐츠를 그 어느때보다 적극적으로 발행하고 있다. 고객 경험을 강화시키기 위해 다양한 소비자의 니즈에 맞춘 콘텐츠를 제작하며 브랜드의 소식을 콘텐츠로 효과적으로 전달하고 있다. 브랜드 가치를 올리고 경쟁력을 선점해야 하는 급식업계는 젊은 층에게 다가갈 수 있는 콘텐츠와 맞춤형 콘텐츠로 자사 브랜딩을 강화하고 있다.

07

생활위생용품업계

진심이 통하는
ESG 콘텐츠

생활위생용품업계는 위생과 청결을 강조하는 ESG관련 콘텐츠로 소비자에게 다가서고 있다. 지속가능한 미래가치 창출을 위해 ESG경영 실천에 앞장서고 있다. 이에 따라 ESG 콘텐츠 경쟁력 강화에도 심혈을 기울이는 모양새다. 특히 환경과 사회공헌 등 착한 기업을 선호하는 미래 고객인 MZ세대 소비자들의 마음을 얻기 위해 온/오프라인을 넘나드는 ESG 콘텐츠로 적극적인 소통에 나서고 있다. 다채로운 디지털 콘텐츠를 활용해 고객의 눈높이에 맞춘 ESG 소통 활동은 브랜드 이미지 제고를 넘어 실질적인 구매행위로 이어지고 있어 주목된다.

유한킴벌리는 고객참여형 콘텐츠로 소비자의 참여를 도모하며 브랜드를 지속적으로 각인시키고 있다. 최신 트렌드인 고객 경험CRM에 초점을 맞춘 콘텐츠로

유한킴벌리 유튜브 인스타그램 / 좌| 2023 신혼부부 나무심기 우| 2023 유한킴벌리 그린캠프

소비자의 참여를 유도하고 충성고객을 확보하고 있다. 이는 고객에게 색다른 경험을 선사한다는 점에서 긍정적인 평가를 받고 있다. 소비자들은 그린캠프에 참여하며 직접 나무를 심음으로서 환경에 대한 중요성에 공감한다.

뿐만 아니라 유한킴벌리가 추구하는 가치인 지속가능 경영에 대해서도 자연스럽게 인지시킨다는 평이다. 해당 콘텐츠는 제품의 홍보 또는 매출 증진을 위한 마케팅이 아닌 지속적인 경영과 환경을 생각하는 가치를 강조한 캠페인으로서 긍정적인 반응을 얻고 있다. 이처럼 유한킴벌리는 자사의 지속가능 경영에 대한 브랜드 가치를 고객 실천을 통해 전달한다는 점에서 효과를 거두고 있다. 지속가능한 경영의 가치를 꾸준히 콘텐츠화 한다는 점에서 업계의 주목을 받고 있다.

특히 〈우리강산 푸르게 푸르게〉 캠페인을 연계한 '동해산불의 상처, 신혼부부와 함께 다시 푸르게 푸르게" 등 다양한 이벤트/프로모션 활동과 "우리강산 푸르게 푸르게 39년 반성문" 동영상 콘텐츠 등은 잔잔한 감동과 함께 유한킴벌리의 진심의 소통을 느끼게 해주는 콘텐츠로 호평을 받고 있다.

잘풀리는집은 창의력을 담은 콘텐츠로 최신 동향을 반영해 공감대를 이끌어내어 호평을 받고 있다. 특히, 고객의 일상 속에서 주로 사용하는 물품을 활용하여 재활용을 하는 콘텐츠가 주목받고 있다. 일례로 ESG활동의 일환으로 화장지심을 재활용하여 사용하는 방법에 대해 공유한 영상은 창의력을 가득담은 콘텐츠로 소비자의 높은 호응을 받았다. 이는 ESG에 대해 함께 나누고, 배우면서

잘풀리는집 유튜브 인스타그램 / 좌|ESG 콘텐츠 우|이벤트 프로모션 이벤트

가치를 자연스럽게 전달했다는 평이다.

뿐만 아니라 프로모션형 이벤트도 꾸준히 진행하고 있다. 소비자가 직접 참여하는 형태의 콘텐츠를 발행하며 고객참여를 유도하고 있다. 이처럼 잘풀리는집은 고객의 일상 속에서 공감 가능한 다채로운 이야기들을 ESG 콘텐츠, 프로모션형 콘텐츠로 풀어내며 트렌디함을 담은 브랜드로 포지셔닝하고 있다. 다만, 잘풀리는집의 SNS 활동이 아직은 정체되어 있고 ESG 콘텐츠 외에는 반응도가 저조하여 소비자의 소통경쟁력을 강화해야 한다는 의견이다. 고객참여형 양질의 콘텐츠를 시리즈물로 꾸준히 제작한다면 효과를 거둘 수 있고, 독창적인 소통활동이 기대되는 기업이다.

깨끗한 나라 인스타그램 / 좌ㅣESG 콘텐츠 우ㅣ이벤트 프로모션 이벤트

깨끗한 나라는 친근함을 추구하며 소비자에게 다가서고 있다. 전반적으로 자체 캐릭터를 활용한 SNS 소통에 주력하고 있다. 이는 부드러운 기업 이미지를 제공하고 친근함을 전달한다는 점에서 긍정적으로 평가되고 있다. 캐릭터의 다양한 형태의 모습을 콘텐츠로 이야기를 전달하고 확장하고 있다. 캐릭터 기반 스토리텔링 강화가 아쉽다는 의견이다. 스토리텔링을 통해 캐릭터의 팬덤을 효과적으로 키워나가며 브랜드 이미지를 지속적으로 제고해 나간다면 긍정적인 효과를 기대할 수 있다.

깨끗한 나라 또한 자사의 제품을 ESG 콘텐츠와 연계하여 전달하기 때문에 환경을 생각하는 기업의 신념을 뚜렷하게 표출하고 있다. 특히 깨끗한나라는 캐릭터를 활용한 친근함으로 ESG경영의 다양한 모습을 보여주며 고객의 호응을 얻고 있다. 격의 없는 소통을 이어가며 캐릭터 팬덤을 동시에 키워 나가고 있다는 점에서 성과를 내고 있다. 또한 고객들의 눈높이에 맞춘 정보 전달과 프로모션 이벤트로 브랜드 홍보 역할을 톡톡히 수행하고 있다.

전반적으로 위생용품업계는 ESG관련 콘텐츠로 소비자에게 브랜드를 홍보하고 있는 모습이다. ESG 경영의 가치와 신념을 전달을 위해 지속가능한 미래 가치 창출을 표출하는 콘텐츠를 전달하고 있다. 다만, 위생용품업계는 소비자와 밀접한 제품임에도 ESG 콘텐츠 외 전반적으로 디지털 소통은 활발하지 않은 상황이다. ESG콘텐츠 뿐만 아니라. 자사의 브랜드 가치에 집중한 콘텐츠를 발행한다면 소비자 유입을 통한 브랜드 이미지 제고를 할 수 있다. 특히 트렌드(숏폼)에 맞는 콘텐츠를 제작하여 MZ세대를 타깃으로 소통한다면 더욱 효과적으로 브랜드 강화에 도움이 될 것이란 분석이다.

유통·프랜차이즈업계

백화점업계
편의점업계
커피 프랜차이즈
햄버거 프랜차이즈
피자 프랜차이즈
제과제빵 프랜차이즈

01

백화점업계

온·오프라인의
경계를 허물다

엔데믹 전환과 고물가로 인한 소비심리 위축의 돌파구로 백화점 업계는 미래 소비 주역인 MZ세대에게 더욱 집중하는 모습이다. MZ세대와의 온/오프라인 소통공간 확대와 2030세대 타깃을 중심으로 한 디지털 소통 강화, MZ세대간 주목하는 ESG경영 소통활동 등 백화점을 단순 소비공간이 아닌 문화, 엔터테인먼트, 참여공간으로 변화시키고 있다. 이를 위해 최근 백화점업계는 보다 많은 젊은 소비자들의 방문을 유도하기 위해 온라인과 오프라인을 넘나드는 독창적

신세계백화점 인스타그램 ／ 팝업스토어 콘텐츠 하이퍼그라운드

인 콘텐츠로 소통에 적극적인 모습이다.

신세계백화점은 신세계 부산 센텀시티점에 MZ세대들의 니즈에 맞춘 감성적이고 라이프스타일 공간인 '하이퍼 그라운드'를 오픈했다. 기존에 특색이 없던 영 패션 공간의 리뉴얼을 통해 방문하여 쇼핑하고 싶은 공간으로 탈바꿈시켜 호평을 받았다. 트렌디한 감성을 가진 인지도 높은 아티스트와의 온/오프 콜라보레이션 콘텐츠로 경쟁사 대비 이벤트/프로모션 부문 성과를 거두었다.

백화점 내외 공간 비주얼 연출포토존 포함과 아트웍 제작과정의 컨셉을 함축한 캠페인 스토리텔링 온/오프라인 바이럴, 인플루언서 방문 콘텐츠 및 고객참여 이벤트, 신세계 매거진 스페셜 칼럼을 통한 공간, 브랜드, 판매 정보 제공 등의 다양한 소통을 진행했다. 그 결과 매출은 전년 대비 2.5배, 방문객수는 2.2배, 그리고 2030세대 신규고객 증가로 이어져 온/오프 소통만족도가 가장 높은 경쟁력을 입증 받았다. 소통만족도 중에서 다양한 고객과의 스킨십을 위한 독창적인 소통활동으로 창의성에서 가장 앞선 경쟁력을 보이며 만족도를 견인했다.

매력적이고 흥미로운 콜라보레이션 콘텐츠를 통해 신세계백화점은 기존 럭셔리, 세련된 이미지에서 MZ세대 등 다양한 타겟의 고객영역을 확장하는 계기를 마련하고 있어 주목되고 있다.

●●
질 높은 영상콘텐츠로
소비자의 눈길을 사로잡다

현대백화점은 차별화되고 짜임새 있는 기획력을 바탕으로 영상 콘텐츠에서 단연 두각을 나타내고 있다. 〈THE HYUNDAI Sounds〉는 현대백화점의 내부와 외부의 모습을 높은 영상미를 더해 담아내고 이에 맞는 플레이리스트 음악을 선정한 시리즈 영상 콘텐츠이다. 뛰어난 영상미와 감미로운 음악은 현대백화점의 호감도를 높이고 있으며, 소비자자의 방문욕구를 효과적으로 자극시키고 있

현대백화점 영상 콘텐츠 ╱ 좌ᅵTHE HYUNDAI Sounds 우ᅵTHE HYUNDAI Moments

다는 분석이다. 또한 〈THE HYUNDAI Moments〉는 현대백화점의 명품브랜드의 명품들을 모델들이 직접 입체적으로 설명하고 착용한 모습을 보여주며 소비자의 만족감과 구매욕구를 효과적으로 불러일으키고 있다. 해당 영상 콘텐츠는 매회 20만 조회수를 기록하며 소비자의 호응을 얻고 있다.

현대백화점은 이외에도 오프라인과 온라인 소비자들을 동시에 만족시키는 다채로운 콘텐츠를 발행하고 있다. 〈2023 더 현대 플로깅〉은 산책이나 조깅을 하며 쓰레기를 줍는 플로깅 행사로, 플로깅 키트를 활용한 기부와 친환경 액티비티를 동시에 참여할 수 있는 콘텐츠로 각광을 받고 있다. 단순히 환경에 대한 콘텐츠를 발행하고, 일방적인 메시지를 전달하는 방식이 아니라 현대백화점의 ESG 신념을 고객 직접 참여로 함께 전파하고 있어 브랜드 강화에 크게 기여하

현대백화점 ╱ 좌ᅵ2023 더현대 플로깅 우ᅵ댄스 가수 유랑단 팝업스토어

고 있다. 최근 인기리에 방영된 〈댄스가스 유랑단〉과의 콜라보를 통해 브랜드 호감도가 상승했다는 평이다.

팝업스토어의 성지라고 불리는 더현대는 빠르게 변화하는 시대에 맞춰 MZ세대를 위한 팝업스토어 콘텐츠를 끊임없이 발행하며 젊은 층의 인기를 얻고 있다. SNS를 통한 온라인에서의 콘텐츠 공유가 핵심으로 자발적으로 참여하는 충성 고객과의 활발한 소통에 힘입어 MZ세대 트렌드를 반영한 콘텐츠로 방문을 유도하면서 디지털 접점을 높여 흥행 효과를 누리고 있다. 또한 참신한 소통 전략의 일환으로 입점한 브랜드가 자신만의 특색을 살린 포토 스팟을 활용해 트렌드에 반응하는 MZ세대의 취향을 효과적으로 저격하고 있다.

롯데백화점은 자사만의 브랜드 신념을 전달하기 위해 다채로운 콘텐츠를 발행하는데, 특히 ESG콘텐츠에서 소비자들의 호감도를 높이며 브랜드 강화로 업계에서 가장 높은 성과를 보이며 브랜드 강화에 긍정적인 효과를 내고 있다. 롯데백화점의 〈지구특공대〉 콘텐츠는 유명인이 출연하여 방방곡곡을 돌아다니며 인터뷰와 동시에 해당 핫플레이스에서 플로깅을 하는 콘텐츠이다.

콘텐츠의 네이밍부터 직관적으로 설정되어 롯데백화점의 독자적인 ESG의 신념을 전달하기에 유용하다. 또한, 영상 콘텐츠 자체에서 유명인이 직접 인터뷰

롯데백화점 인스타그램, 유튜브 / 지구 특공대

롯데백화점 유튜브 / 전국 롯백 자랑

와 동시에 플로깅을 하기 때문에 팬 층의 유입으로 바이럴 효과를 누릴 수 있다는 점에서 호평을 받았다. 유튜브에는 영상 콘텐츠, 인스타그램과 페이스북에는 카드뉴스 형태로 전달되는데, 이는 2차 콘텐츠를 발행하며 더 많은 소비자와의 접점을 넓히고 있다.

롯데백화점은 〈전국롯백자랑〉를 통해 지역 홍보에 힘쓰며 상생하는 브랜드의 이미지를 효과적으로 전달하고 있다. 랜선 여행 플레이리스트라는 컨셉으로 롯데백화점이 위치한 지역의 로컬 명소를 소개하며 해당 도시의 다채로운 자연과 도시를 함께 홍보하고 있다. 감성적인 여행 코스를 공유하며 소비자의 관심을 이끌고 영상 속 감각적인 편집이 눈길을 끌어 높은 조회 수와 호응을 끌어내는 데 성공한 것으로 분석됐다. 이처럼 롯데백화점은 자사의 브랜드를 직접적으로 들어내지 않고 자사의 착한 메시지를 포함한 ESG콘텐츠로 브랜드 호감도를 높여 나가고 있다.

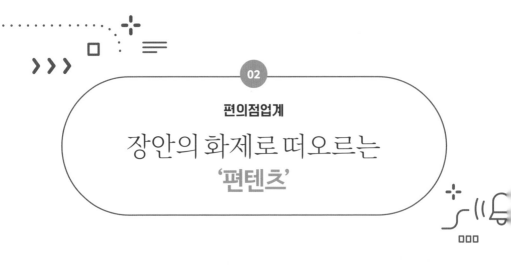

02

편의점업계

장안의 화제로 떠오르는
'편텐츠'

편의점은 현재 유통업계의 강자로 취급하는 상품들이 다양해지고 있다. 한층 까다로워진 소비자 입맛을 사로잡는 편의점 신제품들이 SNS에서 입소문을 타며 '품절 대란'을 이끌고 있다. 최근에는 '편텐츠_{편의점+콘텐츠}'라는 신조어가 등장할 만큼 편의점 업계의 콘텐츠는 타업계에서도 주목할만한 성과를 내고 있다. 특히 공통적으로 인플루언서와 콜라보 콘텐츠를 통해 다양한 팬덤들을 자사 브랜드의 SNS채널에 머물게 하고 있다.

GS25 이리오너라 유튜브 / 좌ㅣ**미쳐버린 편의점** 우ㅣ**스타의 치킨**

GS25는 '가장 예능에 진심인 편의점 채널'이라는 카피를 담은 유튜브 채널 '이리오너라'에서 다양한 인플루언서와 콜라보 영상을 지속적으로 선보이며 MZ세대의 취향을 저격하고 있다. 영상 콘텐츠의 유형은 웹드라마부터 토크쇼 예능 콘텐츠까지 현재 유튜브 채널에서 인기있는 유형을 적극 활용하고 있다. 그

중 자사 편의점 공간에서 일어날 수 있는 다양한 에피소드의 스케치 코미디 장르 콘텐츠는 물론 자사 제품을 재치있게 홍보하는 콜라보 영상 콘텐츠가 높은 호응을 보이고 있다.

이처럼 고객 일상 속 공감 가능한 다채로운 이야기들을 엔터테인먼트 콘텐츠로 제공하며 라이프 스타일 플랫폼 GS25로 포지셔닝에 성공했다는 평이다. 특히 MZ세대가 선호하는 세로형 '숏폼'짧은 영상에 후킹Hooking성 높은 텍스트 키워드를 활용해 2차 재가공하며 효과적으로 활용하고 있다. 이러한 GS25의 행보는 상품, 서비스 중심의 유튜브 콘텐츠가 아닌 예능형 콘텐츠로 전환하며 업계 최초 100만 구독자를 돌파하는 등의 실질적인 성과를 이뤄내고 있다. 이외에도 GS25는 〈GS25뮤비페〉를 열며 젊은 소비자와 오프라인을 통해서도 활발히 소통하며 브랜드 호감도를 높이고 있다. GS25뮤비페와 관련해 디지털 콘텐츠로 다양한 온라인 소비자에게 자사 행사의 소식을 퀄리티 높은 콘텐츠로 알리고 있다.

●●
소비자의 공감을 얻어라!
독창적 콜라보 콘텐츠

CU 또한 '연중무휴! 콘텐츠 편의점'이라는 카피를 담고 있는 자체 유튜브 채널

CU 유튜브 ╱ 좌ㅣ편의점 뚝딱이 우ㅣCUX명탐정 코난 콜라보

씨유튜브 적극 운영하고 있다. 최근 〈편의점 고인물〉 숏폼 콘텐츠로 약 1.5억뷰를 기록하며 화제를 모으는데 성공하며 빠르게 구독자가 증가해 GS25를 추격하고 있다. 〈편의점 고인물〉이후 〈편의점 뚝딱이〉 숏폼 예능형 콘텐츠를 선보이며 숏폼 웹드라마의 인기를 이어가고 있다. 특히, 〈편의점 뚝딱이〉의 경우 20대 편의점 점주가 늘어나고 있는 최신 동향을 반영해 많은 공감대를 이끌어내어 호평을 받고 있다.

또한 CU는 콜라보 콘텐츠로 그 독창성을 인정받고 있다. 명탐정 코난과 공식 제휴를 맺고 협업 상품을 선보이고 있는데, 게임요소를 가미한 소비자 참여형 콘텐츠로 호응을 얻고 있다. 협업 제품의 소식을 단순히 이벤트 콘텐츠로 선보이는 것을 넘어 콜라보한 브랜드의 잘 살린 콘텐츠는 협업 상품의 소식을 알리는데 효과적인 것으로 분석됐다. 이외에도 CU는 하나투어, 기아자동차 등 다양한 업종과 색다른 콜라보 소식을 콘텐츠로 알리며 이색 경험을 제공하고 있다. 이처럼 CU는 다채로운 콘텐츠로 참신한 기획을 선보이고 있다.

이마트24는 편의점 업계에서 후발주자임에도 자체 캐릭터와 세계관을 중심으로 SNS채널의 영향력을 빠르게 성장시키고 있다. 자체 캐릭터 '원둥이'는 자사 편의점 제품을 큐레이션 하는 역할과 함께 일상 속 다양한 체험을 하는 모습을 숏폼 콘텐츠로 담아내 캐릭터의 호감도를 높이고 있다. 특히 숏폼 콘텐츠에서 원둥이는 2d 캐릭터에서 벗어나 입체감 있는 원둥이 캐릭터의 생생한 모습을

이마트 24 / 좌ㅣ**자체 캐릭터 활용 콘텐츠** 우ㅣ**소식좌 영상 콘텐츠**

전달해 긍정적인 평가를 받고 있다.

이마트24 또한 MZ세대의 감성에 맞춘 재치 있는 인플루언서 콜라보 콘텐츠를 선보이고 있다. 〈편의점래시피〉는 젊은 세대에게 인기 많은 래퍼인 '래원'이 출연하는 영상 콘텐츠로 이마트24에서 판매하는 제품을 통해 간단한 요리를 만들며 자연스럽게 자사 제품을 홍보하는 콘텐츠이다. 예능감 있는 토크와 실용적인 요리 레시피를 제공한다는 점에서 좋은 반응을 얻고 있다. 이처럼 이마트24는 캐릭터를 통해 브랜드 가치를 콘텐츠화 하며 이슈를 지속시키고 소비자들의 관심을 모으고 있다.

03

커피 프랜차이즈

치열하게 펼쳐지는
콘텐츠 마케팅의 각축장

한국인의 커피 소비량은 전 세계에서 두 번째라는 통계가 있을 만큼, 우리에게 커피 한 잔은 곧 일상이며 문화이다. 고물가 시대, 소비자의 니즈에 맞춰 저가형 커피 프랜차이즈가 많아지고 있으며 해당 매장 또한 빠르게 증가하고 있는 추세이다. 이에 따라 소비자의 발걸음을 자사의 매장으로 옮기려는 커피 브랜드의 SNS 마케팅이 치열해지고 있는 상황이다. 스토리텔링 콘텐츠, 캠페인, 앱 락인스타벅스의 사이렌오더, 신메뉴를 활용한 소비자 참여형 콘텐츠 등 이전과는 달리 보다 다채롭게 생기 넘치는 콘텐츠로 소비자와 소통하고 있는 모습이 역력하다.

이디야 커피 / '메이튜' 활용 숏폼 콘텐츠

이디야 커피의 디지털 원주민으로 통칭되는 Z세대를 사로잡기 위한 콘텐츠 차별화 전략에 집중하고 있다. 전국 이디야 커피 매장에서 근무하는 메이트아르바이트생가 직접 출연하는 콘텐츠를 통해 Z세대와의 고객 접점 확대하며 소통하고 있다. Z세대를 대표하는 이디야 메이트들의 일상 속 모습과 함께 같은 Z세대의 공감을 불러일으키는 다채로운 콘텐츠를 선보이고 있다. 해당 콘텐츠는 주로 예능형 코너와 토크형 코너로 이루어진다. 이디야 소속이 아니라

이디야 커피 / 산리오 캐릭터즈

면 알 수 없는 내부의 이야기들을 풀어내어 소비자들의 흥미를 유발시키는 것이 특징이다. 커피 이야기, 알바 꿀팁, 알바 경험담 등 솔직하고 자유로운 이야기를 들을 수 있어 큰 인기를 얻고 있다. 이디야 메이트는 유튜브 채널을 넘어 인스타그램 숏폼에서도 활약이 돋보인다. 메이트와 함께 자체 앱을 홍보하는 릴스 콘텐츠는 친밀감을 상승시키고 감성 이미지 콘텐츠 중심으로 운영되고 있어 인스타그램 채널의 활력을 불어넣는 우수사례로 평가된다.

이외에도 MZ세대가 선호하는 캐릭터와의 콜라보에도 적극적인 모습이다. 인기 캐릭터인 '산리오 캐릭터즈'와 협업한 소식을 메이튜 유튜브 영상에서도 다루며 화제성을 이어가고 있다. 이는 MZ세대를 사로잡기 위한 콘텐츠 차별화 전략으로 보이며 특히 해당 콘텐츠는 젊은 여성들에게 높은 호감도 보인 것으로 분석된다. 특히 이디야는 젊고 생기 넘치는 콘텐츠를 통해 젊은 기업의 이미지를 전달하고 있어 기업 이미지제고와 호감도 상승에 효과를 보고 있다.

●●

MZ세대의 감성을 담은 이야기로
타깃의 마음을 사로잡다

스타벅스는 커피 브랜드 중에서 가장 많은 모수팬수, 팔로워, 구독자를 확보하고 있으며 모수를 고려하지 않을 경우 가장 높은 디지털 소통경쟁력을 확보하고 있다.

스타벅스 코리아 ／ 버디세이

스타벅스STARBUCKS는 단골 고객인 '버디'의 실제 매장 내 에피소드를 담은 콘텐츠를 통해 브랜드 호감도를 높이고 있다. 시리즈 콘텐츠는 '버디Buddy가 전하는 Say 스타벅스 이야기'로 실제 스타벅스의 버디단골 손님가 서비스를 이용하며 좋았던 고객 경험을 제보해 인스타툰의 형식으로 풀어내는 콘텐츠이다. 해당 콘텐츠를 통해 자연스럽게 자사의 서비스에 대한 리뷰 및 강점을 풀어내고 스타벅스 코리아가 고객에게 전하고 싶은 메시지를 소비자의 입장에서 전달하고 있다. 또한 기억에 남는 매장 경험을 전달해준 소비자에게는 스타벅스 서비스 리워드를 증

스타벅스 ／ 파트너 숏폼 웹드라마

정하며 긍정적인 고객 경험을 극대화하고 있다는 분석이다. 단순히 브랜드의 입장에서 콘텐츠를 전달하는 것이 아닌 고객들의 찐 경험을 통해 스타벅스의 서비스의 강점과 차별점을 전달하며 브랜드의 호감도를 효과적으로 높이고 있다.

스타벅스는 숏폼 콘텐츠의 트렌드를 반영한 자체 제작 웹드라마 〈안녕하세요! 스타벅스입니다〉를 선보이고 있다. 웹드라마는 실제 스타벅스 매장을 배경으로 파트너직원의 다양한 일상을 담아내고 있다. 매 에피소드에는 스타벅스를 이용하는 고객이라면 궁금했을 법한 소재를 적절히 발굴해 다루고 있는데, 그중 스타벅스만의 차별화된 서비스인 닉네임을 불러주는 내용의 에피소드는 자사의 차별화된 서비스를 보여줌과 동시에 재미까지 더했다는 긍정적인 평을 받고 있다. 투썸플레이스는 커피 브랜드 중에서 가장 활발한 콘텐츠를 발행하며 꾸준한 고객만족도를 실현해 나가고 있어 주목된다. 인스타그램, 유튜브 경쟁력을 기반으로 고객호감도와 이미지지 제고에 성과를 내면서 소통경쟁력향상에 기여하고 있다.

투썸플레이스 유튜브 ∕ 투카투카해

투썸플레이스는 꾸준히 영상 콘텐츠에 강점을 보이며 소비자의 주목을 받고 있다. 투썸플레이스의 유튜브 채널은 톡톡 튀는 자사 브랜드 서비스와 상품을 예능형 콘텐츠로 재치 있게 전달하며 자체 오리지널 콘텐츠를 강화하고 있다. 그중 유명인을 필두로 신제품을 소개하며 먹방을 진행하는 콘텐츠는 소비자들의 이목을 끌면서 긍정적인 평가를 받고 있다. 유명인을 섭외하여 신메뉴 시식 기회를 주고 시청자들의 호기심을 유발해 소비 욕구를 자극하며 홍보 효과까지 누리고 있다. 또한 인플루언서와 연예인 등 익숙한 얼굴을 투썸플레이스의 콘텐츠 내에 자주 등장시켜 친밀감을 상승시키고 유명인의 팬덤을 유입시키는 역할을 하며 채널의 활력을 불어넣고 있다.

투썸플레이스 인스타그램 ／ 유대리의 일상

또한 인스타그램을 통해 임직원 참여형 콘텐츠인 '유대리의 일상'을 보여주는 컨셉의 감성 콘텐츠를 선보이고 있다. 단순히 제품의 비주얼 모습만 담아낸 것이 아닌 유대리의 일상 모습 속에 투썸플레이스 제품을 녹여내는 것이 특징이다. 임직원의 일상 및 근무 현장 속에 등장해 직장인의 공감대를 자극시키며 친근감과 접근성을 높이고 있다.

다채로운 콘텐츠를 통해 소비자들의 취향에 적합한 디지털 영상 콘텐츠를 발행하고 있는 커피 프랜차이즈업계는 SNS 디지털 소통채널을 통해 브랜드의 호감도와 제품의 구매력을 높이고 있다. 그리고 커피업계의 치열해진 이색 콘텐츠 마케팅은 업계를 넘어 기업 전반의 디지털 소통경쟁력을 견인하고 있다.

04

햄버거 프랜차이즈

Hot People, Hot Issue!
뜨거운 콘텐츠 전쟁

프랜차이즈업계 시장이 확장됨에 따라 경쟁은 점점 더 뜨거워지고 있다. 햄버거의 경우 과거에는 패스트푸드로 간주되며 저렴한 이미지가 강했으나 최근에는 가성비와 프리미엄을 내세운 다채로운 신메뉴를 통해 소비자의 발걸음을 이끌고 있다. 또한 해외 수제버거 브랜드가 잇따라 국내로 진출하며 버거 시장을 둘러싼 신구 브랜드의 콘텐츠 마케팅이 더욱 치열해지고 있다. 그 중 국내 프랜차이즈 업계의 콘텐츠 마케팅은 빅모델, 팝업스토어, 이색 메뉴 콘텐츠 등을 중심으로 존재감 제고를 위한 차별화 전략에 무게중심을 두고 있다.

롯데리아는 자사 유튜브 채널 '버거가게'의 예능형 콘텐츠에 강점을 보이고 있다. 그 중 〈롯리나잇〉은 MZ세대에게 인기 있는 아이돌 비투비 이창섭이 출연하

롯데리아 ╱ 좌 | **롯리나잇 예능형 영상 콘텐츠** 우 | **소비자 참여형 챌린지 콘텐츠**

며 매회 유명 인플루언서 및 연예인을 게스트로 초대해 높은 조회수로 호응을 얻고 있다. 〈롯리나잇〉은 예능 토크쇼로 일상 속 공감대를 형성할 수 있는 주제를 다루고 있다. 동시에 롯데리아의 인기 디저트뿐 아니라 자사 제품과 주류와의 '롯떡 궁합'을 예능형 콘텐츠로 함께 풀어내고 있다. 흥미로운 예능형 콘텐츠에 자연스럽게 자사 제품을 노출시키며 브랜드 제품의 존재감을 드러내고 있다. 이외에도 롯데리아는 다양한 소비자 참여형 콘텐츠로 소비자와 지속 소통하고 있다. 콘텐츠 유형 또한 다채롭다는 점이 특징적이다. 퀴즈, 사생대회, 챌린지 등 사용자에게 재미를 더하는 콘텐츠 유형을 활용하고 참여를 독려하기 위한 확실한 리워드를 제시하며 친밀한 관계를 형성하고 있다. 롯데리아는 젊은 브랜드 이미지를 제공하며 독단적인 매력 요소로 소비자에게 즐거움을 제공하고 있다.

소비자가 선호하는 것,
소비자에게 영향력 있는 것을 찾아라

맥도날드 / 좌│빅모델 활용 챌린지 콘텐츠 우│캐릭터 콜라보 콘텐츠

맥도날드는 인기 걸그룹 뉴진스를 모델로 활용한 디지털 콘텐츠로 전세계 사용

자의 이목을 이끄는데 성공하였으며, 나아가 팝업스토어를 선보이며 온오프라인 연계 콘텐츠에 두각을 드러냈다. 또한 맥도날드는 콜라보 콘텐츠에서 강점을 보이고 있다. 최근 기존의 쿵야 레스토랑즈 캐릭터인 '양파쿵야'를 활용, 대파 버거를 출시하여 관련 콘텐츠가 큰 호응을 얻었다. 맥도날드 대파버거의 컨셉에 맞게 기존의 '양파 쿵야'를 리뉴얼하여 '진도 대파쿵야'를 소개했다. 이는 기존 캐릭터에 대한 익숙함을 통해 친근감을 제공한다는 점에서 긍정적으로 평가된다. 스토리텔링 방식도 진도 대파 마을에서 올라와 맥도날드 크루가 된 진도 대파쿵야가 방문객을 맞이한다는 섬세한 스토리전개로 주목받고 있다. 소비자가 좋아하는 캐릭터 콘텐츠, 이색^{협업} 콘텐츠, 온/오프라인 융합 콘텐츠를 다양하게 풀어내며 브랜드 호감도를 지속적으로 높이고 있다.

버거킹 / 좌│**아임낫킹 캠페인** 우│**버거킹X디아블로**

버거킹의 콘텐츠 마케팅 또한 주목받고 있다. 최근 버거킹은 〈아임낫킹〉이라는 캠페인을 선보이며 콘텐츠 독창성을 인정받고 있다. 버거킹의 〈아임낫킹〉캠페인은 브랜드 이름을 지우고 가상의 수제버거 브랜드를 론칭한 컨셉으로 진행되었다. 이를 통해 자사 제품의 경쟁력 입증함과 함께 신선한 캠페인 기획으로 브랜드 경쟁력을 높였다는 평이다. 이외에도 젊은 층에게 인기 높은 '디아블로' 게임 브랜드와 콜라보를 진행하며 이색적인 온/오프라인 연계 콘텐츠 마케팅을

맘스터치 ╱ 좌│**맘스터치×여기어때 콘텐츠** 우│**프로모션 이벤트 콘텐츠**

선보였다. 콜라보 굿즈와 게임형 콘텐츠로 디아블로 팬덤의 이목을 효과적으로 집중시키며 타깃 커버리지를 넓히기 위한 콘텐츠에 박차를 가하고 있다.

맘스터치는 이색^{협업} 콘텐츠로 새롭고 참신한 시도를 통해 호응을 얻고 있다. 그 중 여행 플랫폼 여기어때 브랜드와 이색 콜라보가 호평을 얻고 있다. 여기어때 브랜드의 중독성 높은 유명 CM송 노래 라임에 맞춰 자사의 제품을 홍보하는 영상은 단숨에 소비자의 이목을 집중시켰다. 센스 있는 단어 선택과 노래 라임에 맞춰 맘스터치의 CM송으로 변신시키며 색다른 재미를 더했다는 평이다.

여기에 실제 여기어때 모델인 '그렉'이 등장해 여기어때의 고객층을 겨냥한 재치 있는 아이디어가 돋보인다. 또한 맘스터치는 인스타그램과 페이스북을 통해 프로모션형 이벤트로 주목받고 있다. 브랜드만의 프로모션 이벤트를 진행하는 것이 아닌 브랜드와의 협업 이벤트 콘텐츠로, 젊은 세대의 구매욕구를 상승시키고 있다는 분석이다. 맘스터치는 소비자를 위한 참신한 시도로 주목받고 있다. 다만, 아직은 프랜차이즈 업계에서 가장 낮은 수준으로 평가됨에 따라 혁신적인 전략과 로드맵이 필요한 시점이다.

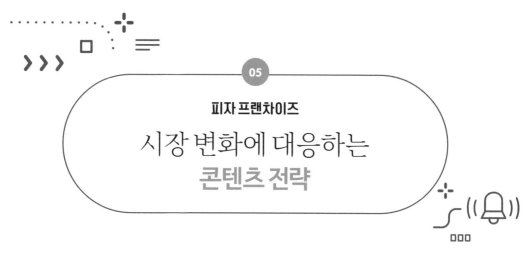

05

피자 프랜차이즈

시장 변화에 대응하는
콘텐츠 전략

최근 주요 피자 브랜드의 잇따른 가격 인상과 경기 불황에 따라 소비자들은 냉동피자로 눈을 돌리고 있다. 여기에 기존 피자 프랜차이즈업계의 경쟁까지 격화되며 주요 피자 프랜차이즈 업체는 콘텐츠를 통해 시장 변화에 대응하고 있다. 패스트푸드를 소비하는 1020 청소년 고객수가 점점 줄어들자 피자 프랜차이즈는 젊은 층을 사로잡기 위한 프리미엄 제품군을 추가하는 등 브랜드 분위기를 환기시키고 있으며, 상시 할인 전략이나 다양한 콘텐츠를 발행하는 등 여러가지 차별화 전략을 펼치고 있다.

SNS 활용도의 경우, 피자헛은 유튜브를 통해 도미노피자는 인스타그램, 블로그를 통해 콘텐츠에 대한 승부수를 띄우며 활발하게 경쟁하고 있다. 미스터피자의 SNS 채널은 그에 비해 다소 아쉽게 활용되고 있다는 평이다.

도미노피자는 자사 빅모델인 아이유를 활용하며 콘텐츠 경쟁력을 끌어올리며 동시에 캠페인/프로모션 콘텐츠에서 가장 높은 경쟁력을 보이며 고객확보에 집중하고 있다. 특히 도미노피자의 인스타그램, 트위터 채널은 업계 중 가장 높은 성과를 보이고 있다. 주목될 만한 점은 활용도가 낮은 트위터 채널에서 소비자들이 공감할 수 있는 콘텐츠로 활발한 디지털 소통을 이어가고 있어 트위터 채널을 우수하게 활용하고 있는 브랜드로 평가받고 있다. 또한 인스타그램 채널 내에서도 프로모션/이벤트 콘텐츠가 활발하여 콘텐츠 활성화를 높이고 있

도미노피자 / 좌 │ 블로그 이벤트 콘텐츠 우 │ 인스타그램 프로모션형 이벤트

다. 퍼즐 조각 찾기, 다른 그림 찾기, 퀴즈 맞추기 등 게임 요소를 더한 소비자 참여형 콘텐츠를 발행하며 브랜드 제품의 상기도에 효과적으로 작용하는 것으로 분석됐다. 다만, 도미노피자의 콘텐츠는 자사의 브랜드 컬러를 유지하지 않아 일관성이 다소 떨어진 콘텐츠가 아쉽다는 분석이다.

신선한 콘셉으로 브랜드에 생기를 불어넣다

최근 피자헛은 영상 콘텐츠로 소비자의 마음을 사로잡으며 브랜드 이미지 제고에 성공했다. 피자헛은 과거 국내에 상륙한 피자 프랜차이즈 브랜드로 다소 올드한 브랜드 이미지를 환기시키기 위해 대담함을 가지고 트렌디한 콘텐츠를 선보이며 효과적으로 젊은 세대 색다른 브랜드 이미지를 각인시켰다는 분석이다. 기존의 콘텐츠들이 자사의 제품이나 토핑에 초점을 맞췄다면 최근 콘텐츠들은 피자헛 자체에 대한 브랜드 자산에 주목하여 콘텐츠를 발행하고 있다.

특히 유행하는 밈, 패러디를 가미한 신선한 컨셉의 콘텐츠와 더불어 MZ세대에

피자헛 유튜브

게 유명한 인플루언서 등을 등장시키며 젊은 세대의 취향을 저격하고 있다. 30초의 짧은 버전으로 숏폼 형태의 영상에는 카우보이가 총을 들고 'Pizza hut?'이라 묻고 출연진들이 피자헛을 선택하게 되는 스토리로 짧지만 강렬한 영상이 흥미를 돋우고 있다. 또한 자사 브랜드의 슬로건인 '함께 즐겨요~ 피자헛'이라는 카피를 10개 이상의 버전으로 새롭게 제작하며 소비자들의 머릿속에 브랜드를 각인시키고 있다는 분석이다. 이처럼 피자헛은 영상 콘텐츠를 통해 MZ세대에 맞춘 트렌디한 콘텐츠로 새로운 브랜드 이미지를 확고히 전달하고 있다.

미스터피자는 유명 유튜버와 콜라보한 콘텐츠로 새롭고 참신한 시도를 통해 호응을 얻고 있다. 자사 제품과 직접적으로 연관된 먹방 유명 유튜버와의 콜라보 콘텐츠는 브랜드신뢰도를 높인 것으로 분석됐다. 먹방 유명 유튜버 '쯔양'과 함께 콘텐츠를 제작해 먹방에 관심이 많은 젊은 세대의 구매욕구를 상승시키고 있다는 분석이다. 또한 유튜버의 콘텐츠에 맞는 형식으로 미스터피자의 제품을 홍보하며 거부감 없이 자사 제품의 강점을 전달하고 있다.

미스터피자는 콜라보를 통한 참신한 시도로 MZ세대 고객을 잡아내고 있다. 다만, 다른 경쟁사들에 비해 SNS 활용도가 낮은 점에서 아쉽다는 의견이다. 해당

미스터피자 인스타그램 유튜버 콜라보 콘텐츠

콘텐츠를 제외한 다른 콘텐츠들은 제품 소개에 집중한 콘텐츠로 브랜드 이미지 제공에 다소 미흡하다는 평이다. 전반적으로 미스터피자는 인스타그램을 중심으로 선택과 집중을 통해 고객과 소통을 유지하고 있다.

06

제과제빵 프랜차이즈

정보보다 중요한 것은
고객과의 소통

제과제빵 프랜차이즈는 우리의 집 주변에서 가장 흔하게 만나는 생활 밀착형 업종이다. 그런 만큼 고객과의 친밀한 소통은 타 업종보다 더 중요하다. 제품의 특장점을 널리 알리는 것도 중요하지만 고객들과 함께 제품에 대한 경험을 나누고 브랜드에 대한 긍정적인 이미지를 쌓아가는 노력도 꼭 필요한 요소이다.

파리바게뜨는 유튜브를 중심으로 인스타그램과 페이스북 채널을 중심으로 소통을 전개하고 있다. 모델 셀럽인 '정혁'을 중심으로 여러 가지 문화 체험을 소개하는 웹 예능 '센터오빠'을 중심으로 다양한 영상 콘텐츠를 제공하는 '파리바게뜨TV' 유튜브와 파리바게뜨의 제품과 이벤트 정보를 이미지 중심으로 전달하는 인스타그램 그리고 이를 미러링해 페이스북을 운영 중이다.

먼저 '센터오빠'의 콘텐츠를 살펴보면 '롤아카데미', '위스키클래스', '노래교실' 등 고객들의 관심 문화센터에서의 간접 경험을 제공하는 웹 예능이다. 고객들

파리바게뜨 유튜브 채널 / '센터오빠'와 '이달의 제품' 콘텐츠

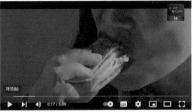

파리바게뜨 유튜브 채널 / '오늘의 리뷰'와 '나는 빵식가다' 콘텐츠

이 관심있는 정보를 셀럽을 활용해서 전달하는 콘텐츠이다 보니 조회수는 약 20만 회 이상으로 많다. 하지만 이 콘텐츠를 조회한 고객들에게 파리바게뜨는 어떤 메시지를 고객에게 전달하는지 고려해 볼 필요가 있다. 고객의 취향에 맞는 정보성 콘텐츠를 제공하는 것은 좋은 시도이나 그 콘텐츠에도 파리바게뜨의 메시지, 업과 관련한 이야기가 녹아들어가야 한다.

파리바게뜨 제품의 리뷰와 관련한 콘텐츠는 역시 유튜브 채널의 '오늘의 리뷰'와 '나는 빵식가다' 콘텐츠가 있다. 리뷰 콘텐츠는 연예인, 셀럽, 인플루언서를 리뷰어로 등장시키고 제품의 특성을 살려 먹방의 형식을 활용하고 있다. 다양한 주제와 상황을 만들어 고객에게 재미있는 제품 리뷰를 제공하고 있는 부분은 참조할 만하다. 하지만 리뷰어와 콘텐츠의 재미에 집중하다 보니 리뷰 콘텐츠를 통해 고객들에게 전달하고자 하는 메시지가 미흡하거나 일반적인 경향이 있는 것은 개선해야 할 포인트이다. 그리고 연예인, 셀럽, 인플루언서 중심의 화려한 리뷰에서 고객이 등장하지만 소박하고 공감이 가는 리뷰 콘텐츠의 기획도 고려한다면 보다 효과적이라는 분석이다.

댓글리케이션!
소비자와의 소통 더욱 늘려야

배스킨라빈스 블로그 채널은 매월 대표 상품을 소개하는 '달콤한 메뉴'와 배스킨라빈스의 상품을 활용한 '디저트 레시피', 그리고 이벤트 콘텐츠로 구성된다. 블로그 채널의 특성상 검색엔진 최적화가 중요한데 대부분 포스트의 제목을 '['로 시작해 키워드가 반 글자만큼 밀리는 효과적이지 않은 상황을 만들고 있는 것이 아쉽다. 그리고 3가지 콘텐츠 계속적으로 반복되다 보니 새로운 콘텐츠나 서비스의 추가가 필요한 상황인데 2022년 12월 이후 더 이상 콘텐츠가 업로드 되고 있지 않는 상황이다.

배스킨라빈스 블로그 채널 / '달콤한 메뉴'와 '디저트 레시피' 콘텐츠

배스킨라빈스의 인스타그램 채널도 인스타그램의 특성에 맞게 제품의 사진을 다양한 연출샷으로 잘 활용하고 있다. 하나의 주제로 일관성이 있게 버티컬하게 운영하는 것은 좋으나 이벤트 외에 조금은 다른 기획도 추가해 변화를 주는 것도 좋겠다. 인스타그램이나 다른 소셜미디어 채널에서 고객과 궁극적으로 관계를 만들기 위해서는 댓글에 대한 반응을, 특히 부정적인 댓글에 대한 대응을 해야 하는데 이 점이 미비하다. 부정적인 댓글에 대한 대응부터 시작해서 긍정적 댓글에 대한 반응까지 댓글리케이션을 강화해야 한다.

배스킨라빈스의 유튜브 채널은 광고영상과 다양한 활동으로 만들어진 동영상의 아카이빙을 기본으로 운영 중이다. 그 중 유튜브에서 찾은 배스킨라빈스의 리뷰 모음은 다양한 셀럽의 리뷰영상을 소개하고 있다. 단순이 리뷰의 수집이나 협찬을 통해 제작된 리뷰를 공유하는 것이 머물지 말고 좀 더 적극적으로 아이스크림이라는 제품의 특성을 살려 다양한 리뷰를 얻을 수 있도록 구체적인 질문을 활용할 필요가 있다. 신제품의 아이스크림의 맛표현을 재미나게 하거나 맛을 리액션으로 짧게 표현하는 방식처럼 다양한 결과물을 장려하는 방법을 살펴볼 필요가 있다.

던킨은 유튜브, 인스타그램, 블로그를 중심으로 마찬가지로 페이스북을 미러링으로 운영 중에 있다. 먼저 던킨의 유튜브 채널 던킨TV의 콘텐츠를 살펴보면 유튜브 영상의 트렌드를 그대로 따라 운영해 왔음을 볼 수 있다. 웹 예능, 라이브 커머스, 세계관까지. 꾸준히 트렌드에 맞는 영상 콘텐츠 제작을 해왔다. 현재는 그 명맥을 유지하지 않고 또 새로운 포맷으로 영상 콘텐츠를 제작하고 있다. 음악을 유튜브로 듣는 사람들을 위한 '플레이리스트 D'는 캐릭터 영상과 음악 콘텐츠를 잘 적용한 사례이다. 아무 생각없이 음악 플레이 리스트를 즐기면서 던킨의 캐릭터 이미지와 제품을 보게 되는, 그리고 여기에 참여 이벤트까지. 적

던킨TV / 'PLAYLIST D' 콘텐츠

던킨TV / 리뷰 협업 콘텐츠

절한 조화를 이루고 있는 서비스로 청자의 반응을 얻고 있다.

제품을 소개하는 영상 콘텐츠와 쇼츠는 상대적으로 조회수가 저조하다. '이달의 도넛' 영상을 보면 제품에 대한 설명없이 이미지적으로만 강조한다. 도넛의 이미지도 중요하지만 맛도 중요하지 않을까?

블로그는 신제품과 이벤트를 알리는 역할로 운영 중이다. 검색 결과화면에 상위 노출을 신경 써야 할 부분이다. 그런데 일부 포스트의 제목에 전략적 검색 노출 키워드가 빠져 있거나 최적화되어 있지 않은 것을 쉽게 찾아볼 수 있다. 검색엔진 최적화 작업에 보완이 필요하다.

블로그뿐만 아니라 운영중인 소셜미디어 채널의 전반적으로 댓글에 대한 반응이 부족하다. 콘텐츠가 제품이나 이벤트 소개에 상대적으로 많이 집중되어 있어 소통의 측면에서는 던킨의 일방적인 메시지 전달로 보이기 쉽다. 이런 상황에서는 댓글에서 부터라도 소통의 모습을 보여 주어야 한다. 나아가 댓글이나 고객의 의견을 다시 소셜미디어상 콘텐츠에 반영하는 적극적인 모습을 보여 주어야 고객과 진정한 관계를 만들기 시작할 수 있을 것이다.

제조 · 정보통신업계

통신업계
생활가전업계
자동차업계
타이어업계

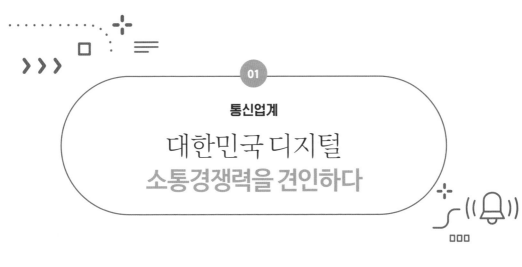

01

통신업계

대한민국 디지털
소통경쟁력을 견인하다

통신업계는 콘텐츠 기획 및 제작 역량을 바탕으로 다채롭고 과감해진 콘텐츠를 선보이며 브랜드 자체에 대한 호감도와 애착을 높이고 있다. 최신 밈을 활용한 콘텐츠, 숏폼 콘텐츠, 인스타툰 등 MZ세대가 선호하는 콘텐츠를 제작하며 젊은 고객층의 시선을 사로잡고 있다는 평이다. 국내 디지털 활성화는 통신업계의 비즈니스와 맞닿아 있어 통신업계의 트렌디한 디지털 소통경쟁력은 지속적으로 강화돼야 한다.

LG 유플러스 인스타그램 / WHY NOT 고객 브랜드 화보 시리즈

LG 유플러스는 고객참여형 콘텐츠인 'WHY NOT 고객 브랜드 화보 시리즈'를 인스타그램 채널에 지속적으로 선보이고 있다. 고객 경험 혁신 캠페인의 핵심 역할을 맡고 있으며, 고객 화보를 통해 고객에게 색다른 경험을 선사하는 것은 물론 LG 유플러스의 브랜드 지향점을 자연스럽게 전달하고 있는 것이 특징이다. 진정성, 도전, 담대함, 적극성 등 고객들의 다양한 페르소나를 브랜드 정체성과 연관 짓는 이야기로 재치 있게 풀어나간다.

해당 콘텐츠는 단지 매출을 위한 마케팅이 아닌, 지속적인 고객 경험 혁신의 필요성을 강조한 캠페인으로써 긍정적인 반응을 얻고 있다. 이는 LG유플러스만의 독자적인 '찐팬' 전략으로 보이며, 충성고객에게 통신의 한계를 넘는 문화 경험을 제공하고 있다는 평이다.

LG 유플러스 유튜브 / WHY NOT 크루 시즌

LG 유플러스는 자체 제작 예능 영상 콘텐츠에 강점을 보인다. 젊은 층에게 호감도가 높은 출연진을 기용하고 자사 서비스 홍보 등을 앞세우지 않는 것이 특징이다. 영상 중간중간 LG유플러스의 소식 및 정보는 간단히 언급하고, 자사 서비스 및 혜택 등의 소개는 영상 말미에 배치하여 전달하고 있다. 이러한 콘텐츠 흐름 전략은 젊은 층의 시청을 효과적으로 지속시키고 호감도를 높이고 있다는

LG 인스타그램 ／ 무너 캐릭터 공감형 콘텐츠

분석이다. 그중 시즌 2를 선보이고 있는 LG유플러스의 대표 예능 콘텐츠는 국
내 여행을 떠나 MZ세대 취향에 맞춘 장소를 소개하는 내용을 담은 콘텐츠로
젊은 층을 타깃으로 선보이고 있다. 특히 소상공인과 지역경제 활성화에 기여
할 수 있도록 인기 관광지 외 새로운 지역 놀거리를 선보이고 있어 재미는 물론
ESG 콘텐츠로도 평가받고 있다.

또한 LG유플러스는 자체 캐릭터 '무너'를 활용한 콘텐츠로 젊은 층과 효과적으
로 소통하고 있다. 무너는 '갓생'God과 인생을 합친 신조어을 꿈꾸는 신입사원 캐릭터로
실제 일어날 법한 직장생활 에피소드를 콘텐츠로 MZ세대 공감을 이끌어내고
있다. 캐릭터를 단순히 기업의 홍보용 캐릭터 콘텐츠로 활용하는 것이 아닌 트

SK Telecom 인스타그램 ／ 인스타툰 콜라보

렌디한 밈Meme 등을 활용한 공감형 콘텐츠를 적재적소에 배치해 소비자와 소통하며 캐릭터 호감도를 높이고 있다. 또한 캐릭터에 생명력을 불어넣어줄 캐릭터만의 독창적인 스토리를 탄탄하게 구성하고 있다는 점에서 긍정적으로 평가받고 있다.

SK Telecom은 '아토와 친구들' 캐릭터와 콜라보를 지속적으로 진행해 자사 서비스 및 정보를 전달하고 있다. 독자적인 기술이나 혜택에 대한 정보를 전달하는 정보형 콘텐츠로 인스타툰을 활용하고 있는데 일상 속 내용을 재미있게 연출해 정보전달의 독창성을 더하고 있다. 먼저 소비자가 공감할 수 있는 상황을 캐릭터를 통해 선보이며 공감을 유도해 콘텐츠에 집중을 유도하고 이후 자사의 정보를 전달한다. 이러한 인스타툰의 활용은 소비자에게 흥미와 정보를 함께 제공하며 공감을 이끌어내고 있다.

SK Telecom / 자체 유튜브 콘텐츠 '된대도'

SK Telecom은 웹드라마 형식의 영상 콘텐츠를 통해 자사의 제품을 홍보하는 전략을 펼치고 있다. 자사 구독 서비스 'T 우주'를 통해 받을 수 있는 혜택을 SK Telecom 자체 유튜브 콘텐츠 영상 속 등장인물을 통해서 환기시키고 있다. 특히 해당 영상 콘텐츠는 독창적인 소재와 컨셉이 신박하다는 점에서 소비자의

KT 인스타그램 / What if 챌린지

높은 관심을 받고 있다. 된대도의 마을 사람들에게 '스킵' 당하지 않고 함께 살기 위한 '애드'의 된대도 정착 스토리를 그려내는 창의적인 내용이 돋보인다. 특히, 콘텐츠 내에서 유튜브 프리미엄 제공 혜택 기능을 강조하는데, 등장인물 속 '애드'라는 캐릭터의 이름을 '스킵'으로 바꾸는 과정을 보여주며 자연스럽게 광고가 없는 유튜브 프리미엄을 자사가 제공한다는 혜택을 전달하고 있다. 또한 '만 34세 이하만 관람 추천'이라는 썸네일 이미지는 대한민국 청년들을 위한 0 청년 요금제를 함께 홍보하는 좋은 전략이라는 평을 받고 있다. 이처럼 젊은 층이 좋아하는 색다른 컨셉의 영상 콘텐츠를 선보이며 목표한 타겟팅에 확실한 홍보 효과를 누리고 있다.

2023년 상반기, SNS에서 MZ세대를 대상으로 유행했던 챌린지가 있다. 바로 "내가 바퀴벌레가 된다면 어떻게 할 거야?" 라는 질문을 가족이나, 애인에게 한 뒤 그 반응을 살피는 것이다. KT는 이러한 챌린지를 패러디하여 콘텐츠를 개발했다. What if 챌린지, "엄마 내가 로봇이 되면 어떡할 거야?"이다. 최신 밈Meme을 활용해 이목을 집중시키고 동시에 자사 제품 로봇을 홍보하며 로봇 인지도를 높여가고 있다. 소비자의 입장에서 다소 딱딱하고 지루하게 느껴질 수 있는 제품 홍보 콘텐츠임에도 최신 유행하는 밈을 통해 부담 없는 소비가 가능한 환경을 조성했다는 평이다.

또한 이벤트 콘텐츠와 정보성 콘텐츠의 결합을 통해 소비자가 KT의 채널에 머무를 동기를 제공하고 채널 활성화를 적극적으로 유도하고 있다. 나아가 챌린지 결과를 다룬 소비자들의 여러 반응이 담긴 장면을 콘텐츠화하여 화제를 이어간 것이 특징이다.

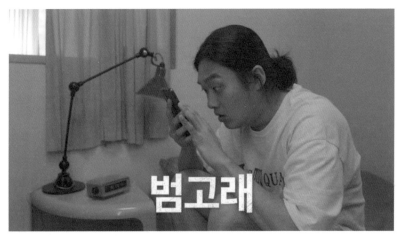

KT 유튜브 / 콜라보 콘텐츠 '이런 적 있으시죠?'

KT는 인기 유튜브 채널 '너덜트' 콜라보 'KT 듀얼 번호' 기능을 효과적으로 알리고 있다. 콘텐츠 명(이런 적 있으시죠?) 과 같이 '현실 고증'을 바탕으로 한 소재로, 공감대와 재미를 동시에 잡고 있다. 다소 딱딱할 수 있는 홍보 방식을 1분 안팎의 스케치 코미디로 구성하여 많은 관심을 받고 있다. 소비자의 공감을 자아내며 재미와 공감은 물론 광고하고자 하는 서비스에 대한 관심 유도까지 잘 이끌어내고 있다. 일상 속 공감되는 상황에서 듀얼 번호가 왜 실생활에 필요한지 서비스의 필요성을 직관적으로 전달하는 영상 콘텐츠라는 평이다.

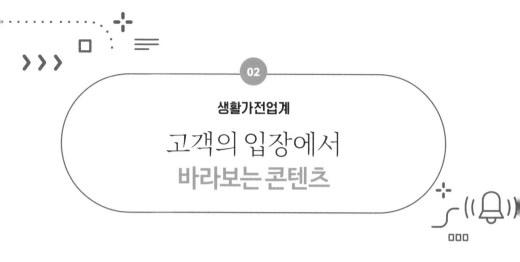

02

생활가전업계
고객의 입장에서
바라보는 콘텐츠

생활가전업계는 자사 제품과 서비스가 필요한 상황을 제시하고 그에 맞게 콘텐츠를 발행하여 MZ세대의 눈길을 사로잡고 있다. DT 시대에 고객의 니즈를 고려하여 디지털 마케팅에 심혈을 기울이고 있다. 코웨이, 삼성전자, LG전자와 같은 생활가전기업들이 청년세대의 주목을 이끄는 트렌디한 콘텐츠로 성과를 내고 있어 더욱 강화되는 추세이다. 고객의 입장에서 실생활의 불편함을 해결하는 방법을 자사의 제품과 서비스로 제공하며 소비자에게 적극적으로 다가서고 있다. 이와 더불어, ESG 관련 콘텐츠도 발행하여 환경에 대한 중요성을 전달하며, 기업 이미지 제고에 이바지하고 있다.

최근 급격한 기후변화가 지속되면서 한반도의 장마가 길어지고 기후도 고온 다습해졌다. 소비자들은 불쾌지수 높은 날씨에 여름을 더 시원하고 쾌적하게 보낼 수 있는 방법을 찾고 있다. 전반적으로 여름 생활 가전의 수요가 증가하면서 생활 가전 업계는 제습기, 에어컨 등 소비자의 수요에 따른 공급을 활성화하는 데 주력하고 있다. 이에 따라, 생활 가전 업계 경쟁력 높아지면서 소비자에게 주목받기 위해 SNS를 통해 자사의 제품을 홍보하고 있다.

코웨이는 인스타그램을 적극 활용해 트렌드에 맞는 콘텐츠를 발행하며 차별화 전략에 집중하고 있다. 전반적으로 코웨이는 자사만의 특별한 색감으로 브랜드 이미지를 제고하고 있다. 모든 게시물에 자사의 브랜드 컬러인 하늘색이 필수적

코웨이 인스타그램 ／ 제습기 콘텐츠

으로 들어가 있으며, 소비자들에게 코웨이의 브랜드를 인지시키고 있다는 점에서 높은 평가를 받았다. 특히, 코웨이는 자사의 제품을 활용한 콘텐츠로 계절에 맞는 제품 내세우며 고객의 니즈에 부합하는 콘텐츠를 발행하고 있는데, 이는 소비자와 적극적인 소통을 하고 있다는 평가이다. 꿉꿉한 장마철에 제습기를 홍보하는데, 간단한 슬로건을 토대로 전 연령층과 공감대를 확대한다. "제습과 공기청정을 한 번에 해결하고 싶다면?", "꿉꿉하고 비 오는 날 빨래 고민 해결하는 꿀팁", "긴 장마에도 걱정 없이 쾌적한 주말 보내는 방법" 등 실생활에서 직접적으로 도움되는 사항을 나열하며 자사 제품과 실생활의 자연스러운 연결로 제

(좌)2023 리버플로깅 챌린지/(우)리버플로깅 챌린지 참여 키트

품 홍보를 톡톡히 해내고 있다. 자사 제품이 필요한 이유와 사용법에 대해 카드뉴스 형태로 전달하며 콘텐츠를 다채롭게 제작하고 있다.

또한 코웨이는 지속가능한 미래가치 창출을 위해 ESG 경영 확산에 기여하는 콘텐츠를 통해 ESG활동에 앞장서고 있다. 리버플로깅 챌린지를 통해, 소비자가 ESG활동에 대한 참여를 독려하고 있다는 점에서 바이럴 효과를 톡톡히 누리고 있다. 이러한 흐름에 따라 ESG 콘텐츠 핵심을 잘 파악하고 전파하고 있다는 평가이다. 리버플로깅 참여 키트에 대한 소개와 리버플로깅 챌린지를 실제 시행한 콘텐츠를 발행하며 코웨이의 가치와 신념을 효과적으로 전달하고 시민들의 참여를 유도한다. 이처럼 코웨이는 트렌드에 맞는 콘텐츠를 발행하며 자사만의 브랜드를 차별화하고 있다.

●●
실생활에 필요한 디지털 소통으로
고객 불편 해소

삼성전자 인스타그램 / 계절 콘텐츠

코웨이와 마찬가지로 삼성전자도 인스타그램을 통해 자사의 제품과 기후를 연결하며 콘텐츠를 발행하고 있다. 고온 다습한 기후에 따라, 장마가 이어지는데, "역대급 장마에 임하는 삼성 인버터 제습기의 자세", "장마철 옷 관리는?", "비오는 날 신발 관리는?"이라는 제목으로, 자사의 제품인 제습기, 에어드레서, 슈드

레서를 소개하고 있다. 이는 광고성 콘텐츠와는 다르게 광고적인 면모에만 치우쳐지지 않고 실생활에 필요한 이유를 설명하고 보여주며 거부감 없이 전달하여 호평을 받은 바 있다. 삼성 전자의 인스타그램은 전반적으로 카드뉴스 형태와 숏폼 콘텐츠로 전달하는데, 이를 통해 어떠한 상황에 어떠한 제품이 유용한지 알려주는 것을 통해 소비자 유입을 도모하며 니즈를 부합하고 구매를 활발하게 유도하고 있다는 평가이다. 또한 게시물을 캡처 또는 리그램하는 소비자에게 리워드로 자사의 경품을 지급하는 방식으로 프로모션 이벤트도 진행하고 있어 바이럴 효과도 톡톡히 누리고 있다는 평가이다.

삼성전자 인스타그램 / 인플루언서 콘텐츠

삼성전자는 자신의 취향에 맞는 소비를 즐기는 고객들을 위한 제품을 인플루언서와 콜라보를 통해 선보이면서 다채로운 콘텐츠를 발행하고 있다. 특히, 삼성전자는 기존 유명 연예인을 필두로 제품 및 서비스를 홍보하는 것이 아닌 관심사가 뚜렷한 인플루언서 등과의 콜라보를 통해 콘텐츠의 다채로움을 더하고 있다는 것이다. 이는 소비자가 전문 지식을 가지고 활동하는 인플루언서, 유튜버

LG전자 유튜브 / LG 베스트 케어 강남서비스센터

를 내세우는 것을 통해 믿음감을 부여하여 신뢰도를 높인다는 평가이다.

LG전자는 유튜브를 통해 자사의 서비스를 예능화 시켜 콘텐츠를 발행하고 있다. 연예인 '강남'이 출연하여 'LG전자의 가전 케어 전문가'라는 컨셉을 내세워 콘텐츠를 진행한다. 해당 콘텐츠를 통해 기업 내부의 가전 케어 전문가가 정확히 어떤 활동을 어떻게 하는지를 보여줌으로써 자사의 서비스를 전파하는 점에서 긍정적인 평가를 받고 있다. 단순히 기업의 서비스에 대한 정보만 전달하는 것이 아니라, 예능성을 더하여 실제로 출연자가 교육을 받고 고객에게 방문해서 직접 케어까지 하는 시스템을 통해 신뢰도와 예능성을 모두 사로잡고 있다. 이 과정에서 제품에 대한 기능과 정보를 상세하게 전달하는데, 이를 통해 소비자에게 자사의 제품을 거부감 없이 효과적으로 홍보하고 있다는 평이다.

생활가전업계는 SNS를 통한 콘텐츠 발행으로 치열한 경쟁을 하고 있다. 특히, 계절에 맞는 콘텐츠 발행으로 구매를 유도하고 있는데, 이는 전반적으로 소비자의 니즈를 충족시켰다는 점에서 호평을 받은 바 있다. 특히 코웨이와 삼성전자는 자사의 제품과 서비스를 홍보하는 동시에 ESG관련 친환경적인 노력도 강화하며 자사의 브랜드 이미지 제고에 도모하고 있어 긍정적인 평가이다.

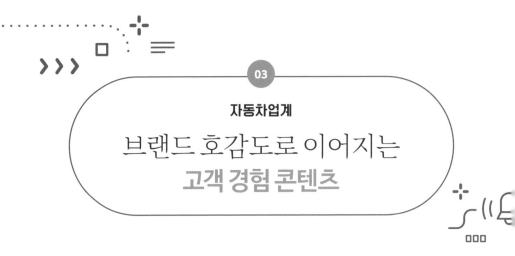

03

자동차업계

브랜드 호감도로 이어지는
고객 경험 콘텐츠

자동차 업계는 불황·고금리·고물가에 따른 자동차 수요 변화를 극복하기 위해 2030을 주요 타깃으로 다채로운 콘텐츠를 발행하고 있다. 콘텐츠 기획 및 제작 역량을 바탕으로 트렌드에 맞는 다양하고 과감해진 콘텐츠를 선보이며 브랜드 자체에 대한 호감도와 애착을 높이고 있는 것으로 분석된다. 숏폼 콘텐츠, 인스타툰, 댄스챌린지, 오프라인 공간팝업스토어 콘텐츠 등 MZ세대가 선호하는 콘텐츠를 제작하며 젊은 층과의 디지털 소통활성화에 집중하고 있는 것으로 조사됐다.

현대자동차는 인스타그램을 적극 활용해 2030세대를 사로잡기 위한 콘텐츠 차

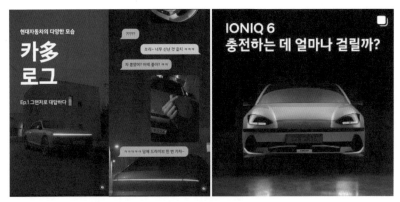

현대자동차 / 좌 현대자동차 릴스 카多로그 우 현대자동차 카드뉴스

별화 전략에 집중하고 있다. 자사의 자동차를 활용한 콘텐츠로 MZ세대와의 공감대를 확대하며 소통하고 있다. 특히 현대자동차는 자사의 제품을 활용한 숏폼 콘텐츠에 강점을 보이고 있다. 〈카만로그〉 숏폼 중 럭셔리를 주도하는 자동차 '그랜저'를 통해 자사 제품의 이미지를 강렬하게 전달하는 데 성공했다. "요즘 어떻게 지내"라는 물음에 그랜저 사진으로 대답하는 모습을 숏폼 콘텐츠로 보여주며 짧은 시간 내 자사 제품의 위엄을 뽐내고 있다. 이외에도 현대자동차는 자사 제품에 대한 역사, 사용법 등 다채롭게 숏폼을 활용하며 현대자동차의 숏폼 활용은 타업계에서도 주목받고 있다.

현대자동차는 지속적으로 카드뉴스를 통해 자동차 지식을 전달하며 소비자의 흥미를 유발하고 있다. 사람들이 평소 궁금해하는 소재를 적극 활용하여 카드뉴스를 발행하는데, 이는 자동차에 대한 지식이 많지 않은 사람이더라도 쉽게 이해하고 접근할 수 있어 긍정적인 평가받고 있다. '차량 구매 절차 안내', '전기차는 충전하는데 얼마나 걸릴까?' 등 전기차 전환 시대에 맞는 콘텐츠와 일상에서 쉽게 접할 수 있는 소재를 접목한 콘텐츠로 꾸준히 인기를 얻고 있다.

이처럼 현대자동차는 인스타그램의 기능인 릴스_{숏폼}와 카드뉴스를 적극 활용하며 브랜드 이미지에 대한 친밀감을 상승시키고 채널의 활력을 불어넣고 있다는 평이다.

소비자의 관심을 집중시키는
트렌디한 예능형 영상 콘텐츠

기아자동차의 SNS 채널 중 가장 눈에 띄는 것은 유튜브 채널이다. 기아자동차 유튜브의 영상 콘텐츠들은 높은 완성도로 소비자들의 호감과 공감을 이끌어내고 있다. 자사 유튜브 채널 '캬tv'에서는 업계에서도 가장 많은 모수를 확보하여 있으며, 스타벅스 등과의 콜라보 콘텐츠 등 공감할 수 있는 독창적인 영상

기아자동차 유튜브 / 팝업스토어 콘텐츠

콘텐츠로 비교우위에 있다는 평이다. 또한 채널 내에 지속적으로 소비자 참여 댓글 이벤트를 활용해 소통의 창구로 활용되며 고객과의 상호작용을 이끌어내고 있다.

기아자동차의 예능형 영상 콘텐츠에서는 〈환경에진심인〉, 〈시승할기아〉 등이 대표적인 예시이다. 지속적으로 트렌디한 예능형 시리즈 영상 콘텐츠를 접목시켜 젊은 세대에게 자사 제품의 친숙도를 높이고 실제 고객 경험을 전달하며 자연스럽게 자사의 서비스에 대한 강점을 풀어내고 있다. 또한 기아자동차는 친환경과 관련한 예능형 영상 콘텐츠 〈환경에진심인〉 시즌2를 선보이며 업계를 선도하는 ESG콘텐츠로 주목을 받고 있다.

최근 기아자동차는 성수에 EV 언플러그드 그라운드 팝업스토어를 통해 2030 세대의 유입을 도모하고 있다. 팝업 스토어와 관련하여 자사 홍보에 박차를 가하고 있는데, 실제 매장 내 에피소드를 담은 콘텐츠를 통해 브랜드 호감도를 높이며 다양한 소비자에게 기아자동차의 팝업스토어의 소식을 효과적으로 알리고 있다는 평이다. 기아자동차는 오프라인 공간을 활용하는 등 다채로운 형식의 콘텐츠로 2030세대에게 접근하고 있다.

한국지엠의 경우 SNS 도입 초창기 글로벌 기업의 소셜미디어 운영전략을 공유하면서 자동차업계 뿐만 아니라 국내 SNS 경쟁력 향상에 크게 기여해 왔다. 현재는 회사의 대내외 환경변화에 따라 다소 정체성을 보이면서 3개 브랜드별로 각자 디지털 소통을 진행중이다. 브랜드별 SNS 채널이 운영되고, 모수_{팬수}, 팔로워_수, 구독자 수는 상대적으로 미흡하지만 콘텐츠 내용이나 소통 효과 측면에서는 좋

쉐보레 ／ 좌ㅣ**쉐보레 댄스챌린지** 우ㅣ**쉐보레 공감TALK툰**

은 평가를 받고 있다. 한국지엠은 워케이션, 헬시플레저 등 최근 2030세대의 관심 트렌드를 반영한 콘텐츠로 자사 제품의 이목을 집중시키고 참여를 일으키는 콘텐츠로 젊은 세대와의 소통 경쟁력을 높이고 있는 것으로 분석됐다.

특히 한국지엠은 주로 인스타그램을 통해 다채로운 소재로 2030의 마음을 사로잡고 있다. 최근 숏폼 콘텐츠의 트렌드를 반영한 댄스 챌린지를 시행했다. 이는 자사의 제품의 모델명을 홍보하기 위한 챌린지 콘텐츠로 유명 인플루언서를 기용해 소비자의 참여를 높여 호평을 받은 바 있다. 특히 챌린지를 통해 소비자의 참여로 바이럴 효과를 누릴 수 있다는 점에서 업계에서도 도전적인 콘텐츠로 평가받고 있다. 한국지엠은 인스타툰을 활용하여 자사 제품을 산 소비자들의 스토리를 함께 전달해 호평을 받고 있다. 실제 소비자의 공감 가능한 일상 속 자사 제품의 경험을 녹여내 인스타툰 형태로 보여주며 간접적으로 자사 제품의 호감도를 높이고 있다.

04

타이어업계

새로운 세대와의
스킨십을 강화하는 콘텐츠

타이어업계는 전방 산업인 자동차 판매가 꾸준히 증가하며 함께 성장세를 이어
가고 있다. 또한 원자재 가격 안정화로 실적 개선이 이뤄지며 밝은 전망을 보이
고 있다. 3사 타이어 브랜드 한국타이어, 금호타이어, 넥센타이어 모두 2023년
상반기 전년 대비 좋은 실적을 이뤄냈다. 콘텐츠 마케팅 또한 이전보다 활력을
찾고 있다.

스포츠 콘텐츠 마케팅부터 콜라보 콘텐츠, 캐릭터 콘텐츠 등을 활용해 역동적
이면서 혁신적인 브랜드 이미지 구축에 중점을 두고 있다. 특히 스포츠와 연관
된 콘텐츠 마케팅은 기업의 인지도와 신뢰도 상승에 높은 효과를 보이고 있는
것으로 분석됐다. 이외에도 자체 캐릭터를 활용해 활력 넘치는 브랜드의 이미지
를 소구하며 디지털 콘텐츠에 박차를 가하고 있다.

넥센타이어 / 좌ㅣ인스타그램 이미지 콘텐츠 우ㅣAIKI 무대 콜라보 영상

넥센타이어는 인스타그램 소통채널이 업계에서 가장 운영을 잘하고 있는 것으로 분석됐다. 특히 타이어를 일상 속 소재와 접목시킨 독창적인 이미지 콘텐츠가 작년에 이어 브랜드 이미지에 호감도를 지속적으로 높이고 있다는 평이다. 특히 해당 콘텐츠는 모수 대비 높은 콘텐츠 호응도를 보이며 넥센타이어의 메인 콘텐츠로 자리매김하고 있다. 최근 넥센타이어는 MZ세대들에게 핫한 댄스팀 '훅'과 콘서트를 성공적으로 진행했다. 국내 업계 최초로 시행한 타이어 렌탈 및 방문 장착 서비스인 '넥스트레벨'을 MZ세대에게 효과적으로 알리며 역동적인 브랜드 이미지를 댄스팀과 협업해 알렸다는 평이다. 아나운서와 댄스팀이 퍼포먼스&토크 콘서트를 같이 진행한 이색 콘텐츠로 오프라인 행사에 대한 소식을 온라인에서도 활발히 전달하며 다양한 소비자들의 접점을 넓혔다.

넥센타이어는 공식 유튜브 채널 이외에도 넥센유니버스 유튜브 채널을 운영하며 업계에서 유튜브 채널을 활발하게 활용하고 있다. 공식 유튜브 채널에서는 맨체스터 시티의 공식 후원 파트너로서 '로드 트립 룰렛'과 '타이어 스킬 챌린지' 2가지의 콘텐츠를 선수들과 진행하며 맨체스터 시티의 다양한 소식과 선수들을 만날 수 있는 디지털 소통의 장으로 활용하고 있다. 이러한 영상 콘텐츠 행보는 맨체스터 시티 팬덤에게 넥센타이어를 효과적으로 인지시키고 있다는 평이다. 넥센유니버스 유튜브 채널에서는 넥센타이어의 임직원 출연, 콜라보 콘텐츠 등을 통해 브랜드 친밀감을 높이고 있다.

이슈, 트렌드에 주목하라
브랜드에 신선함을 더하는 콘텐츠 개발

한국타이어는 유튜브 경쟁력과 다양한 프로모션 활동으로 콘텐츠경쟁력이 가장 앞선 성과를 보였다. '마데인한국' 이라는 모터 걸쳐 브랜드를 통해 패션, 예술, 문화, 식품 등 업종을 넘나드는 협업으로 색다른 콘텐츠 마케팅을 선보이고

하프커피×한국타이어 팝업스토어, 나진성 작가와의 콜라보

있다. MZ세대에게 젊고 역동적인 한국타이어의 이미지를 쉽게 이해하고 체험할 수 있는 팝업스토어를 피치스 도원과 협업해 선보이며 색다른 브랜드 경험을 제시해 호평을 얻었다. 또한 '하프커피'라는 프리미엄 커피, 디저트 카페와 협업한 팝업스토어는 흥행에 힘입어 시즌2까지 진행했고 음악을 소재로 하고 한국타이어의 제품을 모티브로 한 제품들을 팔며 온오프라인을 넘나들며 MZ세대들의 마음을 사로잡았다.

또한 한국타이어에서는 '모노마스'라는 가상 우주인 로봇 캐릭터와 콜라보도 하며 유튜브에 애니메이션을 선보이고 있다. 모노마스는 공익적이고 미래지향적인 콘텐츠로 국내뿐 아니라 전 세계 MZ세대의 관심을 끌고 있다. 최근에는 디지털 크리에이터 나진성 작가와의 협업을 통해 타이어가 낯선 MZ세대에게 트렌디하고 신선하게 브랜드를 알렸다. 이외에도 한국타이어의 유튜브 콘텐츠도 주목받고 있는데, 모노마스와 콜라보한 플레이리스트 영상 콘텐츠부터 업의 특성과 관련된 일반 정보형까지 전보이며 콘텐츠 호응도를 높이고 있다. 특히 〈이 정도는 알고 타이어〉 정보형 콘텐츠는 높은 조회수를 보이며 콘텐츠 만족도를 높이고 있다. 다만 한국타이어 인스타그램 글로벌 버전은 업계 최고의 성과를 보이고 있으나 국내 버전은 최근 오픈하여 미흡한 수준이다.

금호타이어는 유튜브 경쟁력을 기반으로 소통경쟁력을 강화하고 있다. 특히 젊은 세대에게 영화관 캐릭터로 익숙한 자체 캐릭터 '또로'와 '로로'를 앞세워 캐릭

금호타이어 또로 & 로로 인스타그램 이벤트/프로모션

터 마케팅에 적극적인 활동을 이어가고 있다. 최근 자사 캐릭터만의 인스타 계정을 개설하며 향후 활용이 더욱 기대된다는 반응이다. 글로벌 기업인 만큼 영어와 한국어 버전 두가지로 인스타툰을 만들고 매주 화, 목에 콘텐츠를 꾸준히 선보이고 있다. 또한 6월 모의평가 컨셉으로 시험지를 만들어 소비자 참여형 퀴즈 이벤트를 함께 진행해 소비자의 참여를 높일 수 있는 디지털 콘텐츠가 돋보이고 있다. 참여형 이벤트 콘텐츠의 경품 또한 눈길을 끌었고, 당첨자가 원하는 모습으로 캐릭터를 그린 선물을 줘서 참신하다는 평을 받았다. 이러한 콘텐츠 마케팅 행보는 소비자와 쌍방향 소통을 진행하고자 하는 브랜드의 소신을 드러내며 브랜드 호감도에서 높은 평가를 받았다. 비싼 경품이 아니더라도 캐릭터를 이용해 사람들의 원하는 굿즈를 선사해 준다는 점이 긍정적인 고객 호감도로 이어졌다는 평이다.

이전보다 밝아진 타이어 업계의 실적 속 콘텐츠 마케팅 또한 더욱 활발해지고 있다. 업의 특성상 대중들의 관심을 이끌기 소재를 다루고 있으나, 지속적으로 일반 대중들이 선호하는 이슈 등을 접목해 신선함을 더하고 있다는 평이다. 색다른 협업 콘텐츠와 캐릭터 콘텐츠 등은 브랜드의 신선함을 더하고 활력 스포츠 콘텐츠 등을 통해 브랜딩을 강화하며 브랜드의 힘이 이전보다 더욱 강해지고 있다.

금융업계

은행업계
카드업계
손해보험업계
생명보험업계
금융지주회사

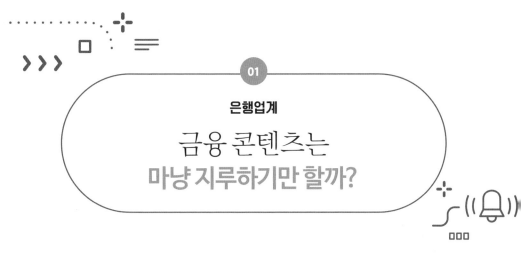

01

은행업계

금융 콘텐츠는
마냥 지루하기만 할까?

은행업계는 디지털에 익숙한 MZ세대 고객의 눈높이에 맞춘 디지털 마케팅에 심혈을 기울이고 있다. 카카오뱅크, 토스 등 새롭게 등장하는 핀테크ｆｉｎＴｅｃｈ기업들이 청년세대의 주목을 이끄는 트렌디한 콘텐츠로 성과를 내고 있어 더욱 강화되는 추세이다. 경제상식, 재테크, 금융소비 방법, 다양한 금융상품, 보이스피싱 예방법, 소상공인 지원제도 등 실생활에 유용한 다양한 정보를 제공하고 있다. 또한 ESG 관련 정보도 알기 쉽게 제공하며 선한 기업이미지 제고에도 적극적이다.

특히 전문성 높은 금융 콘텐츠를 은행 임직원이 직접 참여하는 토론형식으로 노하우를 전달하면서 신뢰성을 기반으로 높은 호응을 얻고 있다. 토론방식의 콘텐츠는 금융의 딱딱한 이미지를 상쇄시키고 정보의 공유에도 한층 효과적이라는 평이다.

디지털 소통채널 중 유튜브 콘텐츠의 인기가 지속되면서 많은 기업들이 경쟁하듯 웹 콘텐츠 경쟁에 발을 들여놓고 있다. 은행업계 또한 '금융'과 예능형 콘텐츠를 결합하는 방향으로 선호하고 있다. 실질적인 정보를 전달하면서도 금융소비자의 지루함과 피로도를 낮추겠다는 콘텐츠 전략이다.

IBK기업은행은 플랫폼별로 개성을 잘 살린 콘텐츠로 긍정적인 평가를 받는 것으로 분석됐다. 소셜 미디어를 꼼꼼히 관리하며 정기적으로 콘텐츠를 발행하

고 있어 채널을 적극적으로 활용하고 있다고 평가된다. IBK기업은행은 임직원이 함께 출연해 실무 현장을 보여주는 임직원 출연 콘텐츠와 전문가를 초빙한 경제 이슈 토론 콘텐츠, 소상공인 상생 지원 힐링 예능형 콘텐츠까지 다채로운 매력으로 사용자들을 사로잡고 있다. 반응이 좋은 시리즈를 시즌제로 진행하는 한편 눈길을 끌 수 있는 새 시리즈를 꾸준히 기획하는 모습에 고객들의 신뢰를 한 몸에 받으며 색다른 콘텐츠를 위해 끊임없이 연구하는, 은행업계에서 독보적인 공익적 기업이라는 평가를 받고 있다.

IBK기업은행의 인스타그램은 MZ세대의 관심사 및 라이프 스타일 콘텐츠로 다양한 관심과 반응을 이끌어 내고 있고 있으며, 페이스북은 신규 상품 출시 및 IBK 기업은행 소식을 빠르게 알리는 전달 창구 역할을 하고 있어 채널의 특성에 맞춰 디지털 소통에 적극적인 모습을 보이며 브랜드의 호감도를 높이고 있다.

특히 IBK기업은행은 금융 토크쇼를 통해 솔직 담백한 이야기를 전하고 있다. IBK기업은행의 유튜브 오리지널 콘텐츠 〈돈담화〉는 금융 관련 유튜브 크리에이터 3인(소수몽키, 채채, 시골쥐)이 연봉, 재테크, N잡 등 소비자의 고민과 맞닿아 있는 사연을 필두로 자유롭게 의견을 나누는 콘텐츠다.

최근 공개된 에피소드에서는 '결혼비용'을 소재로 다뤄 젊은층의 눈길을 끌었다. 단순히 관련한 사회적 현황을 다루는 것에서 그치지 않고 실제 출연진 3인의 경험에서 우러나온 이야기와 도움이 되는 꿀팁까지 제공해 유익했다는 평이다. 토크쇼는 영상 콘텐츠를 넘어 댓글창에서도 이어진다. IBK기업은행은 〈돈담화〉 매 회 에피소드와 관련한 질문을 바탕으로 댓글 이벤트를 열고 있다. 소비자는 댓글 이벤트에 참여하며 콘텐츠 소재에 대한 자신의 의견을 전하기도 하고 다른 소비자의 의견에 공감하는 모습도 보인다. 콘텐츠를 통해 또다른 브랜드 커뮤니티가 형성된 셈이다.

우리은행 / '은근남녀+' EP. 12

●●
소비자의 고민을 함께 나누는 콘텐츠로
소비자의 공감과 신뢰를 얻다

우리은행은 젊은 사용자층이 많은 인스타그램에서 광고모델의 효과를 톡톡히 누리고 있다. 최근 피드에는 모델 아이유의 사진이 많은 부분을 차지하고 있으며 이벤트 또한 자사모델인 아이유의 사진을 활용하여 홍보하고 있다. 실제로 우리은행은 모바일뱅킹 애플리케이션 'MAU'가 한 달 새에 50만 명 가까이 증가하는 유의미한 결과를 도출하였다. 인스타그램 채널에서는 주로 이벤트가 진행되고 있는 것으로 보인다.

우리은행은 '은행' 그 자체에 집중했다. 일상 속 소재를 은행원과 연결한 유튜브 토크 콘텐츠 〈은근남녀+〉는 실제 우리은행에서 근무하는 은행원들이 주인공이다. 라이프스타일부터 연애, 소비습관, 노후자금 등 다양한 사안에 대한 은행원의 관점을 간접 체험할 수 있다는 점이 특징이다. 공감이 용이한 주제에 개성 있는 가치관을 지닌 출연진의 입담이 더해져 매 에피소드마다 재미와 유익함, 두 마리 토끼를 잡았다는 호평이 이어졌다. 특히, 해당 콘텐츠는 과거 우리은행 유튜브 콘텐츠였던 〈은근남녀썰〉의 시리즈 콘텐츠로 우리은행이 과거의 높은 반응을 기록했던 공감형 콘텐츠를 발전시켜 기존의 IP를 통해 새로운 재미를 더했다는 측면에서 의의가 있다.

우리은행 / '은근남녀+' 숏폼 콘텐츠

뿐만 아니라, 우리은행은 에피소드 별로 공감 포인트가 되는 장면을 활용해 이를 숏폼 콘텐츠로 재 가공해 공개했다. 소비자의 시청 패턴이 스낵 콘텐츠 위주로 변화됨에 따라 숏폼 콘텐츠의 활용도가 높아지는 트렌드를 반영했다고 사료된다. 〈은근남녀＋〉뿐만 아니라, 웹 예능 〈WON만한 거래〉를 비롯해 타 콘텐츠 또한 2차 콘텐츠 화 함으로써 소비자에 대한 부수적인 접근성을 높이고 있다.

신한은행 / '쩐썰의오건영' EP. 10

신한은행은 토크 콘텐츠를 통해 금융 관련 전문성을 강조하는 모습이다. 시즌 2를 맞은 신한은행 공식 유튜브 콘텐츠 〈쩐썰의오건영〉은 신한은행 오건영 부장이 진행하는 토크 콘텐츠로 세상의 '돈'에 관한 모든 이야기를 하겠다는 포부 아래 화제가 되는 경제, 금융 이슈를 이해하기 쉽게 풀어냈다. 시즌1은 '쩐썰의 고수' 컨셉으로 전문가들과 함께 금융 시장을 분석하는 과정이었다면, 시즌2는 '쩐썰클래스'가 메인 주제로 오건영 부장의 강의가 주를 이룬다.

강의 포맷의 콘텐츠라고 해서 오건영 부장 단독으로 진행하는 것은 아니다. 신한은행 직원들이 함께 출연하며 강의를 듣고 질문을 던지는 역할을 수행하기 때문에 일방향 콘텐츠가 아닌 양방향 소통형 콘텐츠를 표방하고 있다. 해당 콘텐츠는 인플레이션, 글로벌 기축통화 등을 비롯해 국내외 시장을 아우르는 경제 이슈를 10분 이내에 요점 정리 형식으로 전달함으로써 소비자에게 합리적인 투자의 방향성과 양질의 인사이트를 제공한다. 신한은행은 금융과 연관성이 매우 높은 은행업계에서 전달하는 정보 기반의 소통 콘텐츠에 주력하며 기업 자체에 대한 소비자의 신뢰도를 높이는 데 집중하고 있다.

공감 콘텐츠는 소비자의 네트워크를 형성하기에 용이하다는 측면에서 앞으로도 많은 업계에서 활용도가 높아질 전망이다. 이러한 측면에서, 은행업계의 토크 콘텐츠는 타깃 소비자를 명확히 파악하고 해당 소비자 층에게 소구할 수 있는 소재를 기반으로 때로는 궁금증을 해소해주고 때로는 고민을 함께 나누며 딱딱한 업계 이미지를 탈피하는 데 성공적인 효과를 거두었다. 또한, 금융과 연관성이 있는 크리에이터와의 콜라보와 직원 참여형 콘텐츠가 금융소비자와 직접 소통의 다리를 연결해 주면서 신뢰성을 높여가고 있다. 브랜드가 보유한 오리지널 유튜브 콘텐츠의 영향력이 확대되는 만큼 은행업계의 토크 콘텐츠는 매력적인 예능형 요소와 결합되어 활성화될 전망이다.

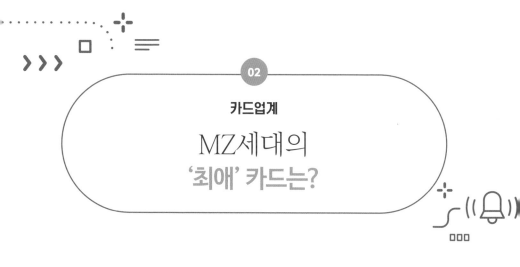

02

카드업계

MZ세대의
'최애' 카드는?

카드사의 경쟁사는 이제 더 이상 같은 카드사가 아니다. 간편결제를 제공하는 핀테크 기업이다. 특히 모바일을 사용하는 것이 익숙한 MZ세대는 따로 카드를 발급받는 것보다 핸드폰 내부 자체 기능인 삼성페이, 애플페이 등을 사용하며, 외출 시 핸드폰 하나로 모든 것을 해결하려고 한다.

이를 반영하듯 체크카드 발급 숫자 역시 점차 감소하는 추세로, 자연스럽게 카드사의 화두는 '어떤 카드사가 MZ세대들의 브랜드 충성심을 어떻게 확보하느

삼성카드 / 여행과 관련된 소비자 참여형 콘텐츠

냐'가 관건이다. 이에 따라 카드업계는 젊은 층을 겨냥한 다양한 콘텐츠 마케팅에 그 어느 때보다 치열한 경쟁을 펼치고 있다.

삼성카드는 MZ세대들의 트렌드를 빠르게 캐치하고 이를 자사 서비스와 콘텐츠에 접목시켜 눈길을 끌고 있다. '위드코로나'의 양상이 확대됨에 따라 여행을 떠나는 MZ 세대가 많아지며 실제로 해외여행 예약 동향을 분석한 결과_{2022년 하}_{나투어} 20~30대 예약 비중은 30.0%를 차지했다. 삼성카드는 이러한 MZ의 트렌드 변화를 정확하게 파악하여, MZ세대를 타겟으로 출시한 삼성 iD NOMAD 카드의 SNS 이벤트를 열었다. 소비자들이 직접 자신의 여행 필수템을 소개할 수 있도록 유도한 해당 이벤트는 높은 호응을 얻으며, 성황리에 마무리되었다. 해당 이벤트 콘텐츠는 MZ 세대 트렌드의 정확한 이해를 바탕으로 진행한 이벤트로 호평을 받았다.

또한 최근 삼성카드는 〈만 나이 챌린지〉라는 영상 콘텐츠를 선보여 눈길을 끌고 있다. 이는 만 나이 도입 시기와 맞물려 '트렌드에 앞서는 카드사'라는 이미지를 고객에게 전달하는 성공사례라는 분석이다. 해당 영상 콘텐츠에는 단순히 카드사의 신규 카드 정보만을 제공하는 것에서 소비자들의 행동을 이끌 수 있는 챌

삼성카드 / '만 나이 챌린지' 영상 콘텐츠

신한카드 / 좌│신한카드×최고심 콜라보　우│신한카드 민트페스티벌 내 '초대밴드' 이벤트 부스

린지를 담아내고 있다. 영상 콘텐츠에서 제안하는 '만 나이 챌린지'는 일상 속 소비자가 쉽게 따라 할 수 있는 동작을 이끌고 직접 만나이를 측정해볼 수 있는 기회를 제공해 흥미롭다는 의견이다. 단순히 신규 카드의 정보를 나열하는 방식이 아닌 소비자들이 직접 참여해 볼 수 있는 동작을 제안하며 자연스럽게 신규 제품을 소개하고 있어 소통방식이 신선하다는 평을 받고 있다.

●●
고객 충성심 확보를 위한
독창적인 콘텐츠들

신한카드는 다양한 콜라보 콘텐츠와 더불어 오프라인 콘텐츠를 통해 젊은 고객층의 이목을 효과적으로 사로잡고 있다. 콜라보의 경우 실물 카드의 소장 가치에 집중한 전략을 선택하고 있다. 최근 신한카드는 2030 세대에서 키치하면서도 긍정적이고 자존감을 높여주는 메시지를 담아내 큰 인기를 얻고 있는 최고심 캐릭터와 콜라보한 카드를 출시했다. 이에 그치지 않고, MZ 세대 만남 필수 코스 중 하나로 꼽히고 있는 팝업스토어를 페스티벌 내에 선보이며 화제성을 이어갔다. '최고심 밴드'라는 콘셉트의 다양한 포토존을 활용한 오프라인 이벤트를 열어 MZ의 필수코스인 '포토존에서 사진 남기기'와 '팝업 스토어' 방문을 한 번에 경험할 수 있도록 유도해 MZ에서 호응도가 높았다는 분석이다.

신한카드 / 소비자 참여형 콘텐츠

이렇듯 신한카드는 다양한 콜라보를 통해 소장 욕구를 높인 카드를 선보이는 것을 넘어, 소비자와 소통할 수 있는 소비자 참여형 콘텐츠를 주기적으로 선보인다는 점이 특징이다. 신한카드의 〈카드 제목학원〉 참여형 이벤트 콘텐츠는 MZ세대의 인터넷 놀이문화 중 하나를 차용하여 진행한 이벤트이다. 해당 콘텐츠는 콘텐츠 호응도가 높았으며, 브랜드의 여백을 주어 소비자의 참여를 통해 콘텐츠가 완성되는 데 의미가 있다.

MZ 세대를 사로잡으려는 카드 업계의 노력은 여기서 그치지 않는다. 최근에는 MZ 세대의 흥미를 끌고 있는 키치 마케팅 역시 앞다투어 시도되고 있다. 신뢰도 있고, 점잖은 이미지를 탈피하고, 더 젊은 감각을 보여주려는 시도 또한 두각을 드러내고 있다.

대표적인 예로는 우체국 체크카드의 '개이득 카드'와 BC카드의 '시발始發 카드'가 있다. 두 카드 모두 금융시장에서는 잘 쓰지 않는 파격적인 단어 선택으로 이

카드사들의 키치 마케팅 / 좌ㅣ우체국 체크카드 '개이득 카드' 우ㅣBC카드–시발(始發)카드 콘텐츠

목을 집중시키고 있다. 이 중, '개이득 카드'는 '열 개開'를 사용하여 더욱 열린 혜택을 제공한다는 의미를 담고 있다. 캐릭터 형의 세로형 디자인으로 출시된 이 카드는 우체국 카드에서 최초로 시도되는 디자인으로 우체국 카드의 MZ 타깃에 대한 포부를 엿볼 수 있다.

다음으로, BC카드의 '시발始發카드'는 더 파격적인 기획을 선보이고 있는데, 작년에 출시된 카드임에도 SNS에서 끊임없이 회자되며 이목을 끌고 있다.

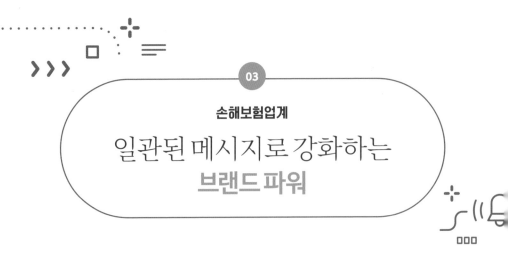

손해보험업계
일관된 메시지로 강화하는
브랜드 파워

고객과 소통 잘하기 위해 기본적으로 요구되는 사항이 있다. 고객과 상시 만날 수 있는 소통의 장과 이를 체계적으로 관리하는 인력, 그리고 효율적으로 운영할 일정수준의 투자가 선행돼야 소기의 성과를 기대할 수 있다. 그러나 무엇보다도 환경변화에 능동적으로 대응하면서 지속적이고 일관된 소통경쟁력 확보와 경영층의 관심이 관건이다.

DB손해보험 ╱ 캐릭터 활용 인스타그램 콘텐츠

DB손해보험은 핵심 가치인 "약속"과 커뮤니케이션 슬로건인 "약속하길 잘했다"를 디지털 콘텐츠로 친근하게 담아내고 있다. 지속적으로 캠페인을 진행하며 브랜드가 지향하는 메시지를 따뜻하게 전달하는 동시에 자체 브랜드 캐릭터를 활용한 콘텐츠로 공감 소통을 이어가고 있다. 캐릭터 콘텐츠는 공감형, B급 감성, 프로모션형 이벤트 등의 요소를 더해 다채롭게 활용하고 있어 접근성과 호감도를 높이고 있다. 특히 캐릭터 콘텐츠는 MZ세대의 일상 속 공감되는 주제로 이목을 끌고 있다.

이외에도 자연재해에 대한 주의 사항 및 행동 요령, 주의해야 할 불법 사항 등을 유익한 정보성 콘텐츠를 발행하고 있다. 또한 건강, 안전, 환경 등 DB손해보험이 추구하는 가치를 보험상품과 연계하여 효과적으로 알리고 있다. 이러한 정보형 콘텐츠는 자사의 제품 및 서비스를 알리면서 소비자의 인식변화에도 유용한 콘텐츠로 호평을 받고 있다.

DB손해보험 / 안전 캠페인 영상– 킥보드 탈 때 안전헬멧, 착용하시나요?

DB손해보험은 최근 안전의 가치 중 이슈가 되고 있는 소재를 발굴하여 캠페인 영상 콘텐츠를 선보이고 있다. DB손해보험은 '안전하기로, 건강하기로, 사랑하기로 약속된 플레이'라는 유튜브 채널의 컨셉에 맞추어 안전, 건강, 따뜻한 스토리 등의 영상 콘텐츠를 재미있게 풀어내고 있다.

그중 안전의 가치를 담은 〈킥보드 탈 때 안전헬멧, 착용하시나요?〉 영상 콘텐츠는 기업이 지향하는 안전의 가치를 효과적으로 전달했다는 평이다. 킥보드 안전모에 대한 이슈가 높아지고 있는 시점에서 안전불감증을 해소하며 선한 영향력을 전달했다. 영상 내에서는 실제 DB손해보험이 개발한 특별한 안전모를 소개해 안전에 대해 깊이 고민하며 실천하는 브랜드 이미지를 더욱 부각시켰다.

●●
따뜻한 메시지와 매력적 캐릭터로
공감대를 넓히다

현대해상 / ㈜│**무물 상담소 참여형 콘텐츠** 우│**MZ타깃 '때,때,때' 영상 시리즈 콘텐츠**

현대해상은 MZ세대를 타깃으로 젊은 층에게 따뜻한 메시지를 전달하는 데 집중하고 있다. 인스타그램 채널에서는 〈ㅎㄷㅎㅅ의 무물상담소〉코너에서 실제 Q&A 스토리를 통해 받은 소비자의 고민 사연을 스토리텔링으로 콘텐츠화하여 공유하고 있다. 아울러 다양한 소비자의 경험과 조언을 댓글로 참여하도록 유도하며 소비자의 고민에 공감하고 함께 해소하려는 선한 이미지를 전달하고 있다. 특히 친근한 캐릭터를 활용해 친밀감과 공감대 형성을 더했으며, #마음이합니다 #현대해상을 콘텐츠 말미에 기재하여 브랜드가 지향하는 가치를 자연스럽게 알려 나가고 있다.

현대해상의 유튜브 채널에서는 '-할 때' 할만한 것을 알려주는 MZ세대의 체험기 컨셉으로 〈때,때,때〉 시리즈 영상 콘텐츠를 선보이며 주목받고 있다. 젊은 층과 직접 대면하며 고민의 해소방법을 인터뷰하는 예능형 영상 콘텐츠로 직접 고객을 찾아가는 모습에서 현대해상의 진정성을 엿볼 수 있다는 의견이다.

삼성화재 / 좌 | **어킵 뉴스레터 정보형 콘텐츠** 우 | **캐릭터 활용 콘텐츠**

삼성화재는 어킵a;keep이라는 구독형 뉴스레터를 매주 목요일마다 일상을 성장시킬 다양한 정보형 콘텐츠를 담아 공유하고 있다. 특히 유익한 정보형 콘텐츠는 전문성이 돋보인다는 평가를 받으며 친근감 있게 소비자와 소통하고 있다. 이외에 인스타그램을 통해 자체 캐릭터 춘삼이와 생선생을 활용하여 소비자와 활발한 소통을 진행하고 있다.

직접적인 브랜드 홍보나 보험상품 홍보를 담은 콘텐츠 방식이 아닌, 자체 브랜드 캐릭터 춘삼이를 주력으로 콘텐츠를 발행하고 있는 것이 특징이다. 가벼운 주제지만 중요한 주제로 건강과 직결된 구체적인 대처 방안을 제시해 일상에서 자사의 브랜드 및 보험서비스를 어필하며 긍정적인 평가를 받고 있다.

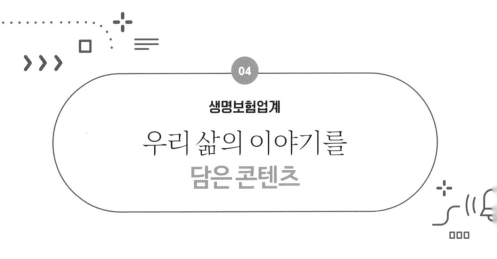

04

생명보험업계

우리 삶의 이야기를
담은 콘텐츠

삼성생명 'AI와 삼성생명'–3탄

삼성생명은 최근 연일 화두에 오르고 있는 '생성형 AI'를 필두로 내세운 콘텐츠 시리즈를 선보이고 있다. 최근 유튜브 채널을 통해 공개된 〈AI와 삼성생명〉 시리즈 3탄의 경우, 작사와 작곡 모두 AI프로그램인 SOUNDRAW와 ChatGPT를 통해 직장인의 손에서 완성되었으며 삼성생명의 창립기념일을 위한 음원을 공개했다. 뿐만 아니라, ChatGPT에 삼성생명에 대해 질문을 하거나 AI를 통해 캐릭터를 그려내는 등 소비자가 민감하게 반응하는 트렌드와 기업의 브랜드 이미지를 자연스럽게 결합하는 데 성공했다.

생명보험업계의 특성만을 다루기 보다는 소비자가 궁금해하는 정보를 중점적으로 활용한 콘텐츠로 1차적인 관심을 유도하고 더 나아가 삼성생명 브랜드 자체에도 이를 유연하게 연결시킨 점이 인상적이다. 또한, 유튜브 채널 댓글 이벤트와 더불어 인스타그램 채널을 통해 AI가 생성한 이미지를 기반으로 이벤트 프로모션을 진행함으로써 AI와의 결합에 대한 소비자의 반응과 인사이트를 지속적으로 확인하고 축적하려는 움직임을 보이고 있다.

삼성생명 숏폼 콘텐츠 '과거의 오늘'

또한, 독특한 스토리텔링을 담아낸 삼성생명의 숏폼 콘텐츠는 공개된 모든 채널에서 긍정적인 반응을 얻었다. 〈과거의 오늘〉 숏폼 콘텐츠는 지난 시간의 오늘을 주제로 한 유튜브 영상 콘텐츠 중 주요 장면을 숏폼 화 한 것으로, 세로 영상의 포맷으로 공급되었다. 콘텐츠는 N년 전 오늘 찍은 사진을 물어보는 내용으로 구성되어 있으며 미래의 오늘을 위해서는 삼성생명이 좋은 소식을 전달하는 브랜드가 되겠다는 긍정적인 메시지를 담았다. 최근 틱톡, 인스타그램 등 숏폼 콘텐츠 전문 채널을 중심으로 행인들에게 자연스럽게 다가가 질문을 던지고 답을 얻는 형식의 콘텐츠가 유명세를 타고 있다. 콘텐츠 시청자의 입장에서는 타인의 취향과 이야기를 접할 수 있다는 점이 인기 요인으로 작용하고 있으며, 삼성생명은 젊은 층의 소비자 반응 지수가 높은 콘텐츠 유형을 활용해 브랜드가 추구하는 방향성을 이해하기 쉽게 인식시킨 것으로 평가된다.

•• 다양해진 고객의 요구를 반영하는 콘텐츠

윤지아의 COOKBOOK: 저탄수 레시피

한화생명은 업계의 특성을 반영해 고객의 건강 증진에 기여하겠다는 메시지를 담은 콘텐츠를 지속적으로 선보이고 있다. 유지아 쉐프와 함께 맛있는 건강식을 만들어보는 콘텐츠는 단순히 건강과 관련한 정보를 일방향으로 전달하는 것이 아닌 '저탄수 요리'라는 매개체를 통해 영상 시청 이후 소비자가 직접 만들어볼 수 있는 기회를 제공함으로써 쌍방향 콘텐츠로 기능하고 있다. 또한, 영상 내용 중 레시피 만을 간략하게 추려 숏폼 콘텐츠로 제공함으로써 자신이 원하는 정보만을 습득하길 원하는 소비자의 니즈 역시 효율적으로 충족하고 있다.

'GURU UP' - EP. 06

영상에 이어 인스타그램 채널을 통해서는 레시피 카드뉴스를 업로드하고 있어 하나의 콘텐츠 소스를 다방면으로 활용하는 전략을 택해 호평을 얻었다.

헬스, 음악, 음식 등 다양한 분야의 전문가들의 경험을 간접적으로 접할 수 있는 〈GURU UP: 구루들의 이야기〉 콘텐츠는 때로는 유용한 꿀팁을, 때로는 특정 분야에 대한 매력적인 스토리텔링을 중심으로 전개된다. 레시피 콘텐츠가 신체

한화생명 / 'Financial Newsletter'

적인 건강을 위해 기능했다면 해당 콘텐츠는 소비자의 내적 건강을 위한 내용으로, 유의미한 동기부여 효과를 불러 일으킨다.

교보생명 / '닥터後(후)' 콘텐츠 활용 숏폼 콘텐츠

교보생명은 콘텐츠를 기반으로 소비자의 건강 지킴이 역할을 톡톡히 하고 있다. 교보생명의 공식 유튜브 채널을 통해 공개된 〈닥터後후〉 콘텐츠는 건강 관리, 생활 습관 개선 등을 비롯해 가정의학과 전문의와 함께하는 상담 콘텐츠다. 다이어트, 거북목, 온열질환 등 시기와 소비자의 특성별 만성 질환에 해당되는 질병들을 중심으로 일상의 고민과 고충을 해결하기 위해 적극적인 소통을 이어 나가고 있다. 주목할 점은 기존 영상 콘텐츠를 활용해 제작된 건강 숏폼 콘텐츠다. 더욱 많은 소비자가 교보생명의 콘텐츠를 접할 수 있는 기회를 만들기 위해 영상 속에서도 가장 중요한 정보만을 추려 짧은 시간 안에 정보를 습득할 수 있

교보생명 ╱ 디지털 캐릭터 활용 인스타그램 콘텐츠

는 유형의 콘텐츠로 재탄생 시켰다.

특정 연령층을 위한 콘텐츠로는 디지털 캐릭터를 선택했다. 교보생명의 공식 캐릭터인 '교보러버스'를 활용한 콘텐츠 구성으로 특유의 감성을 강조한 그림체가 돋보이는 이미지 콘텐츠가 그 주인공이다. 일상 속 공감을 자아내는 이야기를 담아내거나 자사 상품 등을 자연스럽게 홍보하면서 교보생명이 추구하는 브랜드 메시지를 보다 효과적으로 전달할 수 있는 루트로 작용하고 있다. 또한, 궁극적으로는 전반적인 채널의 톤 앤 매너를 유지함으로써 교보생명만이 보여줄 수 있는 독창적인 브랜드 색깔을 명확하게 드러낸 점이 인상적이다.

이처럼, 생명보험업계는 과거 건강과 보험 상품에 대한 콘텐츠를 중점적으로 운영하던 것에서 벗어나 점차 세분화되는 고객의 라이프스타일과 취향을 만족시킬 수 있는 콘텐츠로의 발전을 꾀하고 있다. 특히, 그 과정에서 숏폼 콘텐츠의 활약이 두드러지며 채널뿐만 아니라 소비자의 콘텐츠 디바이스 활용에 대한 다양성을 존중한 콘텐츠 구성 목표를 충실히 이행해 나가고 있다. 성장을 거듭하는 생명보험업계의 디지털 콘텐츠는 실제 소비자의 삶과 직접적으로 연결되어 있기에, 지속적으로 성공할 경우 브랜드 전반에 대한 호감도를 높이는 기대 이상의 효과를 가져올 것이다.

05

금융지주회사

ESG, 소비자들의
선택 기준이 되다

ESG환경, 사회, 지배구조는 전세계적인 경영 패러다임의 흐름에 따라 보다 체계적이고 실천적인 모습으로 강화되고 있다. 특히 투자자와 국민적 관심이 높아짐에 따라 기업과 공공기관은 제품정책 고객을 대상으로 ESG경영에 대한 소통활동을 활발하게 전개되고 있다.

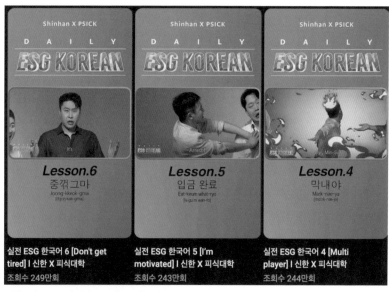

신한금융지주 ╱ '실전 ESG 한국어' 콘텐츠

신한금융그룹 ／ '아껴요 데이' 관련 캠페인 콘텐츠

신한금융지주는 영상 콘텐츠에서 강점을 보이고 있다. 유명 크리에이터와의 과감한 콜라보를 선택해 재미를 극대화한 영상 숏폼 콘텐츠는 조회수가 회당 약 200만 명 이상을 넘어서며 그 효과를 입증했다. 관련 콘텐츠는 ESG에 대한 고객의 이해도를 높였고, ESG의 사회적인 가치를 확산하는데 크게 기여한 것으로 평가됐다. 신한금융지주의 브랜드 가치를 높인 것으로 분석됐다.

신한금융지주는 유명 코메디언들과의 협업 콘텐츠로 젊은 세대의 주목을 확실히 이끌어냈다. 메타코미디 소속 3명의 코미디언정재형, 김민수, 이용주이 결성한 유튜브 채널인 '피식대학'과의 콜라보레이션을 진행해 성과를 내고 있다.

해당 번 콘텐츠는 피식대학이 한국의 신조어를 소개하는 숏폼 콘텐츠인 〈데일리 코리안〉 시리즈를 패러디한 형식으로 기획됐다. 〈실전 ESG 한국어〉 콘텐츠는 일상 속 ESG를 실천할 수 있는 사소한 용어들에 유쾌한 의미를 더해 표현하는 방식으로 구성되어 있으며, 커피 값을 아끼기 위한 용어로는 '텀블러요' 등을 소개한 것이 주요 사례이다. 지속가능한 지구와 대한민국의 청년을 위해 기획됐다는 의도에 맞게 기존 피식대학 채널에 대한 팬덤 유저들의 관심을 단숨에 끌어왔다. 콘텐츠 안에 ESG 관련 용어를 자연스럽게 녹여내며 청년 소비자층이 쉽게 이해하고 활용할 수 있도록 구성한 점이 긍정적인 평가를 받고 있다.

소비자들이 기업의 사회적 역할에
주목하기 시작했다!

하나금융지주는 직원들이 직접 출연진으로 등장하는 〈핫! 토킹어바웃〉과 〈오프더 오피스〉 콘텐츠 등은 다양한 사회적 가치에 대한 이야기도 진솔하게 담아내 호평을 받고 있다. 이러한 콘텐츠는 사내소통 활성화의 단면을 보여주면서 ESG경영의 실천적인 모습을 보여줘 기업 신뢰도를 높인다는 평이다. 〈핫!토킹어바웃〉 콘텐츠는 직장, 금융 등을 주제로 구성되어 있다. 출연진은 때로는 소비습관처럼 금융과 밀접하게 연관된 키워드를 다루기도 하고, 직장인의 언어와 같이 직장생활 자체에 대한 고민을 나누기도 한다.

실제 하나금융지주의 구성원이 등장하는 콘텐츠를 기반으로 소비자는 자연스럽게 기업 가치관을 접해볼 수 있으며, 직원이 콘텐츠 생산자로 활약하는 모습을 통해 소비자와 일방향이 아닌 양방향에서 적극적으로 소통하겠다는 메시지를 전하고 있다.

하나금융그룹 / '인턴 용명쓰' EP. 4

또한 하나금융지주는 개그맨 김용명과의 콜라보를 통해 눈길을 끌었다. 하나금융그룹이 선보인 시리즈 콘텐츠 〈인턴 용명쓰〉는 개그맨 김용명이 ESG기획팀 인턴으로 활동하게 되면서 벌어지는 에피소드를 담고 있다. 소상공인, 청년 일자리, 퀴즈 풀이 등 매 에피소드마다 김용명이 수행하는 업무를 통해 다각도에서 하나금융지주의 ESG 경영 성과를 체험해볼 수 있다. 이는 하나금융지주가 고객을 대상으로 딱딱하고 지루한 ESG소개 영상 대신 예능 콘텐츠로 흥미롭게 표현해 소비자 입장에서 기업의 ESG 경영 활동을 긍정적으로 받아들일 수 있는 계기를 마련했다는 점에서 주목되고 있다.

우리금융지주 인스타그램 채널 이벤트 / '모여봐요 생명의 숲II'

우리금융지주는 학교 내 '학교숲'을 조성하는 ESG 관련 사업을 진행 중에 있다. 소비자가 직접 식물 키우기 키트를 받아 씨앗을 심어 성장하는 과정을 관찰할 수 있는 이벤트 미션을 두 차례에 걸쳐 진행했다. 해당 미션을 통해 소비자는 실제 일상 속에서 우리금융지주의 ESG가치와 연관되는 활동을 진행해보고, 그에 대한 식물일기를 자신의 계정에 공유하며 확산하고 있다. 이와 같이 고객이 직접 참여하는 프로모션 콘텐츠를 통해 소비자는 직접적인 참여로 기업의 캠페인 의도를 파악하게 할 수 있고, 소비자의 콘텐츠가 2차 콘텐츠로서 추가적인 바이럴 효과까지 거두고 있어 흥미롭다는 평이다.

여가 · 레저업계

여행업계
호텔리조트업계
테마파크업계
영화관업계

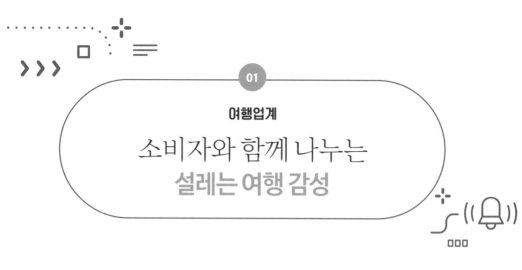

01

여행업계

소비자와 함께 나누는
설레는 여행 감성

엔데믹 시대로 인해 올해부터 국내외 여행객들이 급증하고 있다. 이에 따라 여행사들은 콘텐츠 마케팅을 더욱 강화하며, 급증한 여행 수요에 대응한 브랜드 인지도 강화에 본격적으로 나서고 있다.

현재 여행 업계는 개인의 취향과 특별한 경험을 중시하는 소비자들의 증가로 '맞춤 여행'이 트렌드로 자리 잡고 있다. 최근 여행 수요는 특정 테마나 관심사에 맞는 여행을 선호하는 경향이 뚜렷하다. 이를 반영하듯 여행 업계의 디지털 콘텐츠는 소비자들의 개인 선호도를 표출할 수 있는 참여형 콘텐츠와 여행의 테마를 느낄 수 있는 콘텐츠가 두각을 나타내고 있다.

노랑풍선 / tv프로그램과 콜라보를 통한 참여형 콘텐츠

여행 TV 프로그램인 배틀트립 2와 콜라보를 통해 배틀트립에서 소개하는 여행지에 관한 참여형 콘텐츠로 선보이고 있다. 참여는 댓글 이벤트로 진행되고 있는데, TV 프로그램인 배틀트립에서 어떤 팀이 우승할지 노랑풍선 이벤트 페이지에 접속해 배틀 여행상품과 예고편을 시청 후 예측하고 그 이유를 맞추는 참여형 콘텐츠이다.

특히 해당 이벤트 콘텐츠는 노랑풍선의 페이지 내에서 확인할 수 있도록 해 자사 홈페이지의 유입률을 높이는 데 기여하고 있다는 분석이다. 해당 콘텐츠에 소비자들은 여행 프로그램도 시청하며 여행지에 대한 상식도 늘리고, 직접 프로그램에 참여하는 기분도 느낄 수 있다는 긍정적인 반응을 보이고 있다.

또한 단발성 이벤트 콘텐츠가 아닌 노랑풍선의 시리즈 참여형 콘텐츠로 진행되어 소비자와 지속적으로 소통할 수 있는 장을 만들어 주고 있어 주목된다. 기존 참여형 콘텐츠와 달리 TV 프로그램과의 콜라보를 통한 이벤트로 채널을 넘나드는 다채로운 재미를 선사하고 있어 호평을 받는 콘텐츠 유형으로 평가받고 있다.

●●
똑같은 여행 NO!
콘텐츠부터 차별화

모두투어 '모두시그니처' / 좌|영상 콘텐츠 우|참여형 콘텐츠

기존 모두투어의 컨셉과는 달리 프리미엄을 강조한 영상 콘텐츠는 차별화된 모두투어 패키지에 대한 소비자의 기대감을 효과적으로 높이고 있다는 분석이다. 특히 '모두 시그니처' 영상 콘텐츠의 초반에는 여행에 대한 이야기가 아닌 메뉴, 코스, 퍼퓸, 디자인 등 시그니처가 필요한 순간을 담아내고 있다. 이후 자연스럽게 여행에도 시그니처가 필요함을 강조하는 흐름으로 연결돼 그동안 여행과 관련된 이야기를 중심으로 구성되었던 영상 콘텐츠와 다른 흐름을 보여주고 있다. 이는 여행업계의 영상 콘텐츠의 클리셰를 깬 사례로 평가받고 있다. 영상 콘텐츠를 선보임과 동시에 소비자가 생각하는 '여행 시그니처'를 댓글로 작성하는 SNS 참여형 이벤트를 함께 진행해 여행에 대한 소비자들의 설렘을 효과적으로 담아냈다는 평이다.

하나투어 / '하나뿐인 여행검증단' 콘텐츠

하나투어는 엔데믹 이후 오랜만에 떠나게 되는 해외여행에 대한 소비자의 걱정을 덜어줄 수 있는 색다른 리뷰 콘텐츠를 선보이고 있다. 〈하나뿐인 여행검증단〉은 실제 하나투어 직원이 출장이 다녀온 후기를 생생히 전달하는 임직원 리뷰형 콘텐츠로 신뢰감을 더하고 있는 콘텐츠이다. 멋진 풍경의 사진을 함께 공유해 여행 욕구를 효과적으로 전달하고 있다.

콘텐츠 마지막에는 최근 하나투어가 선보인 새로운 여행 패키지 상품인 하나 팩 2.0에 대한 설명을 추가해 자연스럽게 하나투어 패키지에 대한 관심으로 연결시키고 있다. 해당 콘텐츠는 소비자의 참여로 진행되는 것이 특징인데, 출장지가 공개되면 검증 받고 싶은 소비자의 고민을 직접 듣고 이를 해소시켜주는 콘텐츠이다. 소비자와 함께 참여하며 만들어가는 소통 콘텐츠로 여행 콘텐츠의 향후 방향을 제시해 주는 성공사례로 평가받고 있다.

여행업계는 취향이 세분화되고 있는 소비자들의 니즈를 충족시켜주기 위해 고객이 함께 참여하는 콘텐츠로 소비자들의 목소리를 적극적으로 듣는 소통마케팅에 적극적인 모습이다. 단순히 여행사의 일방향적인 메시지 전달이 아니라 소비자와 함께 호흡하며 만들어가는 콘텐츠를 선보이고 있다. 특히 이러한 양방향 참여형 소통 콘텐츠는 다양해진 소비자의 니즈를 직접적으로 들을 수 있는 창구로서도 더욱 활발히 활용될 전망이다.

02

호텔리조트업계

내 마음은
이미 '호캉스' 중

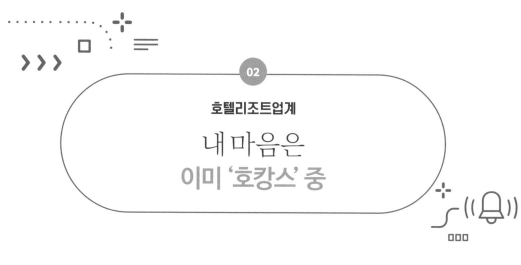

활발해진 여행 소비. 여행객들의 이목을 사로잡기 위해 리조트 업계는 관광객을 타깃으로 콘텐츠 마케팅을 더욱 강화하며 수요 공략에 나섰다. 호텔 안에서 쾌적하게 여행을 즐길 수 있는 '호캉스호텔+바캉스' 상품과 리조트, 호텔 주변의 관광지를 중심으로 콘텐츠를 선보이며 고객의 니즈를 충족시키며 자연스럽게 자사 리조트를 소개하고 있다.

관광지와 리조트에서의 편안한 휴식과 유쾌한 재미를 동시에 누릴 수 있는 패키지 상품을 자연스럽게 홍보하는 콘텐츠도 증가하고 있는 추세다. 또한 각종 프로모션 콘텐츠 실질적인 혜택을 강조한 콘텐츠 등 이전보다 다채로워진 콘텐츠를 선보이며 경쟁력을 강화하고 있다.

하이원리조트 인스타그램, 유튜브 / 좌ㅣ인플루언서(송하빈) 숏폼 콘텐츠 우ㅣ짭종원의 짭스피릿

하이원리조트는 트렌드에 맞는 유쾌한 감성으로 젊은 소비층을 사로잡기 위해 업계에서 가장 활발히 콜라보 영상 콘텐츠를 발행하고 있다. 그중 수영강사 겸 개그 인플루언서 '송하빈'과 '병맛'의 컨셉의 숏폼 콘텐츠를 발행해 큰 호응을 얻었다. 수영강사 송하빈이 하이원 워터파크에서 자신의 회원을 만난다는 설정으로 1인칭 시점을 활용해 콘텐츠 몰입도를 강화 시켰다.

젊은 취향을 저격하며 하이원파크를 전면에 내세우기보단 재치 있는 콘텐츠를 앞세워 호응도를 높이며 자연스럽게 하이원 워터파크를 알렸다. 유튜브 채널에서 〈짭종원의 쩝스피릿〉 시리즈를 선보이고 있는데, 백종원과 유사한 컨셉을 가진 '짭종원'을 출연시켜 리조트 주변 맛집을 탐방하는 콘텐츠이다. 해당 콘텐츠는 리조트 주변에 있는 여러 맛집을 짭종원의 방식으로 전달하며 재미를 더하고 여행 욕구를 효과적으로 자극하고 있다는 평이다.

또한 태백편, 영월편, 정선편, 삼척편 등 일관성 있는 콘텐츠로 인기를 꾸준히 얻고 있다. 영상 말미에는 하이원 리조트에 대한 아름다운 장소를 소개하면서 흥미를 더해 자사 리조트 방문을 유도하고 있다. 이처럼 하이원리조트는 다양한 볼거리 영상 콘텐츠의 강점으로 유튜브 경쟁력을 견인하며 소비자에게 자연스럽게 다가가고 있다.

●●

여행의 동기를
유발하는 콘텐츠

소노호텔앤리조트는 인스타그래머블한 카드뉴스 콘텐츠에서 강점을 보이고 있다. 특히 최근 발행하는 콘텐츠는 모수 대비 높은 호응도를 보이고 있다. 자사 주변 여행지와 맛집을 해당 장소에 근무하는 자사의 임직원이 추천해주는 컨셉으로 양방향 소통 콘텐츠를 지향하며 성과를 내고 있다.

임직원이 직접 소개한다는 점에서 신뢰성을 높였고 브랜드가 아닌 사람(임직

소노호텔앤리조트 인스타그램 ╱ 좌│**여행 코스 종결ZIP, 맛집 리스트** 우│**관광지 숏폼 콘텐츠**)

원)이 알려준다는 컨셉은 콘텐츠 친밀도를 높이고 있다. 또한 소노호텔앤리조트의 여행 코스와 맛집의 위치나 관련 정보를 가시성 높게 소개함으로써 실제 방문율을 높이고 있다. 소노호텔앤리조트는 카드뉴스와 더불어 자사만의 장소를 인스타그램 릴스를 활용하여 숏폼 콘텐츠로 제작, 발행하고 있다. 이는 소비자의 이목을 효과적으로 이끈 우수사례로 손꼽는다. 관련 장소를 어울리는 음악과 함께 편집하여 소비자에게 바이럴 효과를 높이며 트렌디한 이미지를 전달하고 있다.

한화리조트 인스타그램 ╱ 좌│**TRAVEL TELLER** 중│**여행 맛ZIP** 우│**EVENT**

한화리조트는 콘텐츠에 대한 일관성 있는 시리즈로 통일성을 부여하며 콘텐츠 호감도를 높이고 있다. 콘텐츠 톤&매너는 브랜드 이미지 제고에도 긍정적인 영향을 주고 있는 것으로 분석됐다.

한화리조트는 3가지 시리즈 콘텐츠를 지속적으로 발행하고 있다. 〈TRAVEL

TELLER〉는 리조트가 위치한 지역의 여러 여행 장소를 소개해주는 콘텐츠로 사진과 함께 최근 각광받고 있는 장소에 사진과 설명을 감성적으로 전달하며 여행 동기를 유발했다는 평이다. 또한 해당 장소와 한화 리조트가 얼마나 걸리는지 소개해 사용자들의 편의를 도모하고 있다. 이외에도 프로모션 이벤트 콘텐츠를 통해 소비자과 소통을 강화하고 공감대를 형성하기 위해 노력하고 있다. 한화리조트는 일관성 있는 콘텐츠를 주기적으로 업로드 함으로서 소비자들이 일상적인 현실을 떠나 새로운 경험의 폭을 넓힐 수 있는 감성 있는 정보를 제공하고 있다.

리조트 업계는 다양한 콘텐츠를 발행함으로써 시장 변화 대응하고 브랜드 가치에 집중하는 모습을 보이고 있다. 특히 업계는 주변 관광지와 맛집 등의 정보를 친근하고 생생한 사진과 영상 콘텐츠로 전달하며 유익한 정보를 주는 동시에 자연스럽게 자사 리조트 방문을 유도하고 있다.

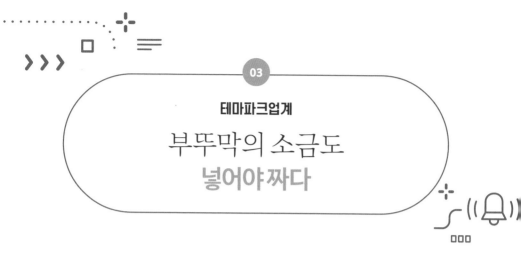

테마파크업계

부뚜막의 소금도 넣어야 짜다

테마파크업계는 콘텐츠 측면에서 가진 자산이 참 많다. 매력적이고 흥미로운 소재가 차고 넘친다. 하지만 부뚜막의 소금도 넣어야 짜듯 이것을 파급력 있는 콘텐츠로 만들고 고객과 활발히 소통하는 것은 또 다른 문제이다.

국내여행이 활기를 되찾으며 테마파크업계도 한단계 업그레이드된 볼거리, 먹거리, 즐길거리, 관심거리 등을 앞세워 적극적 마케팅을 펼치고 있다. 고객들의 눈높이에 맞춘 디지털 콘텐츠마케팅도 이전보다 경쟁이 치열해지고 있다. 테마파크업계는 온/오프라인을 넘나드는 자사 브랜드만의 독창적 컨셉의 콘텐츠를 선보이며 고객들의 발길을 이끌고 있다.

에버랜드 / 좌|인스타그램 푸바오 덕질 콘테스트 우|유튜브 판다와쏭

에버랜드는 푸바오를 활용한 귀엽고 친근한 콘텐츠로 콘텐츠 호감도에서 가장

우수한 성과를 보이고 있다. 에버랜드 동물원에 있는 팬더 '푸바오'의 다양한 모습들을 주기적으로 콘텐츠로 선보이며 소비자의 방문을 유도하고 있는 것으로 분석된다. 푸바오의 생생한 모습을 담은 에버랜드의 유튜브 채널은 매회 높은 조회수를 기록하고 있다.

특히 유튜브의 구독자는 100만을 넘으며 소비자들의 사랑받는 브랜드 채널로 자리매김하고 있다. 영상 내에는 푸바오의 모습뿐만 아니라 에버랜드에 근무하고 있는 임직원 등의 성실하고 열정적인 모습을 담아내고 있어 브랜드 호감과 함께 기업의 신뢰도까지 높이고 있다.

또한 〈바오가족 덕질 콘테스트〉라는 프로모션 참여형 콘텐츠는 850여개의 작품이 응모되었고, 참신한 이벤트라는 평가를 받았다. 팬더를 대상으로 팬아트를 모집하고 콘테스트를 진행하여 푸바오의 찐팬 형성에 기여했고, 콘텐츠를 통한 쌍방향 소통에도 성공한 모델이다.

아울러 사육사들의 진심 어린 동물 보살핌에 대한 콘텐츠와 직접 참여를 통한 다양한 정보제공은 흥미와 함께 에버랜드가 지향하는 기업문화를 엿볼 수 있다. 이처럼 에버랜드는 단순히 기업 내부의 여가, 레저에만 집중한 콘텐츠가 아닌 감성적이고 친근한 동물 콘텐츠를 통해 브랜드 가치 제고에도 크게 기여하고 있다는 평이다.

●●

자신만의 색을 담은
독창적인 콘텐츠

롯데월드는 특유의 즐겁고 유쾌한 분위기를 MZ세대의 트렌드에 맞는 콘텐츠로 선보이며 경쟁력을 높이고 있다. 특히 소비자의 참여를 불러일으키는 독창성 높은 프로모션/이벤트 콘텐츠에서 강점을 보이고 있다.

〈쌈바 댄스 챌린지〉는 롯데월드의 흥겨운 이미지를 전달하는 챌린지 콘텐츠로

롯데월드 ／ 좌ㅣ인스타그램 쌈바 댄스 챌린지 우ㅣ유튜브 롯BTI

주목받고 있다. 이외에도 소비자 참여형 콘텐츠를 주기적으로 발행하며 롯데월드의 여가/레저에 대한 활동을 효율적으로 홍보하고 있다. 또한 롯데월드는 주로 예능형 콘텐츠를 통해 자연스럽게 롯데월드의 장소를 홍보하고 있다. 〈롯BTI〉는 다양한 시민들에게 롯데월드와 관련된 특정 상황에 대한 MBTI별 생각을 물어보는 예능형 인터뷰 콘텐츠로 MBTI에 관심이 높은 젊은 세대의 취향을 저격하는 콘텐츠로 호평을 받고 있다. 이처럼 롯데월드는 독창적 챌린지와 트렌드를 반영한 콘텐츠로 자사 브랜드의 경쟁력을 높여 나가고 있다.

한국민속촌 ／ 좌ㅣ인스타그램 조선살인수사 우ㅣ유튜브 민속촌에서 생긴 일

한국민속촌은 민속촌내 다양한 캐릭터를 활용한 스토리텔링 콘텐츠에 강점을 보이고 있다. 또한 민속촌이라는 컨셉에 맞춘 감성 콘텐츠를 통해 역사에 대한 정보를 함께 전달하며 교육적인 면모도 놓치지 않고 있다. 이에 브랜드 신뢰도에서 가장 높은 성과를 보이고 있는 것으로 분석됐다.

최근 한국민속촌에서 진행하는 추리체험 콘텐츠를 온라인 스토리텔링 콘텐츠로 발행해 소비자들의 흥미를 이끄는데 효과적인 반응을 보이고 있다. 〈조선살인수사〉는 특정 사건에 대해 소비자가 직접 암행어사가 되어 해결하는 추리 콘텐츠로 한국민속촌에서 체험이 가능한 콘텐츠이다. 이와 관련해 '사또의 수사일지' 내용을 카드뉴스 콘텐츠로 풀어내 방문욕구를 높이고 있다. 이는 온라인의 콘텐츠를 오프라인으로 유용하게 연결하고 있다는 평과 함께 테마파크 최초의 추리체험 콘텐츠로서 독창성도 인정받고 있다.

한국민속촌의 유튜브 채널에서는 민속촌의 이야기를 드라마와 브이로그 형식으로 전달하며 현장의 생생함과 스토리텔링을 더하고 있다. 특히 실제 임직원이 참여하고 개인의 컨셉에 충실히 임한다는 점에서 색다른 재미와 친밀감을 높이고 있다.

테마파크업계는 관광객 유치를 위해 장소를 매력적으로 홍보할 수 있는 신박하고 다채로운 콘텐츠들을 끊임없이 제작해내고 있다. 특히 각 브랜드가 가지고 있는 컨셉을 온라인 콘텐츠에서 간접적으로 경험할 수 있도록 하여 신규 고객 유치는 물론 기존 고객과도 지속적인 온라인 소통을 이어가고 있다. 재미 제공과 매출 증대라는 두 마리 토끼를 잡기 위해 심혈을 기울이고 있다.

영화관업계

같은 영화,
선택은 브랜드에서 갈린다

코로나와 OTT의 발전으로 지난 2년간 엎친 데 덮친 격 악재를 맞이한 영화관이다. 과거에는 신작이 개봉했다면 소비자의 발길은 자연스럽게 영화관으로 향했으나, 콘텐츠 선택의 폭이 많아진 지금은 다르다. 당연한 흥행은 없다. 영화의 퀄리티가 어느정도 괜찮다는 조건 하에 마케팅을 통한 '입소문'이 중요한 분위기이다. 눈이 높아진 관객들을 사로잡기 위한 영화 업계의 콘텐츠 마케팅은 더욱 치열해지고 있다.

CGV유튜브 / 좌ㅣ씨집상담소 우ㅣ미소의 세상

CGV는 개봉을 앞두고 있는 영화인을 활용해 기획력 높은 영상 콘텐츠를 선보이며 영화인의 팬덤과 젊은 층의 소비자들의 이목을 효과적으로 사로잡고 있다. 〈팬터뷰〉와 〈씨집상담소〉는 개봉하는 영화에 대한 기대감은 물론 배우들 간의 케미를 미리 엿볼 수 있는 기획으로 CGV의 유튜브 채널의 팬덤을 확보하고 있다. 그중 〈씨집상담소〉는 영화와 관련된 사연을 받고, 영화 배우들이 직접 상담하는 구성으로 진행된다. 예컨대 '롱디'라는 영화에서 주연을 맡은 장동윤, 박유나 배우가 곰신 커플, 국제 커플 등 다양한 종류의 롱디 사연에 답변을 하는 식이다.

이외에도 임직원이 출연하는 〈미소의세상〉이라는 자체 콘텐츠를 업로드하고 있다. 〈미소의세상〉은 CGV의 아르바이트생을 일컫는 미소지기가 출연하는 콘텐츠이다. '바비'나 '밀수' 시사회에서는 TPO를 완벽하게 맞추고 영상을 촬영하여 시청자의 몰입을 높였다. 배우 싸인 받기 등의 자체 미션을 해결하며 다채로운 콘텐츠를 만든다.

●●

즐거움을 주는 패러디 콘텐츠,
소비자 경험으로 호감도를 높이는 참여형 콘텐츠

메가박스의 캐릭터 '냥사원'은 따로 자체 인스타그램을 운영하며 친밀감을 높이

메가박스 ／ 좌 │ 냥사원 캐릭터 단독 인스타그램 우 │ 냥사원의 영화 패러디 페이스북 콘텐츠

고 팬덤을 키워 나가고 있다. 냥사원은 친근감 있는 공감콘텐츠 이외에도 영화 홍보에서도 활발히 활용되고 있는데, 영화 시사회에 냥사원이 방문한 내용을 영상 콘텐츠 제작으로만 남기지 않고 냥사원 단독 자체 인스타그램에도 업로드 하여 캐릭터의 입체감과 생생함을 더하고 있다.

냥사원은 인스타그램 트렌드에 빠르게 반응하며 현재 SNS에서 유행하고 있는 콘텐츠를 빠르게 패러디하며 팬덤을 확보하고 있다. 예를 들어 z세대 트렌드인 '여러 명이 나를 휴대폰으로 찍어주는 모습' 컨셉이나 항공샷을 이용한 사진도 재치 있다는 평이다. 페이스북 채널에서는 업로드한 냥사원으로 영화 패러디 포스터에서 활용하며 메가박스 소셜미디어 채널에 독창성을 더하고 있다.

롯데시네마 유튜브 / 영화와 소비자를 연계하는 영상 콘텐츠

롯데시네마는 타 영화관보다 소비자의 경험적 체험을 중시하는 콘텐츠를 앞세 우며 브랜드 호감도를 높이고 있다. 영화 엘리멘탈을 소개하는 영상 콘텐츠에 서는 〈엘리멘탈 속 나랑 닮은 캐릭터를 찾아보자〉라는 제목의 콘텐츠로 등장인 물인 엠버와 웨이드 등을 '성격 유형'으로 분류해 소비자 자신과 매칭시키고 있 다. 또한 '운세'라는 소재를 영화와 접목시켜 영화에 대한 궁금증을 해소할 뿐만 아니라 자신의 운도 체크해보게 되는 일석이조의 효과를 내고 있다.

영화관업계는 활발히 디지털 마케팅을 진행하고 있으나, 각자 강점을 보이는 분야는 다르다. CGV는 자체 콘텐츠, 메가박스는 캐릭터 마케팅, 롯데시네마는 참여형 콘텐츠에 집중하고 있다. 각 영화업계의 유의미한 디지털 마케팅 차별 화는 앞으로도 기대되고 있다.

정부기관, 공기업

중앙행정기관

생활 밀접 준정부기관

전기·에너지 공기업

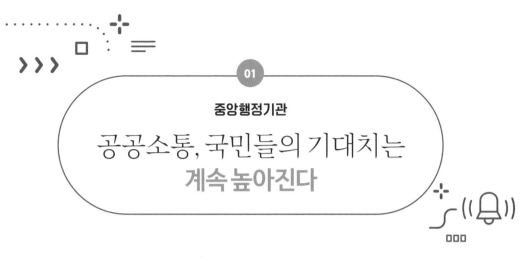

01

중앙행정기관

공공소통, 국민들의 기대치는 계속 높아진다

공공소통은 브랜드 인지도를 높이는 활동을 넘어 기업의 효과적인 제품 판매를 위한 마케팅 개념이 도입되어 정책마케팅 활동을 이미 오래전부터 진행해 오고 있다. 특히 SNS 기반의 디지털 소통환경은 공공소통의 획일적, 수동적, 딱딱함, 비효율적, 일방적인 기존 활동에 혁신적인 변화를 가져왔다. 스토리텔링의 힘으로 개발된 공공 콘텐츠는 사안에 따라 민간기업보다 경쟁력이 높은 경우도 많다. 그러나 최근 공공소통이 다소 정체되고 있다는 분석이다. 여러가지 요인이 있겠지만 일관된 가이드라인 보다는 기관의 특성을 제대로 반영한 콘텐츠 개발과 이를 유연하게 실행하는 문화가 필요하다는 평가를 받고 있다. 특히 천편일률적인 유행성 콘텐츠와 준비없이 참여를 유도하려는 일회성 캠페인 위주 콘텐츠로는 높아진 국민의 눈높이를 못 맞춘다는 의견도 제시되고 있다.

문화체육관광부는 매번 다른 컨셉의 캠페인을 진행하며 데일리 문화정책 콘텐츠를 통해 국민의 알 권리를 충족시키고 있다. 국방부는 정보형 콘텐츠를 중심으로 기관의 현황을 알리는 한편, 여러 국군부대를 주인공으로 한 시리즈 콘텐츠를 지속적으로 선보이고 있고 숏폼 콘텐츠의 활용도 또한 높게 나타났다. 보건복지부는 일러스트레이터, 유튜브 크리에이터 등 다양한 문화 콘텐츠 관련 인물들과 함께 만들어가며 다채로운 스펙트럼의 콘텐츠 구성을 드러내는 점이 특징이다.

문화체육관광부는 최근 유튜브 채널을 통해 〈씨름 샅바로 변신한 안전벨트 캠

문화체육관광부 캠페인 / '씨름 샅바로 변신한 버스 안전벨트'

페인〉을 진행했다. 상징적인 장비인 '샅바'를 안전벨트에 접목해 익숙한 소재를
기반으로 한 신선한 캠페인을 선보여 젊은 세대 국민을 대상으로 한국의 전통
레슬링인 '씨름'에 대한 가치 또한 확산하는 데 성공했다.

뿐만 아니라, 인스타그램 채널에서는 〈오늘 문화정책〉 카드뉴스를 통해 국민을
대상으로 기관의 특색이 드러나는 문화체육 관련 소식을 흥미롭게 공유하고 있
다. 방송 콘텐츠, K-POP, 뮤지컬 등 문화체육관광부 채널을 찾는 국민의 의도를
명확히 파악하고 이와 연관성이 높은 메시지를 담아낸 콘텐츠로 소구 포인트

문화체육관광부 인스타그램 / 카드뉴스 콘텐츠

가 명확한 기획에 대해 긍정적인 평가를 받고 있다. 또한 저작권을 쉽게 알리는 것에 목표를 둔 홍보 아이디어 모집 활동도 참신하다는 평을 받았다.

기관 특성에 적합한 콘텐츠 개발로 국민과 호흡해야

국방부는 영상과 이미지 콘텐츠를 조화롭게 사용하여 국군의 현 주소를 가감 없이 드러내고 있다. 화려한 홍보 영상에만 치중하기 보다는 실제 임무에 밀접한 모습을 담은 날 것의 콘텐츠로 오히려 높은 공감대를 형성했다. 국방부 유튜브 채널을 통해 만나볼 수 있는 국군 밀착 다큐멘터리 시리즈 〈군인본분〉 콘텐츠는 자랑스러운 국군 대원들의 고군분투 현장을 담아내며 기관의 대표 콘텐츠 중 하나로 기능하고 있다.

또한, 국방정책을 담은 정보형 콘텐츠는 다소 이해하거나 접근하기 어렵다고 느껴지는 정보들과 국민 사이의 경계를 허물어주는 역할을 수행하고 있다. 인스타

국방부 밀착 다큐멘터리 '군인본분' EP.3

그램 카드뉴스 콘텐츠는 국방부의 임무 현황, 군 구조체계 혁신, 국방부 관련 캠페인 소식에 초점을 맞추고 있다. 뿐만 아니라, 영상 콘텐츠 〈1MM〉의 경우 국방 정책의 생생한 현장을 1분이라는 짧은 시간 내에 담아내고 있다. 정보를 전달하는 과정에서 짧은 콘텐츠를 통해 일목요연하게 정보를 습득하길 원하는 시청자의 콘텐츠 소비 패턴을 반영해 관련 소식을 효과적으로 전달하고 있다는 평이다. 국방부는 일상 생활 속에서 미처 생각하지 못할 국군 관련 소식과 유의미한 정보를 가독성 높은 이미지 콘텐츠와 다큐멘터리 시리즈로 흥미롭게 선보였다. 기관의 특장점을 다각도에서 담아낸 콘텐츠 전략은 기관에 대한 국민 호감도를 높이는 데 유의미한 역할을 수행하고 있다.

보건복지부는 국민에게 보건·복지 정책을 쉽게 전달하는 방법으로 예능형 콘텐츠를 택했다. 공식 유튜브 채널에서 공개된 복지공감 퀴즈쇼 〈전화WE福〉은 다수의 구독자를 보유한 시각장애인 유튜브 크리에이터 '원샷한솔'이 진행을 맡았다. 퀴즈쇼라는 컨셉에 맞게 주제와 관련된 출연진이 등장해 질문과 답변을 주고받는 형식으로 진행된다.

고독사를 다룬 첫번째 에피소드에는 유품정리사 유튜브 크리에이터 김새별,

보건복지부 '전화WE福'

MZ 장례지도사 박현아 등이 출연했다. 명확한 스크립트가 존재하지 않고 자유로운 대화 형식으로 이루어진 논스크립트 형식의 콘텐츠다. 국내 여러 사회적 이슈에 대한 관련 인물의 의견을 접해볼 수 있는 콘텐츠로 한 번쯤 생각해 볼 기회를 조성해줘 긍정적인 영향력으로 이어지고 있다.

아울러 보건복지부는 국민들의 마음 속에 오래 남을 수 있는 캠페인을 진행하고 있다. 보건복지부에서 진행하는 〈나를 잊지 말아요〉 캠페인은 마음을 울리는 그림을 그리는 일러스트레이터 '봄사무소'와의 콜라보레이션을 통해 진행한다. 치매 실종 노인을 찾는다는 취지의 그림은 실제 인물의 사진, 신상을 설명하는 자세한 글과 함께 게재된다. 콘텐츠 기반의 캠페인 전략으로 자연스럽게 관심을 유도하고 더 나아가 실질적인 참여를 독려한다는 점에서 더 나은 사회를 위해 국민들과의 접점을 늘리는 콘텐츠를 기획해냈다는 평을 받고있다.

기관 SNS가 국민을 대상으로 한 커뮤니티로 기능하고 있다는 점이 유대감을 형성하는데 톡톡한 역할을 수행한 것으로 평가된다.

보건복지부는 젊고 트렌디한 콘텐츠 유형을 고민했을뿐만 아니라, 각 채널별 특성을 잘 녹여낸 콘텐츠로 기관에 대한 호감도를 극대화했다.

일러스트레이터 '봄사무소'와 함께한 '나를 잊지 말아요' 캠페인

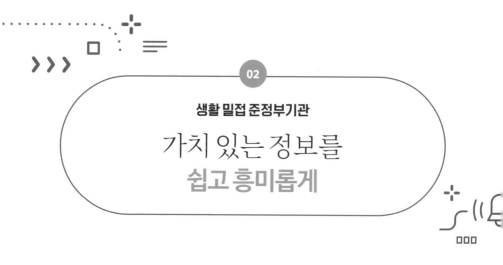

02

생활 밀접 준정부기관

가치 있는 정보를
쉽고 흥미롭게

국민연금공단은 정책소비자의 접근성 편의를 위해 콘텐츠 포털 '국민연금 온에어'를 기반으로 블로그, 인스타그램, 유튜브, 페이스북, 네이버 포스트 등 다양한 소셜미디어 접점을 운영 중이다. 그 외에도 '영상 수어 상담 서비스'로 청각·언어 장애인이 다양한 채널을 이용해 영상과 채팅으로 공단의 전담 수어 상담사와 실시간 상담하는 서비스를 제공하는 등 소통의 접근성을 높였다. 콘텐츠 측면에서도 정책소비자들이 관심있을 주제를 쉽게 풀어 핵심을 전달하는 여러가지 방법들을 활용하고 있어 효과적이다.

국민연금공단 페이스북 채널 상단 이미지

국민연금공단은 정책홍보를 적극적으로 진행하면서 디스인포메이션Dis-information허위 조작 정보 시대에 범람하고 있는 가짜 정보를 바로잡는 데도 여러 가지 효과적인 시도를 하고 있다. 네이버 지식iN 채널에 실시간 대응을 기본으로 유튜브 채널 국민연금TV에서 '오해해소'란 콘텐츠로 잘못된 정보에 대해 사례를 통해 효과적으로 가짜 정보에 대응하고 있다.

다만 인스타그램에서 국민연금공단의 업의 특성을 반영한 심도 있는 콘텐츠로 정책소비자와 더욱 쉽게 공유해야 효과적이라는 분석이다. 연금공단과 관련성이 부족한 콘텐츠는 신중해야 한다. '국민연금 수기 공모', '국민연금 아이디어 공

국민연금공단의 비대면 연금톡

보' 같은 참여형 이벤트의 진행도 효과적으로 소통에 활용하고 있다. 참여형 이벤트에서는 조금만 더 디테일하게 참여의 결과물이나 참여자를 '선망의 대상'으로 만들어 다시 피드백 공개하는 것이 중요하다. '비대면 연금톡'과 같은 구조로 긍정적인 참여의 경험을 연결하는 것이다.

쉽고 실용적인 방향으로
소통경쟁력을 높여야

국민건강보험공단은 트렌드를 접목한 다양한 공감형 콘텐츠로 소통하고 있다.

깜빡깜빡하는 기억력, 좋아지는 법은? 기억력 강화 방법 5가지

좌|국민건강보험공단의 인스타그램 우|국민건강보험공단의 블로그 콘텐츠

홍보대사나 셀럽, 인플루언서와의 콜라보와 임직원의 참여로 국민건강보험공단만의 색깔을 가지고 있다는 호응을 얻고 있다. 특히 유튜브 채널을 통한 다양한 동영상 콘텐츠는 국민건강보험공단의 효과적인 홍보에 중심이 되고 있다. 정보 콘텐츠에 다양한 상황극을 접목하여 정책소비자들의 흥미를 이끄는데 성공하고 있다.

다만 트렌드를 따라 다양한 콘텐츠 제작 시도는 좋으나 인스타그램과 같은 채널의 특성에 콘텐츠를 최적화하는 방법들은 고민이 필요하다. 또한 새로운 콘텐츠 형식에 비해 주제가 일반적인 것도 개선해 볼 포인트이다. 디지털 공간에 일반적인 건강정보는 포화 상태로 가고 있다. 국민건강보험공단만이 제공할 수 있는 정보에 집중하고 채널의 특성에 맞춰 흥미요소를 가미하면 효과적이라는 평이다.

국민건강보험공단 지식 iN 채널 운영에서 콘텐츠의 개선방향을 찾을

국민건강보험공단 지식iN

수 있다. 정책수용자의 요구에 기반한 콘텐츠를 제작하는 것이다. 현재 네이버 지식iN 채널을 통한 양방향 소통을 소셜미디어 전 채널로 확장해야 한다. 첫 번째 방법은 지식iN 채널에서 접수된 문답 중 다른 정책수용자들에게도 알리고 싶은 주제나 자주 묻는 질문을 다른 소셜미디어 콘텐츠로 제작하여 발행해야 한다.

두 번째 방법은 지식iN 채널 운영을 소셜미디어로 확장하는 방법이다. 예를 들어 해시태그 '#건강보험질문'을 활용하여 네이버 지식iN 채널을 넘어 소셜미디어 전 채널에서 질문을 받아 응답하는 것이다. 선제적으로 정책수용자의 불만을 처리하고 공식적인 정보의 유통을 강화하는 방법이다.

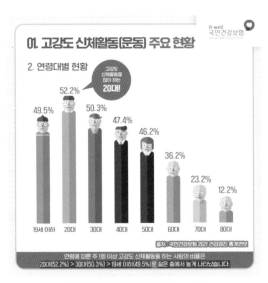

국민건강보험공단의 **통계자료 그래픽**

정책소비자들에게 이야기 거리를 제공함으로써 그들이 정책홍보에 참여할 수 있도록 하는 것도 좋은 방법이다. '통계로 보는 건강검진' 같은 그래픽 정보 콘텐츠가 좋은 사례이다.

홍보대사, 셀럽, 인플루언서, 임직원의 콜라보와 참여를 성공으로 이끈 경험을 활용하여 이제는 국민건강보험공단의 정책소비자와의 협업을 적용할 시점이다. 단순한 이벤트를 넘어 협업의 파트너로서 참여할 수 있는 기회를 제공하는 방법도 필요하다.

건강보험심사평가원은 다양한 소셜미디어 채널을 통해 기관의 소식과 다양한 건강 관련 콘텐츠를 제작하고 있다. 현재 건강보험심사평가원은 네이버 블로그와 인스타그램, 유튜브, 페이스북, 네이버 포스트 등 다양한 채널을 운영 중에 있다. 장기간 우수한 정보를 제공하고 기관의 소식을 전하는 소통 콘텐츠를 운영한 경험을 각 채널의 콘텐츠에서 살펴볼 수 있다. 원소스멀티유즈 개념의 콘텐츠 운영이 아닌 각 소셜미디어 채널의 특성에 최적화한 트랜스미디어 스토리텔링 방식의 운영이 그간의 노력과 건강보험심사평가원의 소셜미디어 운영 노하우를 가늠할 수 있게 한다.

건강보험심사평가원의 콘텐츠

최근 건강보험심사평가원은 최근 시즌2에서는 히토와 토당이의 캐릭터를 전면에 내세워 친밀한 소통을 전개하려 하고 있다. 유튜브나 인스타그램, 블로그 각 채널에 특성에 맞춰 캐릭터를 콘텐츠에 반영, 효과적으로 적용하고 있고 소셜미디어 채널 외 오프라인 채널 등 다양한 채널에 다양한 방식으로 하지만 일관되게 런칭하여 주목받고 있다. 성공적 런칭에 이은 본격적인 소통의 활용에서

건강보험심사평가원의 캐릭터 히토와 토당이

히토와 토당이의 역할은 이제부터가 더욱 중요하다. 단순히 화자의 등장에 이전과 같은 소통의 콘텐츠를 전달하기만 하는 것에 그치면 효과가 반감될 수 있다. 이전의 전반적인 정보 전달에서 더욱 건강보험심사평가원의 업과 연관된 주제에 선택과 집중하여 심도 있는 콘텐츠를 쉽고 자연스러운 대화로 풀어나가야 한다. 친숙한 캐릭터로 건강보험심사평가원의 이야기를 공감과 재미요소를 활용해 전달해야 한다.

국민연금공단, 국민건강보험공단, 건강보험심사평가원 등 국민 실생활에 영향을 주고 있는 준정부기관의 대국민 소통활동이 다소 정체되고 로드맵에 의한 활성화는 다소 미흡한 것으로 분석됐다.

국민 실생활과 밀접한 모든 정책은 국민의 일상에 직접적으로 연결되므로 일방향적인 홍보가 아닌 양방향적인 소통이 중요하다. 정책소비자인 국민이 정책을 이해하고, 관련 내용을 이야기하게 하고, 국민 참여가 가능한 콘텐츠로 긍정적인 경험을 연결하게 하는 등 쉽고 실용적인 방향으로 소통경쟁력을 높여야 한다.

03

전기·에너지 공기업

효율적 소통을 위한
콘텐츠 고도화 필요

한국전력공사는 네이버 블로그와 인스타그램, 유튜브, 페이스북, 트위터 등 다양한 채널을 다양한 소셜미디어 채널을 통해 기관의 소식과 다양한 건강 관련 콘텐츠를 제작하고 있다. 하지만 본격적으로 운영했던 예전에 비해 콘텐츠 개발이나 운영이 현상 유지 상태여서 소셜미디어를 통한 소통이 다소 정체돼 있는 것으로 보인다.

한국전력공사 블로그, 인스타그램 콘텐츠

특히 블로그, 인스타그램 채널의 콘텐츠 업데이트 주기 및 내용 등 모두 이전의
적극적인 모습을 찾아볼 수 없다. 블로그 콘텐츠는 마치 공문을 정리해서 발행
하는 듯한 톤&매너를 벗어나 독자의 관점에서 독자의 이해를 돕기 위한 설명의
노력이 필요하다.

인스타그램도 가독성을 개선하고 채널에 최적화하려는 노력이 필요해 보인다.
그리고 업에 집중하여 메시지를 담는 콘텐츠의 제작은 좋지만 전체적으로 그
양을 늘일 필요도 있다.

한국전력공사 유튜브 / '똥종원의 뒷골목식당'

개선의 가능성은 유튜브의 '똥종원의 뒷골목식당' 콘텐츠에서 찾아볼 수 있다.
유명인 백종원의 성대모사로 청자들을 끌어 모으고 그의 행동을 묘사함으로
써 전달하고자 하는 메시지에 청자를 집중시키고 있다. 솔루션 내용도 일상에
서 점검하고 활용할 수 있는 내용이라 효과적이다.

이러한 방식의 콘텐츠를 각 채널의 특성에 맞추어 개발하고 적용할 필요가 있
다. 지금 현재의 경직된 콘텐츠의 방식을 벗어나 쉽고 일상적인 대화 같은 소통
이 필요하다.

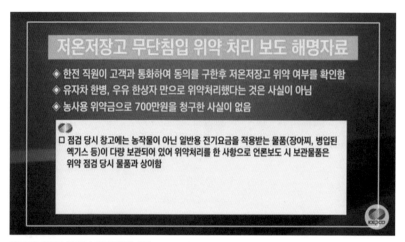

한국전력공사 유튜브 보도해명 자료

MBC 뉴스데스크를 통해 보도된 '저온저장고 무단침입'에 대한 한국전력의 입장을 설명한 유튜브의 보도해명자료 콘텐츠는 잘못된 정보를 바로잡을 때 '이것이 팩트입니다.' 방식의 설명 대신 사건의 맥락을 확인하고 서사적으로 연결하여 일반 시민들이나 독자들에게 효과적으로 전달할 수 있는 방안을 고민해서 전달해야 함을 깨닫게 한다.

특히 소셜미디어 채널을 통해 해명시에는 더욱 더 시간이 걸리더라도 해당 사건이 발생할 수밖에 없었던 배경과 진행 과정을 심층취재하고 독자들이 이해하기 쉽게 이야기로 엮어내야 한다. 다시 한번 전체적인 소셜미디어 채널의 역할과 목적을 재정비하고 콘텐츠의 고도화 작업 및 최적화 작업이 필요한 시점이다.

특성에 맞는 콘텐츠,
대상에 맞는 표현 방법 찾아야

한국가스공사는 네이버 블로그, 인스타그램, 페이스북은 원소스 멀티유즈 개념으로 콘텐츠를 활용하고 유튜브의 콘텐츠를 독립적으로 운영하고 있다. 네이버 포스트는 4월 이후, 콘텐츠 업데이트를 중단한 상태이고 네이버 블로그는 월 평균 5~10개로 네이버 검색 대응에 부족함이 보인다. 원소스 멀티유즈로 콘텐츠를 활용하면서 채널의 특성에 최적화는 부족하여 독자들의 유입을 유도할 수 있을지 염려스러운 상황이다.

한국가스공사 블로그 포스트와 인스타그램

블로그에 검색엔진최적화 작업이 되지 않은 제목과 카드뉴스 타입으로 일관된 콘텐츠를 인스타그램에는 그 특성을 최적화하지 않은 이미지들로 콘텐츠를 활용하는 것은 효과적이지 못하다. 일부 콘텐츠를 원소스 멀티유즈 방식으로 공유한

한국가스공사 유튜브 콘텐츠

[개성개성] ENTJ 영업직 차장 님 포스..ㄷㄷ | 한국가스공사...

[개성개성] ESTP 그의 넘치는 에너지.. 두손두발 다 들었습...

한국가스공사 '개성개성' 콘텐츠

다면 또 일부는 각 채널에 독립적이고 최적화된 콘텐츠로 균형을 잡아야 한다. 이와는 달리 유튜브는 독립적인 콘텐츠로 운영중이다. 그런데 건강한 세상을 위한 '강습강습'코너에서 정신건강의학과 전문의의 강연 영상이나 전국 가스 배관을 따라 힐링 여행을 소개하는 '구석구석'과 같은 영상은 한국가스공사의 업과는 조금 거리가 먼 주제로 소통을 진행하고 있다. 시청자의 관심사 중심으로 이야기를 펼치면서 관심을 유도하는 방법이라 생각할 지 모르겠으나 쉽게 생각해 여행과 한국가스공사의 상관 관계에 대해 생각해 볼 필요가 있다. 업 중심의 이야기로 주제를 가다듬고 관련 콘텐츠에 먼저 집중하는 것이 필요하다.

한국가스공사의 임직원의 Vlog 영상의 주제를 살펴보면 '커리어 우먼의 끝판왕'이나 '넘치는 뜨거운 그의 에너지'같은 일반적이고 평범한 주제로 연결하려 하고 있다. 임직원의 이야기를 일반 청자에게 궁금증을 유발하거나 관심을 끌 공감으로 연결하는 것에 더욱 노력해야 한다. 임직원의 참여를 선망의 대상이나 공감의

한국가스공사 '갓클라쓰'와 '관심관심' 콘텐츠

대상으로 만들어야 그들의 이야기가 청자에게 효과적으로 전달될 것이다.

본격적으로 한국가스공사의 업과 관련한 정보 콘텐츠로 '갓클라스'와 '관심관심'을 살펴보면 일단 한국가스공사의 업에 대해 쉽게 설명하려는 시도는 좋다. 하지만 그 대상을 아이들로 한정지은 '갓클라쓰'는 아이들에게 어떤 방향으로 어떤 메시지를 전달하는 것이 불분명해 보인다. 재미있는 가스 수업의 컨셉인 '관심관심'도 마찬가지이다. 선생님이 가스이야기를 쉽게 풀어주는 컨셉은 일반적인데 유치원 선생님의 컨셉은 의아하다. 독자의 관점에서 쉽게 설명하기 위해 꼭 유치원 선생님처럼 해야 하는 것은 아니다.

한국가스공사의 콘텐츠는 전반적으로 그 효과성을 검증해 볼 필요가 있다. 각 소셜미디어 채널에 최적화되어 효과적으로 메시지를 전달하고 있는지, 톤&매너가 시청자에게 맞춰져 있는 지 살펴봐야 한다. 그리고, 한국가스공사의 업 중심으로 개성이 있는 콘텐츠의 개발이 시급하다. 다양한 시도는 좋으나 소통의 효과적인 방법으로 사용할 수 있도록 재조정해야 한다.

한국석유공사 블로그 콘텐츠

한국석유공사는 블로그와 유튜브 그리고 웹진을 활용하여 소통하고 있다. 소통 시 많은 소셜미디어 채널을 활용하는 것이 반드시 좋은 효과를 내는 것은 아니다. 오히려 하나의 채널에 집중하여 밀도 있는 소통을 만들어 내는 경우도 많다. 한국석유공사의 블로그 콘텐츠는 초기 기업이나 공공기관의 그것과 비슷하다. 한국석유공사의 뉴스거리는 보도자료를 그대로 업로드 하여 블로그나 소셜미디어 매체의 특성을 전혀 반영하고 있지 않다. 다른 채널의 콘텐츠를 공유하여 활용할 때에도 원본 그래도 옮겨 놓기만 한다. 다시 한번 말하지만 이런 방식은 블로그를 기업이나 공공기관이 처음 운영할 때의 방식이다.

서포터즈 기자단의 콘텐츠도 마찬가지이다. 요즘 젊은 세대들의 패션 관심사인 크록스 제품에 대한 콘텐츠를 작성하고 발행하는 등 한국석유공사의 기자단이 아닌 트렌드 기자단의 역할을 수행하고 있다. 비용을 들여 블로그와 기자단을 운영하는 만큼 방향성을 다시 잡아야 한다.

블로그 전반적으로 독자 유입을 위해 일반적인 독자들의 관심사를 주제로 콘텐츠를 기획하고 있다. '7월은 재산세 납부기간'이라는 포스트를 보라. '2023년 국민 취업제도'의 포스트도 마찬가지이다. 우선적으로 한국석유공사의 업 중심의 콘텐츠 개발에 집중해야 한다.

한국석유공사 유튜브 콘텐츠

한국석유공사 유튜브 콘텐츠의 상황은 블로그보다는 조금 나은 정도이다. 임직원의 참여로 카자흐스탄 해외직무체험을 소개한 영상은 한국석유공사에 입사를 희망하는 청자에게는 직무소개를 일반청자에게는 한국석유공사의 업무를 간접적으로 전달한다. 한국석유공사의 업을 효과적으로 전달하는 콘텐츠이다. 예능의 형식을 빌어 한국석유공사의 이야기를 전달하는 '에이전트듀 O!+석유공사' 콘텐츠도 좋은 기획 콘텐츠이다. 재미 요소를 가미해서 한국석유공사의 이야기를 전달하고 있다.

아쉽게도 유튜브 콘텐츠도 블로그와 유사하게 보도자료를 그냥 내보내는 정도의 콘텐츠가 있다. 한국석유공사의 '공사소식'은 한국석유공사의 뉴스를 말 그대로 뉴스형식으로 내레이션으로 소개되고 있다. 실제 아나운서를 활용하든 뉴스의 내용을 좀 더 쉽게 전달하든 더 나은 개선의 방법이 있을 것이다. 또 셀럽을 활용하여 한국석유공사 관련 지역을 여행지로 소개하는 콘텐츠도 좋은 소재를 그냥 청자들의 재미거리로만 처리해 버리는 것이 아쉽다. 한국석유공사와의 관련성을 담는 세심한 기획을 추가하는 것을 권장한다. 전반적으로 한국석유공사의 소통은 블로그와 유튜브 채널의 특성을 고려하고 한국석유공사의 업 중심의 독창적인 콘텐츠의 개발에 조금 더 노력이 필요하다.

한국지역난방공사 블로그와 인스타그램 콘텐츠

한국지역난방공사는 네이버 블로그, 인스타그램, 유튜브, 페이스북, 네이버 포스트 등의 소셜미디어 채널을 활용하여 소통을 진행 중이다. 이중 유튜브를 제외한 채널들은 원소스 멀티유즈 방식으로 콘텐츠를 공유하면서 활용하고 있다. 다행인 것은 원소스 멀티유즈 방식을 활용하면서 각 채널에 최적화하여 콘텐츠를 활용하고 있다는 점이다.

한국지역난방공사가 '복날에는 왜 뜨거운 음식을 먹을까?'나 '제헌절은 왜 공휴일이 아닐까?'와 같은 콘텐츠를 왜 발행하고 있는지 의문이다. 한국지역난방공사의 업 중심의 콘텐츠 개발이 필요하다.

한국지역난방공사 유튜브 Shorts

한국지역난방공사 역시 유튜브 채널에 집중해서 독립적인 콘텐츠를 만들고 있다. 그 중 Shorts를 통해 다양한 시도를 하고 있는 것은 주목할 만하다. 기존의 콘텐츠를 쇼츠로 재가공을 하는 시도에서 직접 전용 쇼츠의 영상도 메시지나 구성이 효과적이다.

유명 연예인과 셀럽 등을 활용하여 영상 콘텐츠를 제작한 경험으로 다양한 브랜디드 영상을 효과적으로 소통에 활용하고 있다. 한국지역난방공사의 정책이나 에너지 관련 정보를 쉽고 재미있게 전해주는 '따끈한 클라쓰'와 에너지 절약

한국지역난방공사 유튜브 ／ '따라가보는 클라쓰'와 '따끈한 클라쓰'

활용팁을 실사례로 알려주는 '따라가보는 클라쓰'는 그간 한국지역난방공사의
영상콘텐츠의 경험과 노하우를 가늠할 수 있게 한다.

한국지역난방공사 유튜브 ／ '신혼부부의 다이어리'와 '지.친.소'

나아가 한국지역난방공사의 유튜브 웹드라마 '신혼부부의 다이어리'는 조금 더
청자 중심의 스토리에 한국지역난방공사의 이야기를 담는 좋은 시도이다. 여기
에 꿈드림 기자단을 활용한 '지.친.소'는 청자관점에서 정보를 정리하고 소통하
는 좋은 예이다. 그리고 동시에 기자단 활용의 좋은 예이기도 하다.

2

Case

점점 치열해져만 가는 콘텐츠 전쟁!
기업과 기관들은 어떤 전략으로,
그리고 어떤 콘텐츠로 소통에 나섰을까요?
더콘텐츠연구소에서는
각 업종, 기업, 기관별로
콘텐츠 마케팅의 우수 사례들을
한눈에 볼 수 있도록 정리해 보았습니다.

성공하는 콘텐츠의 비결,
우수 사례

식품·생활·유통

하이트진로

미국육류수출협회

KT&G

현대백화점면세점

이디야

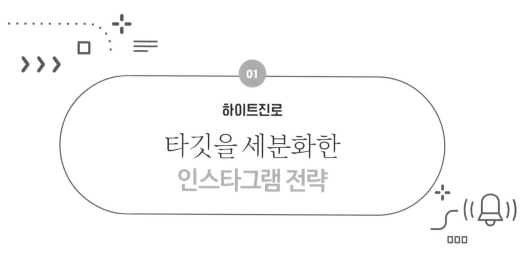

01

하이트진로

타깃을 세분화한
인스타그램 전략

하이트진로는 SNS 채널, 특히 인스타그램 채널의 전략은 특별한 점이 있다. 하이트진로는 메인 브랜드 인스타그램은 물론 주력상품별로 각각 인스타그램을 운영하며 상품 브랜드 타깃에 맞춘 운영과 콘텐츠로 소비자에게 더 밀접하게 다

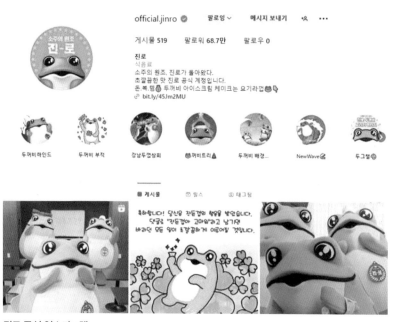

진로 공식 인스타그램

가가고 있다. 무한 확장 두꺼비 세계관을 보여주는 〈진로 인스타그램〉, 참이슬의 뮤즈와 함께 글로벌 시장을 선도하는 〈참이슬 인스타그램〉, 라거의 새바람으로 일상을 부드럽게 강타한 〈켈리 인스타그램〉, 청정한 '테라의 시대'를 더욱 라이브하게 전하는 〈테라 인스타그램〉 등 상품과 타깃을 세분화하여 더 명확하고 효과적인 소통과 공감을 이끌어 내고 있다.

●●
무한 확장 두꺼비 월-드!
진로 인스타그램

진로는 가상 세계관에 열광하고 디깅하는 트렌드에 맞춰 스타 두꺼비 세계관을 확장하는 하나의 공간으로 인스타그램을 활용하고 있다. 특히 2023년에는 MZ가 선호하는 인스타툰 작가와의 릴레이 협업 툰, 3D 숏폼 영상 콘텐츠, 트렌드를 반영한 부적 굿즈 및 인스타그램 GIF 시리즈 스티커 출시 등 다양한 시도로 핵심 타깃의 반응을 유도하며 캐릭터 소비를 확산시키고, 트렌디한 브랜드로 인식시키는데 집중했다.

하이트진로는 슈퍼스타 두꺼비 콘셉을 더욱 강화하기 위한 방안으로 스타와의 댄스 챌린지, 매거진 화보 필름을 벤치마킹한 비주얼 영상 및 이미지 화보 시리즈 콘텐츠를 새롭게 선보였다. 시즌 이슈를 담은 매거진 화보를 선보인 후, 왓츠

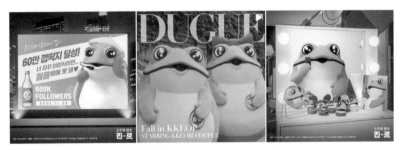

스타 세계관 확장을 위한 스타 콘셉 콘텐츠

인 마이백 등 연계한 후속 콘텐츠를 이어 선보이며 팬심 공략 및 이슈화를 유도했다. 이러한 시도는 '화보 장인', '컨셉 소화력 무슨 일' 등 긍정적인 댓글 반응과 함께 팬덤을 강화시키는 효과를 가져왔다.

또한 진로만이 가지고 있는 두꺼비 캐릭터를 활용하여 다양한 포맷의 콘텐츠를 제작하고, 소비자와 소통하며 즐길 수 있는 문화를 만들고자 노력하고 있다. 최신 트렌드 릴스, 고퀄리티의 3D 숏폼 영상, 일러스트 툰, 거기에 출시할 때마다 폭발적인 반응을 보이는 인스타그램 GIF 스티커 시리즈까지 꾸준히 캠페인을 전개하고 있다.

인스타툰 작가 협업 시리즈 콘텐츠

여기에 유저 참여 유도 콘텐츠도 강화하고 있다. 스타 콘셉에 맞춰 투표를 통해 두꺼비 팬클럽 명이 '껍딱지'로 선정된 이후, 하이트진로는 껍딱지들의 참여를 유도하기 위한 다양한 인터랙션 콘텐츠를 선보였다. 어디서든 진로 혹은 두꺼비

유저 참여 유도 콘텐츠

를 발견했을 시 스토리 직접 추가를 통해 쉽게 참여할 수 있도록 하였고, 참여한 소비자들의 콘텐츠를 모아 후속 콘텐츠로 발행한 〈파파라껍〉, 스토리를 통해 친구들과 릴레이로 지목하여 두꺼비를 따라 그리는 〈진로 두꺼비 그리기 챌린지〉 등의 소비자들과 함께 만들어가는 콘텐츠를 통해 유저의 참여도를 높이고 있다.

••

아이유의 존재감 뿜뿜, 참이슬 인스타그램

참이슬 공식 인스타그램은 파급력이 큰 빅모델 아이유를 활용한 다양한 콘셉의 이슬 요정 콘텐츠를 선보이고 있다. 아이유는 2020년 참이슬 모델로 재발탁돼 9년째 활동하고 있는 주류업계 최장수 모델로 독보적 존재감을 드러내고 있다.

아이유 활용 비주얼 콘텐츠

참이슬 인스타그램은 참이슬만의 밝고 깨끗한 비주얼 톤&매너를 유지하되 축제 및 페스티벌 정보는 물론 역동적인 현장감이 드러날 수 있는 다채로운 콘텐츠로 유저와 긴밀한 소통을 하고 있다. 특히 세계 최초 유일무이 소주 페스티벌인 〈이슬라이브 페스티벌〉의 경우, 소비자 문의가 자주 접수되었던 정보를 쏙쏙 뽑아 신속하고 정확한 안내 콘텐츠를 사전에 발행하여 궁금증을 해소하였고 데일리 아티스트 영상으로 기대감을 고조시켰다.

행사 정보 제공 및 현장 콘텐츠

••
요즘 인싸 MZ세대를 위한
켈리 인스타그램

하이트진로의 맥주 신제품 '켈리'의 인스타그램은 모델 손석구와 켈리가 지닌 부드러우면서도 강렬한 매력을 표현하고 여름에 어울리는 시원한 얼음과 켈리 앰버 컬러 등을 활용했다. 또한 핵심 타깃이 공감할 수 있는 일상 콘텐츠, 축제 현장 콘텐츠, 음용 유도 콘텐츠 등으로 브랜드 인지도와 호감도를 높이고 있다.

켈리 공식 인스타그램

켈리 인스타그램은 새로운 맥주의 이슈화 및 대세화를 위해 MZ세대들이 실제로 구매하고, 마시고, 인증하는 디지털 캠페인을 기획했다. 많은 사람들이 SNS에 사소한 일상부터 주류문화까지 인증을 하고 있지만 술자리에 대한 인증샷은 뻔하고, 술보다는 음식 중심의 인증이 대부분이다. 켈리는 이런 아쉬운 점에 착안하여 뻔한 술자리 인증샷 말고, 개성 있는 나만의 #켈리샷을 인스타그램에 업로드 하는 이벤트 캠페인을 전재했다. 그리고 베스트 켈리샷을 선정하여 6개 지점의 내부 전광판에 10일 동안 게재되는 리워드를 제공해 화제를 모았다.

자신만의 스타일로 즐기는 반전의 주인공들

개인 피드 관리가 필수인 타깃들은 #켈리샷 영상을 통해 자발적으로 참여했다. 이벤트 기간 동안 총 300명 이상이 참여하였고, 4,000개에 달하는 #켈리샷 해시태그를 생성, 켈리샷 영상은 920만 이상 조회수를 기록하며 이슈화 되었다.

켈리 인스타그램은 켈리의 브랜드 컬러를 각인시키고 '부드럽게 강타한다'는 메시지를 확산시킨 켈리 라운지와 맥주 축제 등의 오프라인 프로모션과도 연계하여 핵심 타깃과 적극적으로 소통하고 있다. 켈리 라운지의 경우, 켈리 출시 이후 첫 팝업스토어로 펍 분위기에서 자유롭게 브랜드를 체험하고 음용해 볼 수 있

는 공간이라는 부분을 강조한 콘텐츠를 기획하여 젊고 트렌디한 브랜드로서의 이미지를 노출하였고, '켈리라운지x손석구' 영상을 통해 브랜드 모델이 팝업 스토어를 즐기는 진정성 있는 모습들로 팬덤 유입을 유도했다. 또한 현장 분위기를 더욱 다채롭게 보여줄 수 있는 축제 콘텐츠를 제작하여 현장 방문 및 음용을 유도했다.

●●
청정 이미지를 생생하게 전달하는
테라 인스타그램

테라 인스타그램은 브랜드 가치인 '청정'의 이미지를 보다 더 생생하게 전달하기 위해 다양한 활동 속 청정을 연상시키는 콘텐츠를 노출하고 있다. 브랜드 가치 전개뿐 아니라 소비자들이 함께 참여할 수 있는 콘텐츠도 선보이고 있는데, 테라 스푸너를 활용한 경기 종목을 개발하여 적극적으로 소통하며, 다양한 브랜드와의 콜라보레이션 굿즈 등으로 팬덤을 강화해 나가고 있다.

테라 공식 인스타그램

생활 속 청정을 즐기는 테마의 사운드를 들려주는 '청정 플레이'와 실내외 역동적인 활동으로 청정한 비주얼을 보여주는 '청정 취미생활' 콘텐츠는 주변 소리와 이미지를 테라와 연계시키고 있다.

생활 속의 청정, '청정 플레이'와 '청정 취미생활' 콘텐츠

'청정 플레이'는 다양한 분야의 유튜버, 인플루언서 등과 함께 공감대를 형성할 수 있는 상황 속 사운드를 통해 감성을 자극하고 음용을 유도하고 있으며, '청정 취미생활'은 일상 속에서 다이내믹한 청정함이 연상될 수 있는 다양한 취미생활을 보여줌으로써 테라의 브랜드 메시지와 이미지를 전달한다.

지속적으로 이슈가 되는 테라 스푸너도 적극 활용하고 있다. 소비자들이 테라 스푸너를 사용할 수 있는 게임을 개발하고 경기 중계 콘셉의 영상을 통해 박진 감 넘치는 청정 메시지를 전달했다. 또한 인디신에서 실력과 개성을 인정받은 밴드 중 청정함이라는 테마와 타깃에 부합하는 가수를 매월 '청정 라이브'로 소개하고 있다. 청정함을 노래하는 가수들과 협업해 상황과 시즈널 이슈에 맞는 음악들을 선정하여 하나의 주제로 플레이리스트처럼 만들었다. 주기적으로 브랜드 메시지를 전달할 수 있는 뮤직비디오 형식의 콘텐츠는 타깃 주목도를 높이고 채널 내 유저들 간 소통의 장을 만들고 있다.

병따개 '테라 스푸너'를 이용한 콘텐츠와 음악 콘텐츠 '청정 라이브'

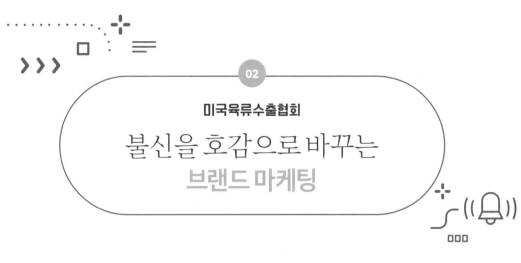

02

미국육류수출협회

불신을 호감으로 바꾸는
브랜드 마케팅

인지도 없는 새로운 브랜드가 시장에서 자리잡기까지는 어렵고 힘든 과정을 거쳐야 한다. 하지만 이것보다 더 어려운 일은 부정적인 이미지를 가진 브랜드에 대한 인식을 개선하는 것이다. 수입 농축산물에 대한 기본적인 불신에 광우병에 대한 부정적인 인식까지 겹치면서 미국산 소고기는 한국 시장에서 고전을 면치 못했다.

미국육류수출협회 USMEF는 이러한 한국 내의 이미지를 개선하고 미국산 육

류에 대한 팩트와 품질력을 알리기 위해 장기간에 걸쳐 꾸준한 온오프라인 마케팅을 펼쳐 나가고 있다.

●●
한국 SNS 환경에 맞춘
채널 전략

미국육류수출협회의 SNS 채널 전략은 일방적인 정보 푸쉬 채널이 아닌 팔로워들과 공감하고 소통하는 공간으로 운영하는 것이다. 미국육류수출협회는 '아메리칸 미트 스토리'라는 이름으로 웹사이트, 유튜브, 인스타그램, 페이스북 채널을 운영하고 있으며, 국내 소비자 맞춤 플랫폼인 네이버포스트와 네이버 TV, 카카오스토리를 적극 활용하고 있다.

네이버포스트의 경우에는 친절한 텍스트 구성과 구매 링크 삽입 등으로 구매를 유도하고 있고, 카카오스토리 채널을 통해서는 자체 제작 이모티콘 '미트스토리콘'을 발행하고 정보를 메시지로 전달하는 기능을 활용해 이벤트 등의 소통채널로 활용하고 있다.

네이버포스트 '자취러의 고기요리', 인스타그램 '아메리칸 미트로드'

인스타그램의 경우 높은 퀄리티의 연출컷을 활용한 비주얼 브랜딩 중심으로 운영되고 있으며, 유튜브는 스토리텔링을 부각시킨 레시피 위주의 인플루언서와의 협업 콘텐츠가 큰 인기를 끌고 있다.

미국육류수출협회는 효과적인 소통과 채널 활성화를 위해 여러 메가 인플루언서와의 협업하고 있으며, 소비자가 직접 참여하는 이벤트, 프로모션도 진행하고 있다. 또한 오프라인 이벤트와 소매점 프로모션을 병행하며 소비자들이 직접 미국산 육류를 긍정적으로 경험하고 즐길 수 있도록 다양한 채널을 활용하고 있다.

●●
긍정적인 경험을 확산하는
콘텐츠 전략

미국육류수출협회는 다양하고 흥미로운 콘텐츠를 통해 소비자와 미국산 육류에 대한 정보와 긍정적인 경험을 나누는 데 주력하고 있다.

Cookflix '응답하라1988' 속 경양식 돈가스 편

육류 메뉴를 소개하는 유튜브 콘텐츠인 '쿡플릭스' 시리즈, 미국의 지역별 육류 음식을 소개하는 '아메리칸 미트로드', 집밥 고기 메뉴 레시피를 알려주는 '마이홈미트스토리' 등 플랫폼 별로 특화된 신선하고 흥미로운 콘텐츠를 지속적으로 업로드해 소비자들에게 호응을 얻고 있다.

미국육류수출협회 유튜브의 인기 콘텐츠인 '쿡플리스' 시리즈는 기존 미국 드라마 속 육류 요리를 소개하며 관심을 모았는데, 이제는 소재를 K-콘텐츠로 확장해 국내 소비자들에게 더욱 친근하게 다가서고 있다.

한국갤럽조사연구소에서 진행한 '2023년 소고기 소비자 인식조사'에 따르면, 미국산 소고기에 대한 안전성에 그렇다는 응답이 69.7%로 역대 최고 수치를 기록했다. 느리지만 조금씩, 인식의 전환은 진행중이다.

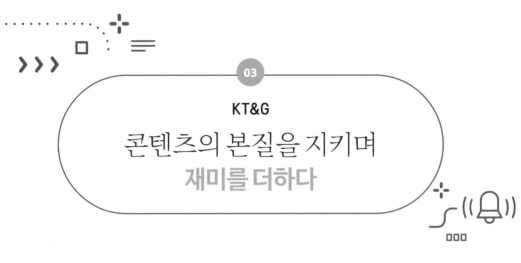

03

KT&G

콘텐츠의 본질을 지키며
재미를 더하다

KT&G는 그동안 SNS를 통해 '상상'이라는 가치를 지속적으로 2030세대에게 전달해왔다. 2023년 KT&G는 입체적인 세계관과 페르소나를 활용한 콘텐츠로 소비자들의 공감과 참여를 확대해 나가고 있다.

기업홍보 메인 채널인 유튜브 〈케인싸 : KT&G INSIDE〉에서는 ESG시리즈인 '으쓱뉴스'를 통해 KT&G의 다양한 ESG 활동을 생생하게 전하고 있으며, '상상 숏피스' 시리즈는 가상의 오피스 세계관 아래, 가상의 직원들이 함께하며 벌어지는 에피소드를 스케치 코미디로 구현해 대중의 공감과 확산을 유도했다.

인스타그램은 KT&G 커뮤니케이션실 직원으로 설정된 기존 '케프로' 캐릭터에 명확한 역할과 구체적 성격을 부여해, 인스타그램 유저들이 자발적으로 반응할 수 있도록 개편했다. 채널별 페르소나와 세계관은 KT&G의 IP로 유저들의 공감을 이끌어내며, 3개월 내 50% 이상의 팔로워와 구독자 증대를 이끌어냈다.

••

기업정보에 엔터테인먼트를 더하다,
KT&G 유튜브

KT&G의 메인 기업홍보 유튜브 채널인 '케인싸'는 개설 1년여만에 구독자 2만

상상숏피스 시리즈 본격 직장인공감 스케치코미디!

명, 편당 최다 조회수 30만 회, 누적 조회수 4백4십만 회를 돌파하며 콘텐츠 영향력을 높여가고 있다.

2023년 케인싸 채널의 가장 큰 변화는 '상상숏피스' 시리즈의 신설이다. 이 시리즈는 MZ 세대들이 선호하는 스케치 코미디에 오피스 웹드라마를 결합한 콘텐츠로, 가상의 KT&G 오피스 내에서 '주식을 좋아하는 기분파 팀장', '아이돌 덕후 주임', '잘생긴 해외파 짠돌이 대리', '우락부락한 인상의 여린 마음 사원' 등 코믹한 캐릭터 설계로 큰 호응을 얻으며, 빠르게 확산되고 있다.

특히 1화는 KT&G에 대한 일반적인 오해들을 해명해 브랜드 콘텐츠의 본질을 잃지 않으면서도, 대중적인 재미를 함께 추구했다. 그 결과 시리즈 첫 화임에도 조회수 20만 회를 돌파, 폭넓은 공감과 지지를 얻었다. 1편 이후에도, 칼퇴, 회사에서 딴짓하기, 점심메뉴 고민 등 대중적 공감대의 주제를 코믹하게 풀어내, 편당 26만~35만 회 이상의 조회수를 달성했다.

ESG콘텐츠인 '으쓱ESG뉴스'는 환경, 사회/문화공헌 등 기업의 다양한 ESG활동

으쓱뉴스 시리즈 기업소식도 예능처럼 재미있게!

을 개그맨 김용명 특유의 입담과 재치로 전하는 뉴스 포맷의 콘텐츠이다. 특히 최근에 발행된 으쓱뉴스 '상상실현 페스티벌'편은, 지역의 문화예술과 인디 음악을 지원하는 행사 현장을 생생한 뉴스로 담아 38만 뷰를 기록하며 뜨거운 반응을 얻었다.

KT&G의 또다른 유튜브 채널인 '업떤채널'은 인디 아티스트들의 미공개 곡을 소개해, 청년작가들에게 다양한 작품세계를 펼칠 수 있는 새로운 기회를 제공해 오고 있다.

업떤플레이리스트 아티스트들의 음원을 묶은 TPO 맞춤형 플레이리스트 패키지

2023년, 업떤채널은 아티스트-대중 간 최적의 접점을 찾는 데 주력했다. 그 방법으로 상상마당이라는 공간에 아티스트와 음향에 집중할 수 있는 아트워크를 구현하고, 아티스트들의 곡을 플레이 리스트가 필요한 계절별 '상황'을 주제로 묶어냈다. 그 결과 라이브영상 편당 조회수 35만 회 이상을 기록하며 좋은 반응을 얻고 있다.

●●

입체적 페르소나로 강력해진 공감대, KT&G 인스타그램

2022년에 탄생한 KT&G만의 인스타그램 캐릭터, 커뮤니케이션실 직원 '케프로'는 2023년 한층 더 입체적인 페르소나로 3개월만에 팔로워 수 72% 증대라는 성과를 달성했다.

케프로의 매력과 입체성은 '반전 매력'으로 구현되도록 설계됐다. 무엇이든 포용할 수 있을 것만 같은 순백의 둥근 얼굴, 케프로의 마음 속 1순위는 언제나 KT&G! 처음 보는 사람과도 쉽게 대화하며, 아낌없이 퍼주며, 지식도 나눌 때 아름답다고 생각하는 바른 캐릭터지만, 칼퇴와 맛집 앞에서 흔들리는 인간적인 면까지….

라이프스타일 인플루언서 먹고, 즐기고, 참여하는 모든 일들을 함께 공유하며, 소통하는 인플루언서

케프로는 인스타그램을 통해 기업 커뮤니케이터로서의 케프로, 라이프스타일 인플루언서로서의 케프로 두 가지 역할을 수행하며 콘텐츠를 통해 다양한 유저들과 소통하고 있다.

04

현대백화점면세점

소통에서 액션으로,
커머스 플랫폼으로의 진화

포스트 코로나 시대, 해외여행에 대한 수요와 면세 쇼핑에 대한 니즈가 대폭 증대하는 시기를 맞아 현대백화점면세점은 인터넷면세점 유입 증대를 위해 SNS 채널을 적극 활용하고 있다.

현대백화점면세점 인스타그램과 페이스북은 2023년 '커머스 플랫폼'으로 리뉴얼하며 소비자에게 면세 제품과 쇼핑 정보를 적극적으로 전달하고 있다. 콘텐츠를 통해 제품을 색다르게 전달함과 동시에 인스타그램과 페이스북의 자체 기능인 '쇼핑태그'를 이용해 인터넷면세점으로의 유입은 물론, 실제 쇼핑까지 간편하게 이뤄질 수 있는 '커머스 플랫폼'으로 소비자들에게 다가가고 있다. 또한 최신 트렌드에 맞는 다양한 이벤트를 지속적으로 진행하며 소비자들에게 현대백화점면세점 SNS 채널은 면세 제품의 정보를 얻고 쇼핑할 수 있는 커머스 플랫폼이자, 흥미로운 캠페인과 이벤트를 즐길 수 있는 채널로서 다가가고 있다.

인기 트렌드, AI 기술과
NFT를 활용한 이벤트 캠페인

현대백화점면세점 2023년 1월, AI 얼굴 합성 기술과 심리테스트를 접목시킨 이

글로벌 걸쳐 각국의 K-culture 팬들에게 전하는 KT&G culture 소식

벤트 '도플갱어 테스트'를 선보였다. 각 문항에 개인의 취향을 반영한 심리 테스트에 응답하면, 참여자의 얼굴을 AI로 합성한 결과물을 제공한다.

해외 어딘가에 나와 닮은 도플갱어가 어떻게 살아가고 있는지 스토리를 부여하며 참여자로 하여금 더욱 흥미를 가지고, 결과물을 적극적으로 자신의 SNS 채널에 공유할 수 있게 도왔다. 또한 후속으로 자신의 생일을 활용해 AI로 얼굴을 합성한 '도플갱어'의 이름을 매칭하는 이벤트도 진행하며 지속적인 관심과 참여를 유도했다.

'도플갱어', 'AI 얼굴 합성' 등 트렌디하고 재미있는 요소는 소비자들의 관심을 집중시켜 인터넷면세점 이벤트 페이지 뷰 수 480만 이상을 기록했고, 인터넷면세점으로의 유입 및 신규 가입 또한 증대시켰다.

NFT 아티스트 '스마스월드'와의 협업을 통한 'NEWNIQUE TRAVELER'

2023년 4월에는 유명 NFT 아티스트 '스마스월드'와의 협업을 통해 한정판 GOLD-NFT인 'NEWNIQUE TRAVELER'를 런칭했다. 여행과 모험을 즐기는

탐험가 'NEWNIQUE TRAVELER'가 탐험을 왔다가 여행 동반자이자 친구인 '바나나 노마'를 잃어버렸다는 스토리텔링을 부여하여 독특한 컨셉과 가치 있는 아트워크로 타깃의 높은 관심을 얻었다.

SNS 콘텐츠는 물론, 온라인으로 가상 체험이 가능한 버추얼 쇼룸, 오프라인 팝업스토어 등 온오프라인의 다양한 채널에서 노출하며 타깃과의 접점을 넓혔다. 또한 SNS 소문내기 이벤트, 인터넷면세점 홈페이지에서 참여할 수 있는 퀴즈 이벤트, 팝업스토어 방문 인증 이벤트 등 각 채널별로 이벤트를 진행하며 소비자의 참여 요소를 풍부히 마련해 NFT에 대한 관심을 더욱 높였다.

특히 NFT 아트워크의 컨셉을 온라인에서 구현한 '버추얼 쇼룸'의 경우, 공간을 자유롭게 둘러보며 'NEWNIQUE TRAVELER'의 컨셉과 스토리를 이해함과 동시에 NFT 작품을 클릭하면 인터넷면세점으로 이동할 수 있게 구성하여 실제 NFT 구매까지 이어질 수 있게 유도했다.

●●

콘텐츠에 쇼핑을 담다,
현대백화점면세점 인스타그램, 페이스북

실제 쇼핑까지 원스텝으로 이어지는 인스타그램과 페이스북

2023년 현대백화점면세점의 인스타그램과 페이스북은 소비자의 간편한 쇼핑

활동을 지원하고, 인터넷면세점 유입을 증대하기 위해 콘텐츠에서 쇼핑까지 원스텝으로 이뤄지는 커머스 플랫폼으로 진화하고 있다. 제품을 색다르게 전달하고 풀어내는 큐레이션 콘텐츠를 강화하고, 인스타그램 샵 개선 및 카탈로그와 쇼핑 태그를 연동해 인터넷면세점으로의 타깃을 유입시켜 세일즈까지 연계했다.

또한 면세점의 특성상, 여행 계획이 없는 소비자는 채널 접근에 높은 심리적 허들을 가지고 있다. 현대백화점면세점은 이를 완화하기 위해 MZ세대 트렌드에 맞춘 다양한 아이템을 활용한 콘텐츠와 이벤트를 선보이며 지속적으로 타깃 접점을 강화하고, 트렌디한 브랜드 이미지를 유지하기 위해 노력하고 있다.

런웨이 제일 첫 줄에서! 매거진의 패션 필름 같은 'THE FRONT ROW'

'THE FRONT ROW' 시리즈는 인기 매거진 '보그 코리아'와 협업한 감각적인 숏폼 영상으로 더 깊고 다양한 시각에서 제품을 바라볼 수 있게 한다. 런웨이 제일 첫 줄을 지칭하는 'FRONT ROW'처럼, 현대백화점면세점 고객들에게 퀄리티 높은 비주얼과 심도 있는 분석으로 각 브랜드 및 제품에 대해 이해를 돕는다. 운동, 헤어 등 타깃 관심도가 높은 주제를 선정하여 관련된 제품을 큐레이션하여 안내하거나, 한 브랜드를 선정하여 해당 브랜드의 헤리티지와 비전, 제품의 특장점을 심도 있게 분석하여 타깃의 관심도와 콘텐츠의 퀄리티를 높였다. 아울러 쇼핑 태그 및 광고 CTACall To Action 버튼 등 채널의 자체 기능을 적극적으로 활용하여 인터넷면세점으로의 유입도 함께 유도한다.

이 외에도 콘텐츠와 커머스 플랫폼이 결합한 입체적인 브랜드 경험을 제공하기

입체적 경험을 제공하는 '현수증'과 '너를 위한 적당한 코멘트'

위해 '현수증'과 '너를 위한 적당한 코멘트' 등도 주목할 만하다. '현수증'은 여행 타입에 따라 필요한 제품 큐레이션과 함께 인터넷면세점의 장점인 높은 할인율을 영수증 형태의 직관적인 디자인으로 전달하고, '너를 위한 적당한 코멘트'는 소비자의 제품 후기를 한 줄의 코멘트로 보여주며 빠르게 제품의 특장점을 파악할 수 있게 해준다. 이처럼 시즌 및 상황에 맞춰 선별한 제품 큐레이션은 쇼핑 태그를 통한 인터넷면세점으로의 유입을 확대시키며 커머스 플랫폼으로의 전환을 가속화 시키고 있다.

●●
셀럽, 인플루언서와 함께하는
콜라보 콘텐츠

현대백화점면세점 × 김나영의 노필터 TV – 현대백화점면세점 인청공항점 쇼핑기

현대백화점면세점은 타깃에게 패션과 쇼핑 부문에서 인지도와 영향력 높은 유명 셀럽 '김나영'과 함께한 콜라보 콘텐츠를 선보였다. 영상은 여행을 떠나는 사람들의 설렘을 더할 면세점 쇼핑의 매력을 김나영 특유의 활발한 매력과 스타일링으로 소개하고 있다. 멤버십 등급 혜택, 적립 및 할인 혜택 등 프로모션을 자연스럽게 안내하고, 특히 면세점에서 구입할 수 있는 다양한 제품들을 노필터 TV의 인기 콘텐츠인 '입어만 볼게요' 스타일로 패셔너블하게 착용하며 구독자의 높은 호응을 얻었다.

현대백화점면세점 × FLO 오디오 콘텐츠 – '현백면'(현생을 벗어날 백가지 여행 꿀팁이 있다면)

2023년 7월, 현대백화점면세점은 스트리밍 전문 플랫폼 'FLO'와 협업하여 시리즈 오디오 콘텐츠를 런칭했다. '현생을 벗어날 백가지 여행꿀팁이 있다면' 이라는 주제로, 현대백화점면세점 임직원과 다양한 분야의 인플루언서와 함께 여행과 관련한 에피소드를 소개하고 있다.

진행은 유튜브 '천재이승국' 채널로도 많은 인기를 얻고 있는 방송인 이승국이 맡아 특유의 유머러스함을 뽐내며 각 콘텐츠의 매력도를 높이고 있다. 여행과 관련해 자신만의 진정성 있는 꿀팁을 선보이는 인플루언서들도 대거 참여했다. 전 여행에 미치다 PD 출신인 '하다필름'은 저렴하게 항공권을 구매할 수 있는 티켓팅 꿀팁을, 여행 인플루언서 '쏘이더월드'는 꼭 방문해야 할 인생 여행지를 소개했다. 또한 제주항공 승무원 출신 '노신영'은 승무원이 실제로 구입해서 사용한 '진짜 승무원 아이템'을, 영어 유튜버 '에디리'는 여행 시 꼭 필요한 영어 표현을 알려주며 각 에피소드별로 몰입도 높은 내용을 제공해, 여행을 떠나는 사람이라면 반드시 청취해야 오디오 프로그램으로 알려지고 있다.

●●
시즌 이슈와 연계한
다양한 이벤트

정해인의 달콤한 화이트데이 선물, 달콤한 코멘트 선물하기 이벤트

현대백화점면세점은 '화이트데이'를 맞이해 현대백화점면세점 전속 모델 '정해인'과 함께하는 화이트데이 달콤한 코멘트 이벤트를 진행했다. 댓글로 가족이나 친구, 연인을 태그하고 애정을 담은 댓글을 남기는 이벤트로 사랑을 전달하는 화이트데이의 컨셉을 활용해 소비자의 적극적인 참여를 유도하며, 혜택과 선물이 가능한 현대백화점면세점 SNS 채널을 체험할 수 있도록 유도했다.

또한 6월에는 여름 휴가철을 맞이해 해변이 멋진 여름 여행지를 소개하며 1등에게는 여행 상품권 50만 원권을 지급하는 이벤트를 진행했다. 단순히 댓글 참여를 유도하는 것에 끝나지 않고, 현대백화점면세점이 가지고 있는 '여행'의 정체성과 함께 소비자가 원하는 여행지에 대한 정보도 제공함으로써 현대백화점면세점의 브랜드에 대한 인지도와 호감도를 높였다.

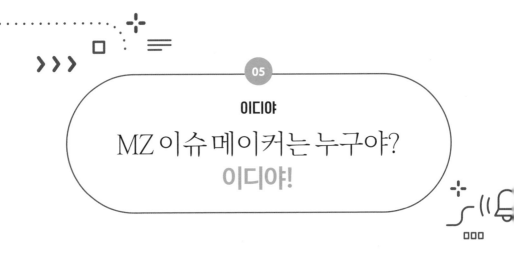

05

이디야

MZ 이슈 메이커는 누구야?
이디야!

이디야는 Z세대 잠재고객층에 더욱 가깝게 스며들며 그간 시도하지 않았던 영역에서의 도전과 활발한 홍보 활동을 이어 나가고 있다. SNS를 통해 1020세대가 눈여겨볼 수 있는 새로운 이슈를 끊임없이 제공하고 '이디야'라는 온오프라인 공간으로 스며들 수 있는 다채로운 커뮤니케이션 전략을 펼치고 있다. 이디야 SNS 채널은 인스타그램, 유튜브, 페이스북, 블로그, 스레드를 운영하고 있으며 유저들의 니즈와 이디야만의 소통방법을 연계시켜 오랜 기간 소통해온 기존 고객은 물론, 신규 고객까지 아우를 수 있는 적극적인 채널 운영을 통한 소통을 해 나가고 있다.

취향 저격 액티브 채널
이디야 인스타그램

이디야 인스타그램은 2023년 한 해 업계 이슈몰이의 주역으로 MZ 세대 사이에 손꼽힐 만큼 언급되는 주요 소식을 담은 '액티브active 소통' 채널이다. 이디야만의 역동적이고 입체적인 소통 방법을 발굴해 고객과 적극적인 소통을 만들어 내고 있다.

이디야 인스타그램 산리오 콜라보 홍보 콘텐츠

이디야의 브랜드 콜라보레이션 소식은 고객에게 신선함을 제공하며 온오프라인을 통해 이슈 몰이 되어 MZ타깃층을 이디야로 유입시키는 임팩트 있는 사례이다. 23년 6월 시작한 산리오와의 콜라보 티저를 알리는 〈콜라보 캐릭터 이름 맞히기〉 초성퀴즈 이벤트는 인게이지먼트 약 13,000건 이상을 달성하며 뜨거운 반응을 이끌었다. MZ세대 뿐만 아니라 키즈, 젊은 엄마들 사이에 큰 인기를 끌었고, 자사 SNS 콘텐츠뿐만 아니라 트위터, 네이버 블로그, 유튜브 등 온라인 채널 외 오프라인에서까지 '이디야 산리오' 키워드는 큰 이슈가 되었다.

특히 오프라인 굿즈뿐만 아니라 온라인 전용 굿즈 10종을 무료로 배포하며 인기도 높은 디지털 굿즈로 자리매김했다. 고객의 니즈에 맞춰 캐릭터별 디자인 종류를 다양하게 하고, 지류 이미지보다 디지털 기기에 적용하는 이미지가 익숙한 MZ세대들을 겨냥했다. 이디야는 산리오 온라인굿즈를 쉽게 접할 수 있도록 접속 링크와 QR코드를 통해 배포한 결과 약 35만 회 이상의 다운로드 수치로

이디야 인스타그램 인물 콘텐츠 일부

폭발적인 반응을 이끌어냈다.

친근함을 불어넣은 인물 콘텐츠도 눈에 띈다. 제품의 특성, 컨셉 연출을 통한 '무드' 중심의 콘텐츠에서 확장하여 역동적인 '인물 콘텐츠'를 통해 친숙함으로 채널 유저들을 공략한다. 익숙한 일상의 순간과 함께 유저들의 감정과 심리를 투영할 수 있는 인물을 통해 이디야를 즐길 수 있는 방법과 상황을 제공하며 일상 속에 녹여진 친근한 이디야를 느낄 수 있는 적극적인 소통을 이어나간다.

이디야 기대평 댓글, 인증샷 이벤트 콘텐츠

경험을 공유하는 양방향 소통 이벤트도 주목해 볼만 하다. 이디야는 일방적 소통과 체리피커를 위한 이벤트에서 탈피하여 유저들의 직접적인 경험 공유를 유도하며 양방향 소통을 추구한다. 단순 퀴즈, 댓글 유도 등 고객의 행동을 일방적으로 끌어오는 행위를 넘어 '기대평 댓글' '인증샷 시리즈' 이벤트는 고객의 경험과 생각을 브랜드와 함께 공유한 좋은 예이다.

시즌1에 이어 시즌2로 진행되는 이디야 메이튜 기대평 댓글 이벤트를 통해, 고객의 피드백과 긍/부정에 대한 의견을 수렴하며 개선된 콘텐츠 제공을 하는 데에 적극적으로 활용되었다. 또한 이디야 산리오 제품과 굿즈를 일상에서 즐기는 모습의 인증샷 이벤트는 다양한 연령층의 참여를 이끌며 양방향 소통을 성공적으로 이끌었다.

2023년 7월, 화제의 중심에 있던 연예인 이효리 계정의 자사 댓글도 고객과 적극적인 소통 콘텐츠 창구로 활용하며 색다른 소통 진행하였다는 긍정적인 반응을 얻었다. 이디야 브랜드 네임을 활용한 언어유희적 표현과, 이효리 음악의 일

이디야 기획 콘텐츠 〈Threads 마케터의 책상〉

이디야 기획 콘텐츠 〈Threads 마케터의 책상〉

부 가사를 접목시킨 재치 있는 댓글은 고객 댓글 반응 TOP6를 기록했다. 또한 스레드Threads 화제성 높은 신규 채널을 통한 고객과 새로운 채널을 통한 소통의 창구 생성과 함께 '마케터의 책상' 컨셉의 콘텐츠를 통해 약 3,000명 이상의 스레드 팔로워를 증가시켰다.

●●
짧아진 영상만큼 가까워진 Z세대와의 거리, 이디야 유튜브

이디야 유튜브는 짧아진 영상 콘텐츠 길이만큼 Z세대와의 거리를 좁히며 'Z세대 밀착 공감력'을 과시하고 있다. 22년~23년 이디야는 아르바이트생을 매개체로 '이디야메이튜' 롱폼 콘텐츠를 통해 Z세대와의 소통의 창구를 열며 고객간 정보 교류를 활발하게 하였고, 이후 〈오늘도 카페알바, 메이튜 쇼츠, 아숏추〉 등 다양한 쇼츠 콘텐츠로 콘텐츠 채널 도달 범위를 확장시키고 있다.
이디야의 쇼츠 콘텐츠는 아르바이트를 해본 Z세대라면 꼭 한 번쯤 공감할 수 있는 콘텐츠로 높은 인기를 끌었다. 카페 아르바이트뿐만 아니라 타 업종 아르바이트 경험자도 충분히 공감할 수 있는 극사실주의 공감 포인트를 넣은 〈오늘

이디야 유튜브 쇼츠 콘텐츠

도 카페알바〉쇼츠 콘텐츠가 대표적이다. 이 콘텐츠는 Chroma Key크로마키 특수
효과를 활용하여 장소의 제약은 줄이고, 인물의 대사와 행동에 몰입감을 더해
타사의 영상물과는 다른 이디야만의 독창적인 콘텐츠로 차별화해냈다.

〈금기어 모음집〉, 〈J가 되고 싶은 P의 하루〉, 〈솔로의 망상회로〉는 총 조회수 36
만 회를 기록했으며 유튜브 쇼츠 인기에 힘입어 인스타그램 릴스에서도 약 183
만 회 재생이 되며 전국 아르바이트생들에게 큰 공감을 얻었다.

이디야 유튜브 광고

이디야의 숏폼 영상은 브랜드의 다양한 소식과 신제품 홍보에서도 적용하되 효과적으로 활용되고 있다. 이디야는 멤버스 APP을 리뉴얼하며 달라진 기능에 대해 〈이디야 멤버스 활용기 스탬프편, QR편〉 총 2편의 쇼츠 영상을 선보였다. 이디야 고객이라면, 쇼츠를 보는 Z세대라면 친근감을 느낄 수 있는 연령대의 이디야메이튜 출연진을 통해 리뉴얼 된 기능들을 쉽고 간략하게 알 수 있도록 매장 상황극을 통해 보여주는 형식이다. 이 영상은 총 조회수 148만 회 기록하며 '광고지만 끝까지 다 봤다' '추가된 기능이 좋다' 등 고객의 긍정적인 반응을 이끌어냈다.

이디야 유튜브 하나카드 PLCC 광고 영상 콘텐츠

새로운 형태의 광고 영상인 〈이디야 하나카드 PLCC〉도 79만 조회수로 주목을 받았다. 이디야 하나카드 PLCC제휴 신용카드 광고 영상은 MZ세대 카드 타깃층에 맞게 '레트로 카툰' 컨셉으로 눈길을 사로잡으며 키치한 영상미와 다양한 정보를 임팩트 있고 재미있게 전달했다.

숏폼에 익숙한 타깃층을 위한 맞춤형 광고를 효과적으로 선보인 이디야의 유튜브 광고 영상은 빠르게 바뀌는 트렌드 속에서 고객 최적화 커뮤니케이션의 좋은 사례가 되고 있다.

제조·정보통신

SK하이닉스

LG유플러스

코웨이

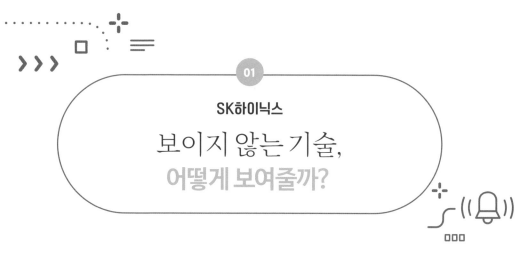

SK하이닉스

보이지 않는 기술,
어떻게 보여줄까?

현재 반도체 업계는 그 어느 때보다 중요한 시기이다. 인공지능, 자율주행 자동차 등 빠르게 변화하고 발전하는 ICT 흐름에 따라 고도화된 반도체가 필요하기 때문이다. SK하이닉스는 기업의 성과와 향후 리더십을 이어가기 위한 노력을 다양한 채널을 통해 소개하고 있다.

SK하이닉스 뉴스룸의 메인 화면

SK하이닉스 뉴스룸은 SK하이닉스의 다양한 소식과 반도체 시장의 변화하는 트렌드를 전달하고 소통하는 미디어 플랫폼이다. 단순히 기업의 PR 이슈를 전하는 곳이 아닌, 시장을 선도하는 반도체 기업만이 전할 수 있는 전문 지식과 시장 트렌드 그리고 SK하이닉스의 기업문화와 ESG 경영 활동을 깊이 있고 정확하게 전달한다.

이를 통해, 반도체 산업과 관련된 종사자에게는 시장 트렌드와 전문 지식을, 취준생 등 일반 독자에게는 반도체 기술의 기본 개념과 미래 기술을 예측한 콘텐츠를 제공하며 독자들이 새로운 인사이트를 얻을 수 있도록 노력하고 있다. 현재 SK하이닉스 뉴스룸은 연간 약 400만 PV를 기록하는 국내 대표 반도체 전문 미디어로 자리매김하고 있다.

●●

최고만이
할 수 있는 이야기

SK하이닉스 뉴스룸은 단순히 회사 기술력 홍보에 그치지 않고, 독자의 시선에서 반도체를 이해하고 인사이트를 얻어갈 수 있도록 다양한 기술 콘텐츠를 제공한다. 반도체 산업의 특성상 콘텐츠의 전문성과 정확성을 기반으로 하면서도 변화하는 콘텐츠 트렌드에 맞춘 다양한 방식과 비주얼화를 시도하고 있다.

시리즈 콘텐츠인 〈패스파인더〉는 간략하게 기술을 언급하던 기존 콘텐츠와 달리 SK하이닉스의 신기술을 집중 조명하며 관련 종사자 및 언론에 깊이 있는 정보를 제공한다. 이를 위해 텍스트와 단 컷 이미지 중심의 기술 설명 방식에서 벗어나 모션그래픽 영상을 통해 기술의 개념과 원리를 보다 시각적으로 설명하며 독자의 이해를 돕고 있다.

〈퓨쳐시티〉는 SK하이닉스 기술의 방향성을 토대로 각 산업의 미래 변화를 일러스트로 표현한 인터랙티브 콘텐츠다. 어렵게만 느껴지는 반도체 산업을 일상

SK하이닉스의 반도체 패키징 기술을 소개하는 콘텐츠

속 변화로 연결하여 반도체의 기술과 비전이 다양한 산업군에서 어떤 역할을 할지 조명하고 있다. 이를 통해, 현재 가장 주목받는 ICT의 최신 트렌드가 반도체와 만나 어떻게 변화할지 예측해 볼 수 있다.

인터랙티브 콘텐츠 퓨처시티의 주요 화면 구성(

●●

인스타그램으로 만나는
ICT 트렌드 이야기

SK하이닉스 인스타그램은 뉴스룸 채널과 연동하여 브랜드 소식을 빠르게 전하는 소셜 뉴스룸 역할을 수행한다. 반도체와 ICT에 관심이 있는 고객들과 더 가까이 소통하고자, 어렵고 지루하게 느껴질 수 있는 기업 뉴스를 쉽고 재미있게 접할 수 있도록 노력하고 있다.

22년 8월 본격적으로 운영을 시작한 SK하이닉스 인스타그램 B2B 기업임에도 불구하고, 지난 1년간 팔로워 수가 10만 명 이상 증가하는 등 빠르게 성장하며 그 영향력을 높여가고 있다.

SK하이닉스 인스타그램은 보이지 않는 기술을 어떻게 소비자들이 선명하게 보고 이해할 수 있도록 전달하기 위해 감각적인 타이포그래피 숏폼 영상, 때로는 이해하기 쉬운 카드뉴스로, 때로는 직관적인 이미지와 일러스트로 가공해 제공한다.

숏폼 영상 〈스펙 영상〉과 〈미래 반도체〉 시리즈 카드뉴스

또한 신기술을 연구하는 SK하이닉스 미래기술연구소 산하의 RTC와 함께 기획한 센터다. 미래 반도체 시리즈는 미래 반도체 기술을 쉬운 예시와 함께 카드뉴스로 소개하고 있다. 최신 ICT 트렌드를 소개하는 카드뉴스는 단어의 개념만을 전하는 것이 아니라 이러한 트렌드가 구체화됐을 때 바뀌게 될 일상과 산업의 풍경, 나아가 예상하지 못했던 다양한 활용 영역까지 보여준다. 모호하게 알고 있던 주요 키워드를 사례들을 통해 이해하기 쉽게 전달하고 있다.

인스타그램 릴스 영상 [#숏터뷰 요즘, 어때?]

SK하이닉스 인스타그램에서는 다양한 기술과 더불어 이를 만들어 낸 구성원들의 이야기도 함께 다룬다. 기술 뒤에는 항상 사람이 있다. '반도체라는 첨단 기술을 만드는 사람들은 우리와 다를까?' 라는 궁금증을 갖고 이런 콘텐츠를 접하게 되면, 때로는 감동을 받기도 하고, 위안을 얻게 된다.

[숏터뷰: 요즘어때]는 SK하이닉스 뉴스룸의 [직장인 공감토크, 요즘 어때?] 시리즈를 인스타그램에 최적화한 숏폼으로 재구성한 것이다. 다양한 직군과 연차를 가진 구성원들이 직접 영상에 출연해 그들과 비슷한 처지에 있는 대중들에게 자신의 이야기를 들려준다. 오늘도 #갓생을 살아가는 MZ들에게 위로와 공감을 전하는 [숏터뷰: 요즘어때]는 평균 7.5만 이상의 조회수를 기록하며 좋은 반응을 이끌어내고 있다.

[요즘 것들의 사생활]은 일과 삶의 조화를 이루며 성장하는 SK하이닉스 구성원들의 이야기를 담아낸 시리즈 콘텐츠다. 해당 시리즈를 통해 만날 수 있는 SK

일과 삶의 조화를 꿈꾸는 SK하이닉스 구성원들의 이야기 [요즘 것들의 사생활]

하이닉스 구성원의 라이프는 실로 다양하다. 입사 3년차이지만 Data Science 전문 강사로 활동 중이기도 하고, 바쁘게 달리는 자신을 돌아보기 위해 산티아고 순례길을 떠나기도 하고, 사내 동호회 활동으로 대회까지 출전하기도 한다. 각자의 방식으로 일상에서도 최선을 다하는 SK하이닉스의 '요즘 것들'은 바쁜 직장생활 속에서도 삶의 조화를 꿈꾸는 많은 구독자들은 공감을 얻으며 인기 콘텐츠로 자리매김하고 있다.

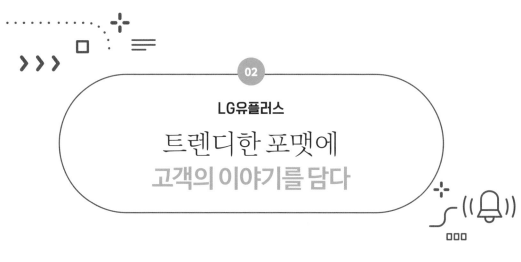

LG유플러스

트렌디한 포맷에
고객의 이야기를 담다

LG유플러스의 'WHY NOT'은 일상의 편견을 깨는 과감한 생각과 도전 그리고 고객의 일상에 즐거운 변화를 만들어가겠다는 LG유플러스의 의지를 담은 브랜드 캠페인이다. LG유플러스는 2021년부터 'WHY NOT'을 중심에 놓고 꾸준하고 일관되게 브랜드 캠페인을 펼쳐오고 있다. LG유플러스의 SNS 채널들은 2023년 들어 고객의 참여와 경험 확장을 위한 콘텐츠를 대폭 확충하며 고객과의 소통을 더욱 깊고 단단하게 만들어가고 있다.

●●

고객 참여로 함께 만들어가는
LG유플러스 인스타그램

LG유플러스의 인스타그램은 MZ세대의 취향을 반영한 다양한 캠페인과 콘텐츠는 물론, 실제 자사 서비스를 사용하는 고객들의 진솔한 보이스를 반영한 'WHY NOT' 브랜드 화보 콘텐츠로 고객들의 활발한 참여를 유도하고 있다. LG유플러스는 21년 9월부터 자사 고객과 임직원을 모델로 도전하는 고객들의 이야기를 담은 'WHY NOT' 브랜드 화보 캠페인을 진행하고 있다. 2023년에는 '더 나은 세상을 위해서 도전하는 사람들'이라는 ESG 특집으로 구성해 환경, 봉사, 기후 위기 등 다양하고 의미 있는 도전을 통해 많은 사람들에게 선한 영향력을 전파하는 고객을 직접 발굴해 냈다. 몇 년간 인스타그램에서 꾸준히 이어져 온 고객의 도전 메시지를 보다 직관적으로 전달할 수 있도록 심플한 배경과 텍스트를 강조하는 디자인 포맷으로 개편하였고, 상대적으로 많은 내용을 전달할 수 있는 인스타그램의 '가이드' 기능을 활용해 고객의 도전 스토리와 함께 유플러스만의 브랜드 메시지도 함께 전파했다.

LG유플러스의 임원들도 리더 브랜드 화보 모델로 나서며 'WHY NOT' 메시지를 더욱 강조하고 있다. 회사원 출신 작가 '태재'가 임원 인터뷰를 직접 진행하고 에디터로 활약하며 쉽게 알기 어려웠던 LG유플러스 리더들의 도전 스토리를 가감 없이 만나볼 수 있다. 'WHY NOT' 브랜드 화보 캠페인은 일반 게시물보다 평균 2배 높은 인터랙션을 보이고 있다.

또한 LG유플러스는 우리가 누리고 있는 소중한 일상이 독립운동가들의 희생

LG유플러스 인스타그램에서 진행하고 있는 'WHY NOT 브랜드화보' 캠페인

과 헌신을 통해 지켜져 온 것임을 기억하기 위한 광복절 캠페인 '당연하지 않은 일상'을 4년째 진행하고 있다. 매 해 광복절을 기념하고, 독립운동가들의 활동을 되새기는 유플러스만의 CSR캠페인은 캠페인 진행 시 마다 2만 건 이상의 참여를 이끌어내는 등 큰 호응을 얻었다. 특히 사회적 가치를 중요시하는 MZ세대에게 성공적으로 어필하였으며, 2022년에는 '대한민국광고대상', '한국디지털광고대상', 'Saber Awards' 등 국내외 유수의 어워즈에서 수상하는 성과를 거두기도 했다.

'문화로 독립을 외치다' 디지털 전시관

올해는 '문화로 독립을 외치다' 라는 주제 하에 국가보훈부와 함께 문화·예술 분야에서 활동해온 독립운동가 △영화감독 나운규1902~1937 △소설가 조명희 1894~1938 △수필가 송상도1871~1947 △화가 최덕휴1922~1998 4인을 재조명했다. 그들의 작품을 현대적으로 재해석한 미디어 아트를 선보이는 디지털 전시관을 기획, 제작하여 널리 알림으로써 고객들이 독립운동가들의 작품을 쉽게 감상하고 그 의미를 되새길 수 있게 했다. 또한 디지털뿐 아니라 오프라인에서도 각 독립운동가의 스토리와 미디어 아트를 직접 경험할 수 있도록 '일상비일상의틈 byU+'에서 전시도 동시 진행했다. 약 3주 간 진행한 오프라인 전시를 통해 현장을 방문한 관람객들에게 효과적으로 캠페인 메시지를 전달했다.

또한 디지털 전시관 또는 오프라인 전시관에서 작품을 감상한 후 독립운동가에게 감사 메시지를 남기면 LG유플러스가 1건 당 815원을 적립하는 기부 캠페인을 펼쳐 사용자들의 참여를 이끌어냈으며, 나의 독립운동가 유형 테스트 결과를 SNS에서 공유하는 이벤트도 동시에 진행해 캠페인 참여 수 약 26만 건을 기록하며 높은 반응을 이끌어냈다.

●●

영유저들과의 즐거운 소통, LG유플러스 틱톡

LG유플러스의 틱톡은 MZ세대 중에서도 15-25세대의 영타깃을 메인 타깃으로 하는 핵심 커뮤니케이션 채널로, 유플러스의 브랜드 정체성과 영타깃 서비

틱톡 POLL 투표 스티커 활용한 인터렉티브 콘텐츠

스를 알리기 위해 고객의 눈높이 맞춰 적극적으로 소통하고 있다. 특히 LG유플러스의 틱톡은 브랜드 계정의 무게감을 덜어내어 소통함으로써 고객들이 즐기는 채널로 확고히 자리잡고 있다.

LG유플러스 틱톡은 자사의 이슈나 서비스를 단순히 정보성으로 제공하는 것이 아닌, 신규 밈, 스티커, 필터 등 트렌디한 소재에 접목해 영타깃 유저와 눈높이를 맞고 있다.

LG유플러스 틱톡의 대표적 콘텐츠는 '이지선다' 형으로 답을 고를 수 있는 틱톡의 'Poll 투표 스티커'로 이를 통해 유저가 자사의 서비스에 가볍고 자연스럽게 관심을 가지도록 유도하고 있다. 시즈널 이슈에 맞춰 나의 붕어빵 취향을 고르는 투표 형식의 콘텐츠를 통해 자사의 브랜드 캐릭터인 '무너'와 연관된 이벤트를 자연스럽게 소개하기도 하며, 여행 갈 때 더 마음에 드는 혜택을 선택하게 함으로써 자사의 여행 관련 브랜드 혜택을 전달하기도 한다. 틱톡의 'Poll 투표 스티커'를 활용한 콘텐츠의 평균 인터랙션은 약 4만 건으로 전체 평균 대비 7배가 높다.

이 외에도 'MBTI' 등 영타깃이 관심이 많은 주제에 맞춰 브랜드를 소개해 고객들의 호응을 유도했다. 최신 밈을 활용한 '밥 왜 그렇게 떠?' 콘텐츠는 조회수 85만 건을 돌파했고, '눈감고 타자치기' 이벤트는 조회수 84만 건 및 댓글 2천 건을

틱톡커와의 제휴 콘텐츠

돌파하며 2023년 상반기 댓글 최고 수치를 기록하기도 했다.

LG유플러스 틱톡은 브랜드 선호도 강화를 위해 틱톡커와 주기적으로 제휴 콘텐츠를 진행하고 있다. 틱톡 유저들과 연령대가 비슷한 틱톡커 '진솔'과 함께 일상 상황극을 연출하며 자사의 20대 브랜드 '유쓰'의 월별 혜택을 자연스럽게 브랜딩하고 있다. 틱톡커 '진솔'과의 제휴 콘텐츠 최고 조회수 약 85만 건, 평균 인터랙션은 약 6천 건을 기록하는 등 좋은 반응을 보이고 있다.

LG유플러스가 발행하는 대부분 콘텐츠는 '추천' 피드에 오가닉 노출되고 있으며, '내가 왜 광고를 보고 있지?' 등 브랜드 광고를 거부감 없이 재밌게 즐기는 유저들의 긍정 댓글도 주목할 수 있다. LG유플러스 틱톡의 팔로워 수는 전년 대비 43% 증가했고, 평균 인터랙션은 전년 대비 128%를 넘겼다.

●●

자연스러운 브랜드 메시지 확산을 위한 거점 채널, LG유플러스 유튜브

LG유플러스 유튜브는 주요 광고 영상을 아카이빙하는 기존 브랜드 유튜브의 기본적 역할에서 나아가 '이런 생각, 유플러스만의 WHY NOT?'이라는 브랜드 메시지가 반영된 영상 콘텐츠를 제작/발행하고, 다양한 상품 관련 정보를 제공하는 대고객 소통 거점 채널로 기능하고 있다.

2022년 SBS 모비딕과 손을 잡고 론칭해 큰 인기를 끌었던 자체 제작 웹 예능 〈와이낫크루〉는 2023년 시즌2로 돌아왔다. 가수 KCM, 박현규, 권은비, 아나운서 조정식 등 시즌1에서 케미를 뽐냈던 출연진이 광주, 진주, 대전, 제주도 등 다양한 지역으로 국내 여행을 떠나 MZ세대 취향을 저격할 숨은 핫플레이스를 소개했다.

또 최근 숏폼 콘텐츠를 통해 유머/밈 콘텐츠가 확산되는 트렌드를 적극 활용하여, 콘텐츠 주요 클립을 세로형 콘텐츠로 바이럴하고, 출연자들과 함께 다양한 챌린지 콘텐츠를 발행하는 등 유튜브 쇼츠, 틱톡의 숏폼 포맷을 이용해 MZ 시청자와의 친근감 형성에 더욱 주력했다.

〈와이낫크루〉 영상 중 일부

특히 이번 시즌은 '이런 착한 여행, 유플러스가 처음?'이라는 주제에 맞춰 와이낫크루 그룹명을 'ESG 워너비'로 짓고 숨은 관광지 발굴, 일회용품 사용 절감, 청년사업가 지원 등 ESG 실천에 초점을 맞췄다. 출연진이 여행 동안 일회용품 대신 텀블러와 다회용기를 사용하고, 이를 독려하기 위해 다회용기를 들고 코믹댄스를 추는 '와이낫 용기내 챌린지'를 숏폼으로 촬영해 업로드하며, 챌린지에 참여하는 시청자에게는 경품을 제공하는 등 ESG 실천에 앞장서는 모습을 보였다. 또 와이낫크루 시즌2는 여행에 니즈가 높은 MZ세대에게 숨겨진 국내 명소의 여행 정보와 함께 직접 콘텐츠 속 장소를 방문하여 혜택까지 받을 수 있도록 기획해 지역 경제 활성화와 더불어 고객의 온·오프라인 경험이 이어질 수 있도록 유도했다.

LG유플러스 유튜브는 고객들의 쉽고 빠른 정보 습득을 위한 유용한 도구로도 활용되고 있다. 모바일, 통신, 인터넷, IPTV 등 자사의 다양한 서비스에 대한 소개, 기능 설명, 사용법을 홍보하기 위해 영상 콘텐츠는 소비자들의 좋은 반응을 얻고 있다.

LG유플러스 유튜브 영상 중 일부

모델 주현영과 함께 자사 AI 기술 '익시ixi'를 활용, 마케터 주현영이 AI에게 광고 제작을 맡긴다는 스토리로 자사 20대 전용 브랜드 '유쓰Uth 청년요금제' 홍보를 위해 제작한 광고는 코믹한 스토리로 웃음과 재미를 담았다. 이처럼 자칫 어렵게 느껴질 수 있는 기술과 복잡한 요금제, 혜택 관련 내용을 쉽고 유머러스한 콘텐츠로 승화시켜 고객에게 보다 친근하게 자사 서비스를 소구하기 위한 채널로 LG유플러스 유튜브는 적극 활용되고 있다.

'유독', 'U+tv', 로밍, 신규 요금제 등 다양한 서비스와 관련 내용을 빅모델을 활용한 미니 드라마 콘텐츠, 실사용 고객 인터뷰, 개발자 인터뷰 등을 통해 전달한다.

유튜브의 커뮤니티 탭을 활용해 댓글, 투표, 퀴즈 등 다양한 포맷의 이벤트를 개최하고, 댓글 놀이로 쌍방향 커뮤니케이션을 공고히 하는 것 또한 LG유플러스 유튜브의 또 다른 활용 사례다. LG유플러스 유튜브는 지난해부터 월별 1회 이상의 커뮤니티 이벤트를 운영하며 브랜드의 주요 혜택과 콘텐츠를 홍보하고 있다. 최근에는 개별 콘텐츠에 '고정 댓글' 기능을 활용해 가장 재미있는 클립을 꼽거나, 콘텐츠 감상평을 게재하도록 유도하는 등의 방법으로 브랜드 이슈 인지를 강화하고 있다.

LG유플러스 유튜브의 이벤트 사례

이처럼 다양한 포맷과 플랫폼 내 기능을 활용한 이벤트 운영은 구독자 수나 시청자 수를 증가시키는 데에 도움이 될 뿐 아니라, 일방향으로 진행됐던 기존 브랜드 유튜브 채널의 기능을 확장하여 구독자와 더 강한 연결을 형성하는 기회를 제공한다.

●●
서비스, 혜택을 한 눈에 확인할 수 있는,
LG유플러스 페이스북

왼쪽부터 매월 20일 발행하는 '유쓰데이', 정기적으로 진행하는 '유독' 콘텐츠와 '유플위크'

LG유플러스 페이스북 채널은 각종 프로모션, 혜택 정보 제공을 중심으로 구성되어 있다. 페이스북 콘텐츠만의 통일감 있는 디자인으로 자사의 다수 사업부 혜택을 한눈에 확인할 수 있게 정리해 고객에게 주요 정보를 상세하고 직관적으로 제공하고 있다.

LG유플러스 페이스북은 20대를 위한 '유쓰 혜택', LG유플러스의 다양한 혜택을 소개하는 '유플위크', 유독 서비스를 안내하고 진행 중인 프로모션을 소개하는 '유독 콘텐츠'를 매 월 정기적으로 발행하고 있다. 콘텐츠의 주목도를 높이기 위해 시즌 이슈를 적극 활용하거나 프로모션 주제에 따라 특화된 디자인 요소를 배치하는 등 고객이 필요한 정보를 쉽게 확인할 수 있도록 구성하고 있다. 이와 같이 고정 콘텐츠를 발행함으로써 LG유플러스 페이스북은 고객들이 꾸준히 찾아볼 수 있는 정보 전달의 창구로 기능하고 있다.

캐러셀 형태로 제공하는 프로모션 안내 콘텐츠

LG유플러스의 페이스북은 약 100만 명의 팔로워를 보유하고 있으며, 많은 구독자들에게 사업부 프로모션을 효과적으로 알리는 것은 물론, 캠페인 콘텐츠를 확산하는 허브 채널로도 기능하고 있다. TVCF 외에도 오리지널 유튜브 콘텐츠 '와이낫크루'의 핫클립 동영상, '광복절 캠페인'을 알리는 프로모션 콘텐츠, 메이킹 필름 등 여러 콘텐츠를 소개해 더 많은 고객들에게 LG유플러스의 디지털 활동을 알리고 있다. 프로모션 콘텐츠 또한 캐러셀 형식의 콘텐츠를 적극 활용해 고객들이 하나의 콘텐츠에서도 보다 많은 정보를 얻을 수 있도록 제공하고 있다.

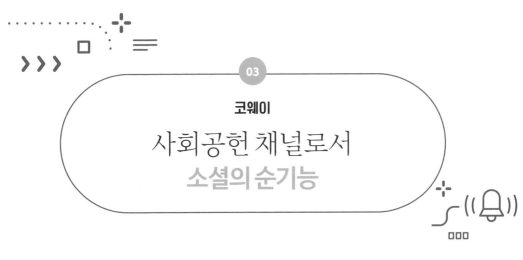

코웨이

사회공헌 채널로서
소셜의 순기능

코웨이는 정수기, 공기청정기, 안마의자 등 생활 밀착형 가전으로 우리 가정 생활에서 친숙한 기업으로 자리잡고 있다. 인스타그램, 유튜브, 카카오, 네이버포스트, 트위터, 페이스북 등 총 6종의 소셜미디어 채널을 운영하고 있으며 누적 팔로워 214만명23년8월기준으로 많은 팬덤을 보유하고 있다.

코웨이는 21년부터 현재까지 BTS를 모델로 선정해 국내뿐 아니라 해외까지 브랜드 인지도를 제고하고, 모델을 활용한 다양한 콘텐츠로 기업 이미지를 트렌디하게 바꿔가고 있다. 2023년부터는 코웨이는 자사 제품의 경쟁력에 집중하여 소셜 콘텐츠를 다각화하고, 기업의 사회공헌 채널로서 소셜의 순기능을 강화하며 코웨이만의 고유한 정체성을 구축해 나가고 있다.

지속가능한 미래를 위한
참여형 이벤트

코웨이는 기업의 사회공헌 기여 채널로서 소셜미디어를 적극 활용하고 있다. 23년에는 소셜 채널에서 친환경 챌린지를 총3회 진행했다. 자발적이고 적극적인 캠페인 확산을 위해 기업 임직원은 물론 개인, 단체, 인플루언서 등 다양한 카테고리의 고객들과 협업하고 코웨이 로고가 담긴 특별한 자체 굿즈 키트를 제작했다. 키트를 받은 챌린저들에게는 특별한 미션이 주어지고 그 미션을 SNS에 공유하면서 더 많은 사람들에게 소개하고 자발적인 참여를 이끌어낸다는 점에서 SNS의 순기능을 돋보이게 했던 프로모션이었다.

그린그로잉 챌린지 이벤트 콘텐츠와 새싹 키우기 키트

식목일4월5일과 지구의 날4월22일을 앞두고 펼쳐진 그린그로잉 챌린지는 자연의 소중함을 되새기기 위해 친환경 E0 등급 소재로 제작된 새싹 키우기 키트를 증정해 녹색자원 보호 동참을 독려했다. 새싹을 키우는 모습을 SNS에 인증하고 그 새싹을 실제로 먹을 수도 있어 챌린저들의 흥미를 끌었다.

리버 플로깅 챌린지는 강과 바다 주변에서 달리기나 산책을 하며 쓰레기를 줍는 것으로 누구나 손쉽게 참여할 수 있는 친환경 캠페인이다. 코웨이는 여름 휴가철을 맞아 생분해성 봉투와 집게, 장갑 등으로 구성한 코웨이 플로깅 키트를 제작해 챌린저들에게 증정했다. 어린이, 반려동물 등 가족이 함께 쓰레기를 수거하는 일상 속 환경보호를 실천하는 모습들이 SNS에 공유되어 깨끗한 물의 소중함을 다시 한번 알렸다.

리버플로깅 챌린지 이벤트 콘텐츠와 챌린지 키트

••

고객에게 더 가까이
다가가는 콘텐츠들

친환경 외에 코웨이 SNS 채널에서 가장 두드러지는 특징은 고객친화적 콘텐츠이다. '코웨이coway'와 '인터뷰interview'를 합친 '콧터뷰Co-terview' 콘텐츠는 공급자 관점에서 강조하고 싶은 점 내세우기 보다 고객 관점에서 궁금해하고 고객의 언어로 풀어서 제품을 소개하는 포맷이다. 코웨이 제품을 사용하고 있는 고객을 직접 섭외하고 인터뷰하여 제작된 이 콘텐츠는 제품 특징을 단순 나열하기보다는

실제 고객이 출연해 고객의 언어로 제품을 소개하는 〈콧터뷰〉 콘텐츠

고객이 직접 사용하고 느낀 진짜 후기를 쉽게 풀어서 콘텐츠에 녹여냈다. 그리고 같은 콘텐츠라도 소셜 채널 6개를 각 채널 특성에 맞게 변주를 주어 어느 소셜 미디어 채널이든 코웨이의 소식을 다채롭게 확인할 수 있게 했다.

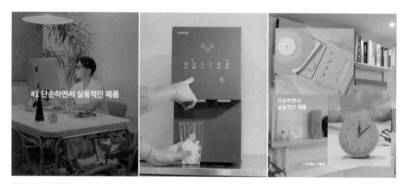

'아이콘 얼음정수기' 숏폼 영상 콘텐츠

숏폼 콘텐츠에 대한 고객들의 관심이 높아짐에 따라 코웨이는 고객의 요구에 맞춰 다양한 숏폼 콘텐츠를 제작하고 있다. 숏폼 트렌드에 맞게 협업하는 인플루언서도 젊어졌다. 기존엔 육아, 살림 카테고리의 인플루언서와 협업했다면 23년에는 젊은 패션 디자이너와 함께 트렌디한 가전인 얼음정수기 제품을 소개했다. 콘텐츠 내용 역시 제품 기능 설명 중심에서 근사한 라이프스타일 보여주는 방향으로 선회하며 고객 관점에서 흥미와 공감대를 형성할 수 있도록 했다. 패션 매거진과 협업한 이 콘텐츠는 누적 조회수 27만 건을 기록했으며 코웨이 소셜

에서는 이벤트 참여자 8백여 명을 달성했다. 또한 다양한 코웨이 제품을 간접적으로 보여줄 수 있는 쿠킹 콘텐츠도 숏폼으로도 제작해 숏폼에서도 다양한 콘텐츠를 즐길 수 있도록 했다.

제품과 쿠킹 클래스를 적절히 믹스한 숏폼 영상 콘텐츠

팔로워에서 팬덤으로,
소통형 이벤트

코웨이는 2023년 전국에 18개의 오프라인 체험 매장을 개설했는데, 소셜은 O2O 연계 채널로서 기능하며 고객이 코웨이 제품을 온오프라인 양방향으로 체험할 수 있도록 도왔다. 소셜 콘텐츠와 이벤트도 단순한 제품 구매 유도에서 나아가 고객에게 새로운 경험과 재미를 제공하는 방향으로 발행되었다.

인스타그램 GIF 스티커 이벤트 : 코웨이 제품으로 우리집 꾸미기

그 대표적인 예로 '인스타그램 GIF 스티커 이벤트'를 들 수 있다. 코웨이 제품을 GIF 스토리 스티커로 제작해, 우리집 사진을 찍은 후 집에 놓고 싶은 코웨이 제품을 스티커로 꾸미는 이벤트이다. 이벤트 참여하는 과정에서 실제 고객 집 사진에 코웨이 제품을 간접적으로 놓아볼 수 있도록 하는 경험을 제공한다.

코웨이 매장에서 제품 체험하고 아로마 클래스 받기 이벤트

제품 체험이 중요한 신제품 '스마트 매트리스' 출시를 맞아서는 소셜에서 체험 이벤트를 실시했다. 코웨이 매장에서 열린 원데이 아로마 클래스에는 온라인을 통해 신청한 고객들을 초대됐다. 이벤트에 참여한 고객들은 매트리스를 직접 체험하고 아로마 테라피 강의를 받으며 코웨이 브랜드 경험을 만끽했다.

금융

신한은행

웰컴저축은행

삼성카드

DB손해보험

DB생명

신한투자증권

신한은행

캐릭터로 Z·Alpha세대의 마음을 훔치다

신한은행은 자사 캐릭터인 신한프렌즈 자신을 활용해 고객들이 직접 자신만의 티셔츠를 커스터마이징하고 독특한 개성을 표현할 수 있도록 한 "SNS 캐릭터 커뮤니케이션 캠페인"을 펼쳤다.

이 캠페인은 창의적인 자기표현과 초맞춤, 개인취향을 중시하는 잘파세대가 신한프렌즈 캐릭터의 매력을 경험하고 직접 표현할 수 있는 기회를 제공하기 위해 기획되었다.

One & Only!
Make your Style~

이벤트는 2023년 7월에서 8월까지 진행되었는데, 커스텀 굿즈 제작 사이트에 접속해 신한프렌즈 캐릭터를 이용해 한정판 티셔츠를 만들고_{Get one free}, 제작된 티셔

츠를 입고 인스타그램에 인증하는 방식으로 SNS상에서의 자발적 바이럴을 유도했다. 그리고 여기에 추후 BEST 티셔츠 선정 투표를 진행해 콘텐츠와 커뮤니케이션을 파생시켰다.

티셔츠 제작은 α, Z 세대가 전체 회원의 91%를 차지하는 커스터마이즈 전문 인

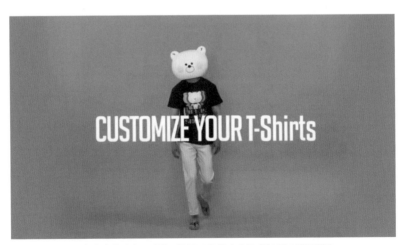

세상에 단 하나뿐인 나만의 티셔츠 이벤트 유튜브 영상과 쇼츠, 인스타그램 콘텐츠

기 플랫폼 마플Marpple과 협업으로 진행됐다. 이벤트를 위해 신한프렌즈 캐릭터 외에 티셔츠에 넣을 수 있는 젊은 세대 취향의 아트웍스, #얼빡, 3D 등 1,400여 개의 커스텀 스티커를 신규 개발했다.

신한은행은 이벤트의 효과를 배가하기 위해 셔츠 제작 및 인스타그램 인증 독려, 캠페인 광고, 참여 안내, 관심 제고 숏폼 등 SNS 채널별 맞춤 콘텐츠를 제작해 붐업을 유도했다. 그 결과 캠페인 시작 당일 2,000장 주문 돌파를 시작으로 이후 6일간 마플 내의 신한프렌즈 전용페이지로 2만 1천 명이 방문하는 등 이벤트는 Z, α세대에게 큰 호응을 얻었다.

신한은행은 이 이벤트의 성공적 진행을 통해 잘파세대에게 젊고 트렌디한 '신한' 브랜드 이미지를 전파하고 자사 캐릭터인 신한프렌즈의 팬덤을 확장하는 성과를 얻었다.

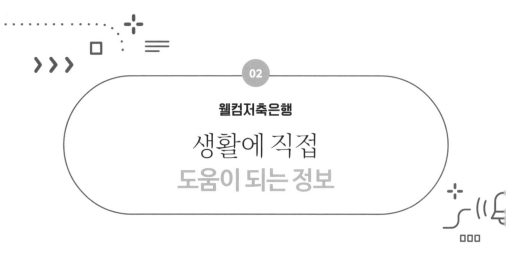

웰컴저축은행

생활에 직접
도움이 되는 정보

웰컴저축은행은 SNS 채널을 딱딱하기만 한 금융기관의 이미지에서 벗어나 고객들과 소통하는 고객친화적 채널로 활용하기 위해 다양한 시도를 하고 있다. 웰컴저축은행의 여러 캠페인과 서비스는 물론 차별화된 금융·경제 소식을 중심으로 고객의 시선을 이끌고 있다.

웰컴저축은행 공식 블로그 메인 화면

쉽고 정확한 가이드를 제공하는 블로그 콘텐츠

웰컴저축은행의 블로그는 금융에 대한 가장 쉽고 정확한 가이드를 제공하여 고객들이 금융에 대한 거부감을 깨고 흥미롭게 느낄 수 있도록 이끌고 있다. 또한 소셜미디어 채널의 특성을 살려 소비자들에게 친근하게 다가가기 위해 실용성 있는 콘텐츠를 제공하며 브랜드의 친숙도를 높이는 데에 힘을 쏟고 있다.

어려운 금융 정보를 독자들이 쉽고 재밌게 느낄 수 있도록 가독성 있는 문구를 활용해 콘텐츠를 전달하고 있으며, 고객의 생활과 밀접한 최신 이슈화된 금융 정보는 물론, 웰컴저축은행의 다양한 소식과 서비스를 전달하여 고객이 더욱 나은 방향으로 나아갈 수 있도록 돕는 조력자의 역할을 수행하고 있다.

웰컴저축은행의 공식 블로그는 넘쳐나는 정보의 바다에서 자신의 시간을 투자할 만하다고 생각되는 콘텐츠를 직접 찾아 나서는 소비자들의 성향을 고려하

고객들의 최근 관심사에 맞춰 빠르고, 정확하게 전달하는 경제 정보

여 누구보다 정확하고 발 빠른 정보를 제공한다.

국내외 경제 소식, 새롭게 출시된 정책 금융 상품, 시의성 있는 지원 제도, 소비자들에게 주목받고 있는 금융 상품 등 다양한 경제, 금융 관련 내용들을 소개하며 소비자들에게 금융의 필요성을 소구함과 동시에 도움이 될 수 있는 웰컴저축은행의 서비스까지 상세한 설명을 제공한다. 특히, 3554세대의 최대 관심사인 재테크와 관련한 금융 정보성 콘텐츠로 웰컴저축은행의 상품과 서비스를 연계하여 웰컴저축은행의 가이드를 제공하고 있다.

웰컴저축은행의 핫이슈 및 신규 서비스도 발 빠르게 전달하고 있으며, 금융 정보와 소비자의 관심사를 접목하여 최신 이슈가 되고 있는 주제를 활용한 콘텐츠를 중점적으로 제공하여 금융에 대한 허들을 낮추고, 일상생활에 필요한 금융 정보를 자연스럽게 전달합니다.

전문 필진이 고객의 고민을 함께 해결하는 '경제 상담소'

고객의 고민, 경험을
함께 나누는 콘텐츠

웰컴저축은행의 블로그는 고객들의 삶에 경제적 여유를 도와주는 조력자 역할로 개개인의 경제 고민을 공유하고 함께 해결해 나가는 칼럼을 운영하고 있다. 고객과의 활발한 소통을 진행하기 위하여 생활 경제, 재테크 전문가 외부 필진을 섭외하여 고객의 사연을 듣고 전문성이 높은 해결 방식으로 경제 고민을 함께 해결해 나가는 이벤트를 진행한다.

그 뿐만 아니라 웰컴저축은행의 이슈나 서비스 등과 연계한 다양한 댓글, 공유이벤트를 통해 금융 상품의 필요성을 지속적으로 리마인드 함과 동시에 이벤트의 폼을 다양하게 적용하여 멀티 콘텐츠로 활용을 극대화하는 방식을 통해 신규 방문자의 유입을 유도하고 기존 이웃들과의 지속적인 유대관계를 지속해 나간다.

실생활에 직접적인 도움을 줄 수 있는 정보성 콘텐츠

전문 필진이 고객의 고민을 함께 해결하는 '경제 상담소'

웰컴저축은행의 블로그는 PC와 모바일 상 키워드 검색 시 유저의 니즈에 맞는 최적의 대응이 가능한 채널의 특성을 활용하여 고객들의 삶에 직·간접적인 도움을 제공한다. 아울러 콘텐츠마다 타깃층을 설정하여 휴가 또는 명절을 비롯 시의 적적절한 키워드 및 정부의 혜택 등 고객이 필요로 하는 바에 따라 경제·금융 트렌드 맞춤 정보를 제공하고 있다.

웰컴저축은행의 블로그는 브랜드에서 고객으로 전달되는 소통만이 아닌 다양한 형태의 소통이 이루어질 수 있는 공간의 가능성 역시 열어 두고 있다.

웰컴저축은행의 상품과 서비스를 연계한 인터뷰의 형식의 콘텐츠를 제작해 고객의 생생한 목소리를 또 다른 고객들에게 전달함과 동시에 실제 사용 가이드도 제공하고 있다. 단순한 소개에서 나아가 실질적으로 고객들에게 도움이 될 수 있도록 여러 연계 콘텐츠도 제작하고 있다.

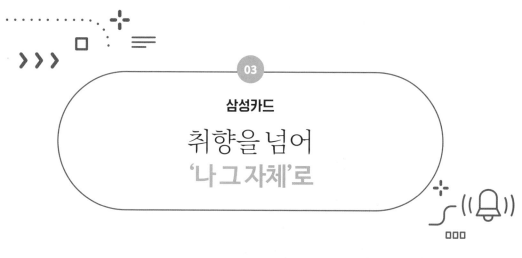

03

삼성카드

취향을 넘어
'나 그 자체'로

삼성카드는 '카드는 내 삶의 기록이자 내가 누구인지 알려주는 또 하나의 나'라는 메시지를 기반으로 고객의 다채로운 취향과 소비 스타일을 담은 '삼성 iD 카드' 디지털 마케팅 활동을 진행하고 있다.

삼성카드는 자신의 스타일과 취향에 맞는 소비를 즐기는 고객들에게 '삼성 iD 카드'의 가치와 의미를 SNS 콘텐츠로 전달하기 위해 2023년 글로벌 아티스트 〈조슈아 비데스와의 THE iD. 콜라보레이션〉, 대국민 건강 챌린지 〈iD VITA의 만나이 챌린지〉, MZ세대 최애 웹툰, 〈네이버 웹툰과의 PLCC 진행〉 등 삼성카드만의 독창적인 콘텐츠와 이벤트를 선보이고 있다.

●●

인스타그램으로
나만의 취향과 소비를 드러내다

삼성카드의 인스타그램은 MZ 세대와 공감하고 소통하는 채널로 '나만의 취향과 소비 스타일'라는 메시지를 중심으로 고객 참여를 이끌어내고 있다. 특히 인스타그램 채널을 삼성카드의 비주얼 브랜딩 거점으로 삼아 신규 카드 출시 시점에 따라 카드의 컬러와 이미지를 반영한 고퀄리티의 콘텐츠를 선보이고 있다.

글로벌 아티스트, '조슈아 비데스'

삼성카드 THE iD. 그리드 콘텐츠

프리미엄 카드 'THE iD.' 캠페인 기간에는 조슈아 비데스의 무드에 맞춰 블랙&화이트 컬러의 콘텐츠로, 'iD VITA' 카드는 키 컬러인 라임 컬러를 사용하는 등 피드 내 캠페인 무드를 통일감 있게 선보였다.

이 외에도 MZ 세대의 취향과 소비 스타일을 반영하여 글로벌 아티스트와 협업한 콘텐츠로 호기심을 자극하고, 다양한 영역에서 삼성카드의 서비스를 자연스럽게 인지하고 경험할 수 있도록 인스타그램뿐 아니라 온·오프라인을 넘나드는 다양한 활동들을 벌이고 있다.

삼성카드는 프리미엄 브랜드 'THE iD.' 출시 시점에 맞춰 글로벌 아티스트 조슈아 비데스Joshua Vides와 협업을 진행했다. 조슈아 비데스는 독창적인 2D 드로잉

으로 MZ세대와 SNS에서 주목받고 있는 세계적인 아티스트이다. 삼성카드는
비데스와의 협업을 통해 인스타그램에서도 기존 광고와는 차별화된 비주얼과
영 프리미엄한 무드를 선보였다.

••

요즘 프리미엄?
지극히. 사적인. 프리미엄. WEEK

과거 프리미엄이 호텔, 명품 옷, 외제차, 해외여행을 두루 아우르는 A to Z의 프

삼성카드 THE iD. '지극히 사적인 프리미엄 WEEK'

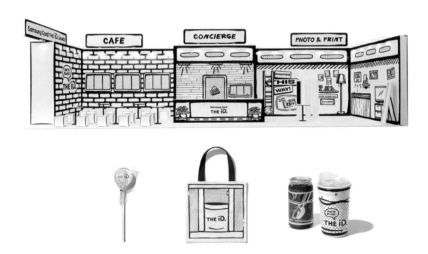

Kiaf SEOUL 2023, 삼성카드 THE iD. LOUNGE 부스, 굿즈 3종

리미엄이었다면, 최근 MZ세대는 A or Z 프리미엄을 선호한다. 삼성카드는 각자의 스타일과 취향에 맞게 소비를 즐기는 MZ세대의 지극히 개인적이고 선택적인 프리미엄 라이프에 주목했다.

삼성카드는 다양한 영역 중 가장 대표적인 '호텔', '골프', '패션', '쇼핑' 등 영역에서 '지극히 사적인 프리미엄 WEEK'를 진행하며 MZ세대를 비롯한 다양한 연령층의 고객들에게 삼성카드만의 프리미엄 메시지를 전달했다.

또한 2023년 삼성카드는 프리미엄 카드 보유 회원에게 다채로운 문화 혜택 경험을 제공하는 서비스 'THE BENEFIT'의 브랜드를 리뉴얼하여 'DINING WEEK', 'ART WEEK', 'GOLF WEEK' 등의 스페셜 프로모션을 진행하고 이를 SNS에 알리며 고객들이 지극히 사적인 프리미엄을 경험할 수 있도록 유도했다. 삼성카드는 'ART WEEK'의 일환으로 'Kiaf SEOUL 2023'에서의 더 다양한 고객 경험 제공을 위해 삼성카드 단독 부스인 'THE iD. LOUNGE'도 운영했다. 또한 '매트블랙'과의 콜라보레이션 굿즈를 제작하는 등 오프라인까지 연계되는 경험을 만들어 나감으로써 고객들의 다양한 취향을 배려했다.

삼성 iD NOMAD 카드, '나만을 위한 EXIT' 그리드형 콘텐츠

●●

'나만을 위한 EXIT', iD NOMAD 캠페인

삼성카드는 여행과 레저를 주제로 한 'iD NOMAD' 카드의 무드가 담긴 그리드형 포토컷 콘텐츠를 통해 약 4.2만 개의 좋아요 수를 확보했다. 프리미엄한 무드의 포토컷과 메시지를 고객들에게 보다 적극적으로 인지시킬 수 있도록 기존 제작된 포토컷을 활용해 스토리라인이 돋보이는 영상형 포토를 선보였으며,

해당 영상은 약 445만 회의 조회수를 확보해 브랜드 인지에도 효과적인 성과를 거두었다.

삼성카드는 프리미엄 포토컷 외에도 '지난, 여름, 일상 탈출의 시간'을 주제로 한 '나만을 위한 EXIT EVENT'를 진행하여 팔로워의 높은 참여를 이끌어냈다. 피크닉을 가더라도 감성을 즐기기 위해 와인을 챙기고, 이색 액티비티를 즐기며, 불황기 속에서도 나를 위한 소비를 이어가는 2030의 여가 트렌드에 따라 #WINE, #TRAVEL, #SHOPPING을 테마로 정했다.

삼성 iD NOMAD 카드, '나만을 위한 EXIT' EVENT

••
나이에 맞게!
iD VITA 만나이 챌린지

건강한 일상을 지켜주는 'iD VITA' 카드의 출시와 함께 삼성카드는 '만 나이 챌린지'를 진행했다. 카드 플레이트를 활용한 간단한 네 가지 동작으로 나의 신체 나이를 알아보는 '만 나이 챌린지'는 하나의 놀이로 자리매김하며 유명 틱톡커, 유튜버 등이 직접 참여하는 등 적극적인 팔로워들의 참여를 이끌어냈다.

특히 MZ세대뿐만 아니라 40대, 50대 시니어가 직접 '만 나이 챌린지'에 도전하여 젊은 신체 나이를 기록하는 콘텐츠를 통해 '진짜 나이가 아닌 신체 나이가 중요하다'는 메시지까지 적극적으로 전달했다.

삼성 iD VITA 카드 '만 나이 챌린지'

●●
MZ세대의 76%가 보는
웹툰에 주목하다

'네이버 웹툰 삼성 iD 카드'가
출시됨에 따라 삼성카드 인
스타그램에서는 웹툰 캐릭터
와 카드 플레이트를 활용한
그리드 콘텐츠를 선보여 소
비자들의 시선을 끌었다.
MZ세대 팬덤층을 탄탄히
확보하며 인기몰이 중인 '화
산귀환', '세기말 풋사과 보습
학원' 등 웹툰 캐릭터를 콘텐
츠에 위트 있게 적용해 카드

네이버웹툰 X 삼성 iD 카드 그리드 콘텐츠

포인트 혜택 등 주요 혜택을 효과적으로 표현했다.

04

DB손해보험

브랜드 가치,
소통의 전략이 되다

DB손해보험은 2022년 하반기부터 단순한 이벤트가 아닌 보험 가치 및 소비자 트렌드를 복합적으로 담은 대형 캠페인을 펼치고 있다. 하지만 DB손해보험은 소비자 인사이트를 통해 발굴한 개별 가치인 '건강'. '사랑', '안전', '환경'이라는 가치는 하나의 캠페인으로 연결하기에는 다소 어려운 속성을 가지고 있었다.

이에 DB손해보험은 브랜드 가치인 약속과 연결하여 '건강약속' 가족사랑 약속', '안전약속. 환경약속'이라는 테마로 발전시켰으며, 한단계 더 나아가 이러한 것

들이 이루어지는 하나의 World를 구축했다. 이렇게 탄생한 것이 바로 'Health Land', 'Together Land', 'Safety Land'. 'Green Land' 4개의 월드로 구축된 Promise World이다. 또한 모든 콘텐츠는 DB손해보험의 핵심 가치인 "약속"과 커뮤니케이션 슬로건인 "약속하길 잘했다"와 연결될 수 있도록 설계되어 있다.

●●
DB손해보험의 가치를 담은
4가지 캠페인

먼저 Healthy Land 캠페인은 운동 관련 콘텐츠를 제작하여 배포하여 디지털 유저가 일상에서 따라할 수 있도록 하는 것을 목표로 하고 있다. 하지만 대부분의 디지털 소비자는 브랜드가 제작한 콘텐츠에 회피 성향을 가지고 있고, 먼저 찾아보려 하지 않는 성향을 가지고 있다. 이에 DB손해보험은 평판과 팬덤, 호의도 및 평균 조회수 등을 복합적으로 고려하여 약 40만 구독자를 보유한 인플루언서이자 트레이너인 쌍둥이 자매 흥둥이와 함께 스트레칭 시리즈 영상을 제작했다.

Healthy Land _ 흥둥이와의 Co-Work 콘텐츠

콘텐츠는 단순히 배포하는 것에서 끝나지 않고 디지털 내에서 고객의 보이스로 WOM을 이루어 낼 수 있도록 참여형 캠페인과 함께 진행되었다. 고객이 콘텐츠를 보고 매일 운동할 것을 다짐(약속)하는 댓글 이벤트를 진행하여 약 3,000회 이상의 높은 참여율을 이끌어 냈다. 다짐에서 끝나지 않고 이를 개인 소셜미디어에서 인증하는 이벤트를 추가로 연계하여 약 1,000회 이상의 WOM을 만들어 냈다. 해당 이벤트를 통해 고객들이 스스로 한 약속을 지킬 수 있도록 하는 계기를 만들었으며, 이를 통해 보험의 기본 가치와 브랜드 가치를 자연스럽게 연결지었다.

Together Land _ '가족사랑 우체통'과 '약속네컷' 이벤트

가족사랑은 DB손해보험이 보유한 또 다른 브랜드 가치이다. 2022년 하반기에 커뮤니케이션 슬로건 "약속하길 잘했다"를 도입하기 이전에 "가족사랑을 지키는 약속"을 사용해 왔고, 이를 기반으로 전방위로 캠페인을 전개해왔다.
가족사랑의 가치 아래에서 오랫동안 진행해온 캠페인이 바로 2012년부터 진행해온 가족사랑 우체통이다. 가족사랑 우체통은 소원해진 가족에게 편지를 쓴다는 간단한 아이디어에서부터 시작한 캠페인으로 해를 거듭하며 다양한 방식으로 성장해 왔다. SMS에서 카카오톡으로 유저의 모바일 이용 행태에 따라 편지를 발신하는 채널도 점점 진화했다.

Safety Land _ 전동 킥보드 안전과 관련한 캠페인 영상

소비자 안전은 보험 산업의 근간이라고 할 정도의 중요한 가치이다. "Safety Land"는 다양한 안전의 가치 중 최근 많은 이슈가 되고 있는 전동 킥보드 사고에 대한 내용을 다루는 캠페인을 진행했다. 전동 킥보드 안전사고에 대해서는 수많은 메시지가 있을 수 있지만 DB손해보험은 한가지 핵심 키메시지만을 설정하여 이를 중점적으로 전달했다. DB손해보험이 선택한 메시지는 바로 "탑승시 보호장비 착용"이다. 이 직관적인 메시지는, 전동 킥보드 뿐 아니라 다양한 퍼스널 모빌리티 이용자에게도 확산될 수 있다는 장점을 가지고 있다.

DB손해보험은 전동 킥보드 안전과 관련한 캠페인 영상을 제작하여, 이를 확산시키기 위한 공유 이벤트를 진행했다. 영상은 기본적인 안전 수칙은 물론 소비자가 어려워 실천하지 못했던 부분을 해소해 주는 솔루션을 함께 제시했다. 기존의 안전모와 달리 가볍게 휴대하고 다니면서 필요할 때 꺼내 쓸 수 있는 아이디어 상품인 "포켓에어헬멧"을 소개하는 것이었다. DB손해보험은 포켓헬멧을 브랜드 굿즈로 제작하여 다양한 캠페인을 통해 배포했다.

환경과 보험은 언뜻 보면 어울리지 않는 조합이다. DB손해보험은 환경이라는 가치를 어떻게 브랜드와 연결시킬 것인가에 대한 고민 끝에 두 가지 가치를 억지로 연결 짓기 보다는 소비자와의 공감대를 형성하는 것을 택했다. 보험이라는 산업의 색은 과감히 포기하고, 브랜드 가치인 "약속"을 연결하여, 앞서 진행한 다른 캠페인과 마찬가지로 DB손해보험과 환경사랑을 함께 약속하자라는 메시지로 캠페인을 전개했다. 캠페인은 가벼운 N행시 이벤트와 환경사랑을 다

Green Land _ N행시 이벤트와 환경사랑 인증 이벤트

짐하고 인증하는 두 개의 이벤트로 진행됐다. 해당 캠페인 역시 단순한 경품 제공 이벤트로 끝나지 않게 하기 위해 최근 트렌드로 부상하고 있는 플로깅 세트를 제작하여 배포함으로서, 이벤트에 참여한 유저들이 일상에서도 브랜드와 함께 환경 사랑 약속을 실천할 수 있도록 했다.

●●

DB손해보험 SNS 허브채널, 브랜드 사이트

DB손해보험의 브랜드 사이트는 SNS 소식과 이벤트, 가족사랑, 건강, 금융, 투자, 일상 관련 정보를 함께 전달하고 있다. 가족사랑 우체통 이벤트는 월별 테마에 맞춰 카드, 편지봉투 등을 테마에 따라 디자인하고, 카톡, SMS 등 마음을 전달하기 쉬운 포맷으로 구축하여 월 평균 1,000여 명이 참여하고 있다.

또한 브랜드 사이트에서는 건강, 금융, 투자 등 4050 타깃에 맞춘 소셜매거진 콘텐츠를 운영중이다. 소셜매거진은 전문가 필진을 섭외하여 매월 타깃에 맞는 주제를 선정하여 전문 정보를 전달하고 카카오 메시지 발송을 연계하여 밀접한 소통을 이어나가고 있다.

●●
업계 최대 팔로워를 보유한
약속스타그램

브랜드 캐릭터 '프로미'를 활용한 인스타그램 콘텐츠

DB손해보험의 인스타그램은 2023년 팔로워 45만 명을 돌파했다. DB손해보험 SNS 대표 채널인 인스타그램은 고객의 약속을 지지하고, 약속에 대한 중요성을 강조하기 위해 '약속스타그램'이라는 이름으로 운영되고 있으며, 건강 약속, 관계 약속, 일상 약속 등 생활 속에서 유용하게 활용할 수 있는 정보와 브랜드 캐릭터인 '프로미'를 활용한 콘텐츠로 약속의 가치를 전파하고 있다.

●●
소비자의 건강과 재미를 책임지는
유튜브 채널 "프로미TV"

DB손해보험의 유튜브 채널은 2023년 구독자 30만 명, 총 조회수 8천만 뷰를

DB손해보험 유튜브 채널 '프로미 TV'

기록하면서, 보험업계 최초로 실버버튼을 수령했다.

DB손해보험의 '프로미 TV' 유튜브 채널 역시 약속의 가치를 일관되게 담은 영상을 꾸준히 업로드 중이며, 최근 고객의 니즈에 따라 프로미 게임, 건강, ESG, Now, 보험 가입 등 숏폼 형식의 영상 콘텐츠를 늘려가고 있다.

프로미 TV는 구독자들에게 친화적으로 다가가기 위해 매달 프로미 게임 이벤트 시리즈 콘텐츠를 정기적으로 업로드하고 있다. 프로미 게임은 영상으로 제작해 참여자가 실제로 화면 속에서 게임을 하는 듯한 기분을 느끼게 해주는 캐주얼 콘텐츠이다.

또한, 구독자들과의 친밀한 관계 유지를 위해 투표 기능을 활용한 참여 이벤트도 진행하고 있는데, 월 평균 참여자 수 1,300여 명을 기록하면서 큰 호응을 끌어내고 있다.

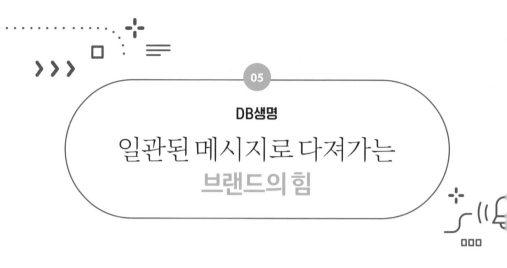

05

DB생명

일관된 메시지로 다져가는
브랜드의 힘

DB생명은 인스타그램을 중심으로 고객과 활발하게 소통하고 있다. 2021년 2월 첫 개설된 DB생명의 인스타그램은 현재 약 45,000명의 팔로워를 보유하고 있으며 2022년 한 해 동안 콘텐츠 도달수 26,643,524회를 기록했다.

일관된 키워드,
톤&매너로 브랜드 메시지 전달

DB생명의 인스타그램은 브랜드 캐릭터인 '우리'와 '두리'를 적극 활용하여 '백년 친구 DB생명'이라는 브랜드 메시지를 친근하게 전하고 있다.

  '백년친구'는 고객의 평생을 의미하는 '백년'과 믿음, 친근 감을 표현한 '친구'를 결합한

키메시지로 고객의 백년인생을 든든하게 지키고 언제나 믿을 수 있는 친구가 되고자 하는 DB생명의 마음을 의미한다. 로고는 고객을 상징하는 하트와 DB생명을 상징하는 하트가 만나 친구가 되는 모습을 나타내는데, DB생명의 마스코트인 '우리'와 '두리' 역시 이를 바탕으로 캐릭터화 한 것이다.

'백년친구 DB생명' 키워드와 캐릭터 활용 콘텐츠

'백년친구 DB생명'이라는 컨셉을 중심으로 운영 중인 DB생명 인스타그램은 트렌드에 따른 유용한 생활정보와 운동, 장소추천, 반려동물 등을 소재로한 폭넓은 카테고리의 콘텐츠를 운영하고 있다. 또한, 카테고리에 따라 채널의 특성을 살려 다양한 형식의 콘텐츠를 선보인다. 캐릭터, 실사 이미지, 릴스 영상 등의 소재에 따라 콘텐츠 형식을 다양화하여 정보를 보다 효과적으로 전달하고 스토

캐릭터 디자인, 실사 이미지 콘텐츠, 스토리 및 릴스 영상

리 직접추가, 투표, 필터 등의 인스타그램 기능을 활용하여 팔로워들과 소통력 또한 강화하고 있다.

3040 여성들이 공감할 수 있는 채널

DB생명 인스타그램의 '운동', '레시피' 콘텐츠

DB생명 인스타그램에서는 3040 여성 타깃층의 주된 관심사인 운동, 맛집, 뷰티, 핫플레이스 등 트렌드에 따른 다양한 주제를 활용한 콘텐츠를 제공한다.

특히 골프, 러닝, 테니스 등의 3040여성층의 자기관리 트렌드를 반영한 운동정보 콘텐츠는 지속적으로 좋은 호응을 얻고 있으며, 시즌 이슈에 맞는 레시피 정

보 콘텐츠는 다수의 자발적인 댓글과 높은 저장수 반응을 이끌어냈다. 이와 같이 3040여성들에게 좋은 반응을 얻고 있는 콘텐츠 소재는 DB생명에서 자체적으로 구성된 6명의 인스타그램 콘텐츠 자문단을 통해 고객 반응과 트렌드에 맞게 선정 중이며, 지속적으로 타깃층의 관심사를 기반으로 한 콘텐츠 소재 발굴을 위해 활동하고 있다.

DB생명 인스타그램은 여기서 더 나아가, 인스타그램 주요 이용층이자 핵심 소비층인 MZ세대의 관심사를 반영한 콘텐츠로 점차 타깃층을 확장해 나가고 있다. 2023년 하반기부터 연재되고 있는 '우리'와 '두리'의 인스타툰은 MZ세대들의 주된 관심사인 회사생활에 관한 에피소드와 직장인을 위한 업무 꿀팁을 담

아내어 다양한 세대가 모두 공감할 수 있는 콘텐츠를 확장하고 있다.

고객의 직접 참여를
이끌어내는 채널

DB생명의 인스타그램은 광고, 홍보 목적의 일방적으로 브랜드에 관한 정보를 전달하는 방식의 운영이 아닌 팔로워와 다방면으로 소통하는 채널로 운영 중이다. 매달 1회 이상 유저들이 직접 참여할 수 있는 인스타스토리 직접추가, 투표 기능 활용 이벤트를 진행하며 유저들의 관심사와 취향을 함께 공유하고 나눈다. 그 밖에도 보다 적극적인 소통을 위해 댓글 참여 이벤트 결과를 활용한 2차 콘텐츠를 제작하여 유저들이 직접 콘텐츠 제작에 참여하는 재미를 느낄 수 있도록 하고 있다.

댓글 추천을 받아 후속 콘텐츠로 제작한 콘텐츠 사례

인스타그램 채널 개설 이후 매년 4월 연간 주요 이벤트로 운영 중인 DB생명 창립기념일 이벤트를 열고 있다. 2023년에는 '생일파티' 컨셉으로 진행되어 브랜드 컬러인 '초록색'을 파티의 컬러코드로 설정하고 자신의 일상 속에서 마주한 '초록색'을 사진에 담아 자신의 계정에 공유하는 방식으로 운영되었다.

이 이벤트는 단순하지만 흥미로운 참여 방법으로 팔로워들의 높은 자발적 참여를 유도하여 약 21일간 총 1,706명의 유저가 이벤트에 참여하는 성과를 얻었다.

이 밖에도 누군가에게 고마운 마음을 DB생명 콘텐츠를 통해 대신 전달하는

DB생명 창립34주년 생일파티 이벤트에 참여한 모습

'추석맞이 마음배송이벤트', '어버이날 부모님 과거사진 자랑 이벤트' 등과 같은 주요 이벤트를 통해 가족, 친구, 지인들과 함께한 순간을 나누는 이벤트를 진행하여 '엄마의 어린시절 사진을 보며 새삼 마음이 찡하네요' 등의 긍정적인 평가와 공감을 얻었다.

지루하지 않은
ESG 콘텐츠

DB생명은 최근 사회적인 관심이 높은 ESG 관련 내용들을 인스타그램 콘텐츠를 통해 알기 쉽게 설명하고, 쉬운 방법으로 참여 가능한 SNS 캠페인을 운영하고 있다. ESG 콘텐츠는 이미지 형식의 슬라이드 콘텐츠뿐만 아니라 릴스 영상, 스토리 기능 등을 활용한 다양한 형식의 콘텐츠 유형으로 제작하며 사람들의 관심 유발하고 자발적인 실천과 참여를 이끌어낸다.

또한, ESG 콘텐츠를 통해 DB생명 임직원들이 함께한 '우리두리 헌혈데이', '빨래 봉사, '플로깅' 등의 활동 소식을 함께 전하며 사회 공헌 활동에 대한 긍정적인 모습을 알리기 위해 노력하고 있다.

DB생명은 2007년부터 한국심장재단과 협약을 통해 결연 환자의 심장병 수술지원과 생활활동을 돕는 후원활동을 진행하고 있다. 2021년부터 인스타그램을 통해 진행한 '#

ESG 친환경 관련 정보성/챌린지, 릴스 영상

줄넘기기부챌린지'는 인스타그램 계정에 줄넘기를 하는 모습을 올리면, DB생명에서 게시물 1건당 1만 원을 기부하는 챌린지를 진행하였다.

DB생명은 ESG 관련 내용들을 인스타그램 콘텐츠를 통해 알기 쉽게 설명하고, 쉬운 방법으로 참여 가능한 SNS 캠페인을 운영하고 있다. ESG 콘텐츠는 이미지 형식의 슬라이드 콘텐츠뿐만 아니라 릴스 영상, 스토리 기능 등을 활용한 다양한 형식의 콘텐츠 유형으로 제작하여 사람들의 관심 유발하고 자발적인 실천과 참여를 이끌어내고 있다.

#줄넘기기부챌린지 콘텐츠, DB생명 우리두리 헌혈데이 릴스 영상

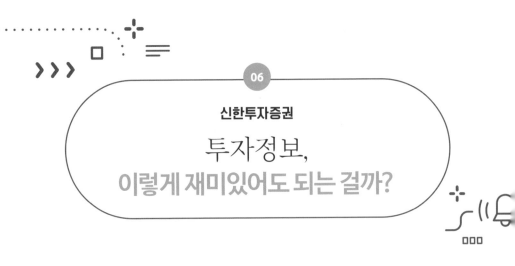

06

신한투자증권

투자정보,
이렇게 재미있어도 되는 걸까?

신한투자증권은 유튜브 채널 '알파TV'를 적극적으로 활용해 통해 시청자들과 교감하고 있다. 알파TV는 소비자들의 눈높이에 맞는 다채롭고 유익한 투자 정보 콘텐츠를 제공하고 있는데, 크게 3가지 프로그램으로 분류해 볼 수 있다.

초보들을 위한 기초 금융 지식을 쉽게 전달하는 〈암기왕김탠탠〉

대표 콘텐츠인 〈암기왕김탠탠〉은 투자 초보들을 위한 기초 금융 지식을 쉽고 재미있게 전달해 금융 투자에 대한 진입장벽을 낮추는 MZ세대 맞춤형 브랜디드 콘텐츠이다.

김탠탠이라는 가상의 '부캐'(김태은 사내 아나운서의 부캐릭터)가 각 부서를 방문 후 관련된 금융지식을 배우는 방식이다. 도입부에서는 트렌디한 콘셉트의 짧은 영상으로 시청자들의 흥미를 유발하고, 본편에서는 빠른 호흡의 편집으로 자칫 지루할 수 있는 금융 정보를 쉽고 재미있게 풀어서 이야기하며 퀴즈를 통해서 배운 금융지식을 요약하고 암기한다.

온라인 미디어의 특징인 빠른 호흡, 격 없는 대화, 퀴즈 풀기를 콘텐츠에 담아서 기존의 투자정보전달 콘텐츠의 정형화된 형식을 탈피하고자 하고자 노력했으며, 고객들에게 각 신한투자증권의 부서를 소개하는 역할도 겸하고 있다

소액 투자 조언 콘텐츠 〈개꿀알바대작전〉

최근 인기 급상승중인 "개꿀알바대작전"은 "돈을 버는 것은 어렵고 투자는 더 어렵다! 하지만 방법은 있다"는 콘셉트로 사회 초년생들이 공감할 수 있는 소액 투자 조언 콘텐츠이다.

개꿀알바대작전은 매 회 다른 알바를 통한 다양한 직업 군의 소개 및 체험 후 받은 급여로 다양한 금융 상품을 알아보고 투자를 시작하는 사회 초년생들에게 알맞은 투자 방법을 알려준다.

알바는 타조농장부터 미용실, 식당, 애견카페, 스크린골프장 등 사회 초년생들

이 쉽게 접할 수 있는 장소로 섭외. 알바를 끝낸 후 일당을 받고 신한투자증권의 각 분야 전문가들에게 투자 조언을 받는 콘셉트이다. 페이크 다큐 요소를 차용해 타 아르바이트 콘텐츠와 차별화 시도하였고, AI성우의 더빙, 주 시청자층인 20~30대를 겨냥한 빠른 예능 스타일의 편집을 하였고 다양한 금융상품을 알기 쉽게 고객 눈높이에 맞추어 소개한다

●●

귀에 쏙쏙 들어오는
콘텐츠 전달력

리서치 전문 콘텐츠 〈주상전하〉

주식 시장 상황을 전하다의 앞 글자를 딴 '주상전하'는 콘텐츠 제목의 뜻대로 주식 시장 상황과 산업동향 등을 설명하는 리서치 전문 콘텐츠이다. 주상전하는 산업동향, 업종 전망과 Top pick 등을 어려운 내용을 보고서를 작성한 애널리스트가 직접 출연해 자세하게 설명해주는 시황, 투자정보 콘텐츠이다.

투자전략부와 기업분석부가 함께 작성하는 콜라보 자료, 약 100페이지가량의

산업 인덱스 자료, 신한 하우스뷰 등을 토대로 기존의 쉽고 재미있는 콘텐츠에 전문성과 깊이 감을 더했다.

주상전하는 애널리스트와 한국경제TV 앵커 출신 전세원 연구원이 대담하는 방식으로, 다소 무거울 수 있는 분위기를 재미있고 편하게 볼 수 있도록 구성하였다. 주상전하 라는 제목에 맞춰, 보고서는 상소문으로 칭하며 애널리스트들은 주주고객들에게 상소문을 올리는 형식으로 진행된다.

기업분석부와 투자전략부의 동시 출연으로 하우스뷰와 산업까지 연결되는 깊이 있는 내용을 다루고 시의성 있는 종목 분석 등 다양한 시각의 분석 내용에 재미 요소를 가미했다.

이외에도 신한투자증권 알파TV는 브랜드스토리를 통해 광고와 캠페인 등 브랜드전략을 전파하고 있으며 다양한 실험적 쇼츠 등을 제작하여 시청자들에게 한발 더 나아가고 있다.

건설·물류·정유

GS건설(자이 아파트)

DHL Express Korea

GS칼텍스

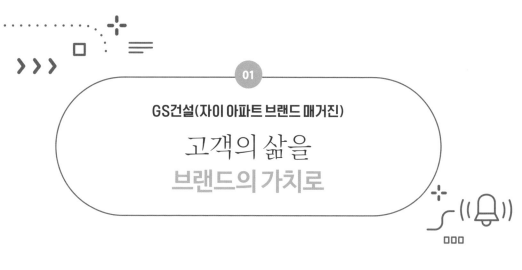

GS건설(자이 아파트 브랜드 매거진)

고객의 삶을
브랜드의 가치로

대한민국 가구의 절반은 아파트에서 살고 있다. 한국 사람들에게 아파트는 단순히 집 이상의 의미를 가지고 있다. 단순한 주거 기능을 넘어 나와 가족들의 삶이 펼쳐지는 공간이기도 하기 때문이다.

지난 2002년 론칭한 자이는 전국 321개 단지, 35만여 세대의 입주민이 살고 있는 아파트 브랜드이다. GS건설은 아파트에 살고 있는 사람들과 그리고 앞으로 살아야 하는 사람들의 삶에 대한 이야기를 엮어 2021년 최초로 〈자이 매거진〉을 발행했다.

그리고 2023년에는 아파트먼트의 의미 그 너머의 비전과 가치를 찾는다는 의미의 '비욘드 에이BEYOND A.'로 리뉴얼하면서 고객 그리고 잠재고객들과의 친근하면서도 밀접한 소통을 강화해 나가고 있다.

●●
삶의 모습을 생생하게 전달하는
콘텐츠 구성

BEYOND A.는 메인 사이트를 중심으로 유튜브, 페이스북과 인스타그램을 운영하고 있다. 각 채널은 채널 특성에 맞게 가공된 콘텐츠와 이벤트 등으로 구성되어 있으며, 꾸준하고 정기적인 콘텐츠 발행으로 꾸준히 구독자를 늘려가고있다. 매주 발행되는 뉴스레터는 약 13만 명의 구독자를 확보하고 있으며, 사이트 방문자 수는 월 평균20~25만 명에 달한다.

INTERVIEW: RESIDENTS 〈꽃보다 자이〉

콘텐츠의 구성은 BEYOND A.가 표방하고 있는 "가치 있는 삶을 담는 플랫폼"에 맞추어져 있다. 〈자이가 만난 사람들 _ INTERVIEW〉는 자이에 살고 있는다양한 직업과 라이프스타일을 가지고 있는 입주민들의 이야기를 담았다. 입주민이 생각하는 자이 아파트의 가치를 소개하고 본인의 라이프스타일과 자이아파트가 그 라이프스타일을 누리는데 어떤 도움과 시너지를 만들어 내는지 다양한 영상과 사진으로 전달한다. 입주민의 삶을 영상으로 보여줌으로 독자들에게 보다 생생한 자이에서의 삶의 방식을 보여준다.

INSIGHT: EDITION 〈우리가 옵션을 만든 이유〉

〈다채롭고 흥미로운 세상 이야기 _ INSIGHT〉는 아파트를 구성하는 상품, 서비스, 문화와 기술에 대한 칼럼이다. 불편할 수 있는 공동주택의 삶을 자이만의 거주 문화와 커뮤니티로 긍정적 메시지를 전달한다. 또한 맞춤형 아파트, 자이만의 스마트한 편의 시설을 소개하고 그 안에서의 자유로운 삶을 보여준다.

MOMENT: TASTE 〈활력 넘치는 자이의 8월〉

〈자이와 함께하는 행복한 삶의 순간 _ MOMENT〉는 매월 자이에서 일어난 다양한 사람들의 일상 이야기다. 자이와 함께하는 다양한 순간을 감각적으로 표현해 이를 자이 브랜드와 자연스럽게 연결하고 있다.

02

DHL Express Korea

Way Maker, 소셜 미디어로
상생의 길을 열다

다양한 채널에 업로드 된 콘텐츠들을 모아 놓은 메인 허브, DHL 인포페이지

DHL 코리아는 5개의 소셜 미디어 채널과 물류 정보를 한 곳에 모아 볼 수 있는 1개의 소셜 큐레이션, 그 외 다양한 프로모션, DHL 서비스, 백서 등을 모아 볼 수 있는 웹페이지를 운영 중이다. 그리고 주기적으로 글로벌 이커머스 성공 키워드, 배송 전략, 이커머스 IT솔루션 등 다양한 정보들을 분석 및 제공하는 웨비나 Webinar: Web + Seminar도 진행하고 있다.

각 채널의 성격에 맞게 콘텐츠가 생산되고, 이러한 콘텐츠를 다시 유기적으로 결합해 유입자를 채널 속에 오래 머물게 하는 전략은 DHL 소셜 채널만의 강점이자 운영 전략이다. 이러한 촘촘한 연결성을 바탕으로 현재 DHL의 소셜 채널은 서로 방문자가 여러 채널을 자유롭게 이동해 콘텐츠를 소비하는 선순환 구조를 유지하고 있다. 예를 들어, 물류 정보는 블로그에 중점적으로 소개되고, 이를 재가공하여 이미지 중심의 콘텐츠는 인스타그램에, 동영상과 실시간 콘텐츠의 경우 페이스북에 업로드 된다. 이러한 콘텐츠는 1개월 한 번 '소셜 큐레이션'으로 통합되어 발행되고, 고객들에게는 '뉴스레터'로 전달된다.

소셜 미디어 콘텐츠로 제시하는
새로운 기회

코로나19는 기업 환경에 많은 변화를 가져왔다. 특히 DHL 코리아의 고객사는 대부분 수출/입과 관련된 기업이었던 탓에 팬데믹으로 인한 어려움은 더더욱 컸다. DHL 코리아는 2023년 소셜 미디어 채널의 운영 전략을 '고객사와 함께 성장하기'로 설정했다.

DHL 코리아는 코로나19 초기 국제특송 기업의 전문성을 십분 발휘해 물류 동향, 수출입 현황 등 실시간 정보를 전달하는 데 집중했었는데, 포스트 코로나 시대를 맞이하면서부터는 기업들의 해외 진출을 돕는 채널로 DHL 소셜 미디어 채널의 성격을 전환했다. 기업들의 해외 진출에 도움이 될 수 있는 정보들로 콘텐츠를 생산 및 발행하는 데 중점을 두고, 해외 진출 성공 전략, 국가별 진출 노하우, 해외 진출 성공 사례 소개, 수출입 주의사항 등을 종합적으로 전달하고 있다.

전문적 무역/물류와
이커머스 정보를 제공하는 블로그

해외 시장에 진출하려는 기업들은 보통 어디에서부터 어떻게 준비해야 하는지 몰라 우왕좌왕하는 경우가 많다. DHL 코리아는 다양한 기업들의 해외 진출 사

[DHL X FMACM] 지속가능성과 독창성을 추구하는 패션 브랜드 FMACM　　[DHL 성공스토리] 중세 갑옷과 클래식한 소품을 제작하는 Nautical Mart

블로그 'How to Succeed' 콘텐츠

례를 주기적으로 발행해 해외 진출 노하우를 소개하고 있다. DHL 블로그에서 발행되고 있는 'How to Succeed' 콘텐츠는 해외 진출에 성공한 기업들을 소개하는 콘텐츠로 지금까지 패션, 화장품, 가전 등 다양한 기업들의 성공 노하우를 전달하고 있다. 각 나라별 시장 진출과 노하우 등을 소개하는 '이달의 국가' 콘텐츠 역시 기업들의 해외 진출을 돕고 있다. 매달 해외 진출에 용이한 국가 혹은 이슈가 있는 국가들을 선정하고, 그 나라 시장의 특징, 트렌드 그리고 진출 시 주의할 점 등을 소개한다. 특히 해외 진출을 준비 중인 기업들에게 현실적인 팁 배송, 관세, 성공 전략 등을 제공해 긍정적인 반응을 얻고 있다. DHL의 이러한 콘텐츠들은 기업들의 해외 진출을 돕는 디딤돌 역할뿐만 아니라, 코어 타깃의 재방문율을 높이는 데도 큰 도움이 되고 있다.

●●

간단한 비주얼로
다양한 정보를 제공하는 페이스북

DHL 공식 페이스북은 이미지와 동영상의 비주얼 콘텐츠 중심이다. 블로그가

물류와 무역의 방대한 정보를 제공한다면, 페이스북에서는 이를 가공해 전달하는데, 특히 비주얼 콘텐츠 열풍에 발맞춰 동영상을 꾸준히 업로드하고 있다.

DHL 코리아 공식 페이스북 콘텐츠

과거 페이스북이 개인의 일상을 공유하는 공간이었지만, 소셜 미디어의 변화에 따라 그 성격이 바뀌었으며 현재는 뉴스피드를 편리하게 구독하는 뉴스채널로서의 성격이 강해졌다. 이러한 변화에 발맞춰 DHL 코리아는 실질적이고 유용한 콘텐츠를 페이스북에 눈에 띄고 간결하게 제공하기 위해 노력하고 있다. 블로그에 게재된 전문적인 물류 콘텐츠를 이미지 형식의 '카드뉴스' 혹은 '일러스트' 형태로 고객이 한 눈에 볼 수 있도록 재가공해 핵심 내용을 간결하게 전달하고 있다.

예를 들어, 매년 추가되고 있는 전기 배송차 도입에 관한 소식을 한 눈에 볼 수 있도록 인포그래픽으로 도식화하여 고객들의 이해도를 높였다. 또한, DHL 그

페이스북 내 지속가능성 콘텐츠

룹에서 실시하는 기후 보호 동참 슬로건 '#NowMoreThanEver'를 소개하는 콘텐츠를 영상으로 올려 숏폼 영상을 좋아하는 젊은 세대에게도 좋은 반응을 이끌어 냈다.

페이스북이 가지고 있는 이점으로는 링크를 텍스트에 포함시킬 수 있다는 점이다. 짧은 형태의 이미지로 임팩트 있는 내용을 뽑아 1차적으로 코어 타깃의 주목을 끌고, 이후 링크 전환을 통해 블로그와 카카오톡 채널 등으로 고객을 유입시켜 전체 소셜 미디어 채널의 활성화에도 긍정적인 결과를 가져오고 있다. 한 마디로 콘텐츠의 선순환을 일으키는 것이다.

●●
브랜드 아이덴티티 그 '잡채'
DHL 인스타그램

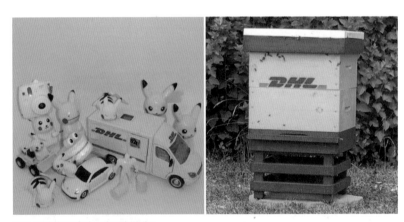

DHL 코리아 공식 인스타그램 콘텐츠

DHL은 공식 인스타그램의 핵심은 컬러의 통일성을 바탕으로 한 브랜드 이미지 강화 전략이다. DHL 코리아의 인스타그램은 DHL의 브랜드 컬러인 DHL YELLOW와 붉은 색 로고를 기반으로 인스타그램 피드에 통일성을 주고 있다. 선명한 노란색과 붉은색 로고를 지속적으로 대중들에게 노출시키고, 이를 통해 언제 어디서든 이러한 색에 노출되었을 때 자연스럽게 DHL 브랜드를 연상시킬 수 있게 된다.

DHL 코리아는 브랜드의 아이덴티티를 녹인 다양한 굿즈도 주기적으로 출시하고 있다. 굿즈를 통해 자연스럽게 고객과 대중에게 브랜드를 어필하고 친근함을 전달하기 위함이다. 이러한 굿즈는 인스타그램을 통해 소개되며, DHL 브랜드에 대한 친근함을 강화하고 있다.

DHL의 판촉물을 활용한 콘텐츠

또한, 다양한 굿즈를 활용한 이벤트를 통해 기업 고객이 아닌 일반 고객들의 관심도 유발하고 있으며, 잠재 고객 발굴에도 좋은 영향을 주고 있다. 이벤트를 통해 MZ세대와 같은 젊은 소비자가 DHL 인스타그램에 유입되고, DHL 브랜드에 대한 긍정적인 이미지를 갖게 되기 때문이다. 장기적인 관점에서 DHL 잠재 고객 발굴에 좋은 역할을 하고 있는 것이다.

●●
코어 타깃을 위한 맞춤형 채널,
DHL 카카오 채널

DHL 코리아는 기업 고객을 대상으로 하는 카카오톡 채널인 'DHL KOREA'와 개인 발송 고객을 위한 채널 'DHL KOREA 리테일'을 운영하고 있다.
'DHL KOREA' 채널에서는 기업 고객 대상으로 한 달 간의 콘텐츠를 모아 뉴스

DHL 코리아 공식 카카오톡 채널

레터 형식으로 메시지를 전달하고 있으며, 'DHL KOREA 리테일' 채널에서는 해외로 물품을 발송하는 개인 고객을 위한 맞춤 프로모션을 제공한다. 또한 카카오톡 채널의 기능 중 친구를 그룹으로 묶어 타깃 메시지를 발송하는 기능을 활용하여, 고객을 보다 세분화하고 각 타깃에 맞는 세부 정보를 제공하고 있다.

카카오톡 채널에 고객들이 자주 묻는 질문에 대해 자동응답기능을 설정했다. 발송 전 확인해야 하는 사항, 꼭 알아야 하는 사항 등을 채팅방 메뉴로 설정하여 고객 편의성 향상에도 기여하고 있다. 특히 카카오톡 채널의 채팅방 접속 시 빠르게 DHL 챗봇에 접근할 수 있다. 필요한 문의사항에 대해 즉각 필요한 정보를 제공하고 자세한 상담이 필요한 건에 대해서는 전문 상담원의 채팅 서비스가 제공된다.

이처럼 DHL 코리아에서는 카카오톡 채널의 장점을 살려 고객과의 커뮤니케이션을 강화하는 한편 DHL의 다양한 뉴스를 코어 타깃에게 다이렉트로 전달하는 효과를 얻고 있다.

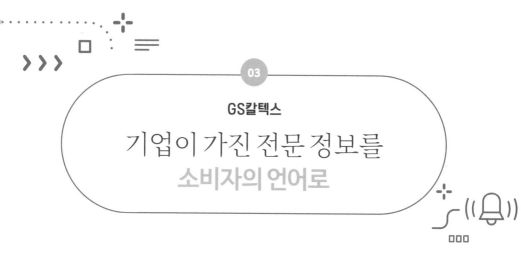

03

GS칼텍스

기업이 가진 전문 정보를
소비자의 언어로

GS칼텍스는 미디어허브 채널을 GS칼텍스의 다양한 사업과 비전, 지속 가능한 미래 위한 기업 활동, 구성원 스토리뿐만 아니라 에너지 업계 정보 등 다양한 소식을 제공해오고 있다.

2023년에는 사용자 편의성을 향상시키기 위해 미디어허브를 전면 개편하며 모바일에 최적화된 웹페이지 디자인으로 콘텐츠 가독성과 시인성을 높였다.

모바일에 최적화된 GS칼텍스 미디어허브

또한 오디오 콘텐츠 소비 증가 트렌드와 시각적으로 글 읽기에 어려움을 겪는 사람들을 위해 콘텐츠를 자동 음성 변환하여 전달하는 '텍스트 음성변환' 서비스도 도입했다.

또한 GS칼텍스는 미디어허브 채널 내 그린 트랜스포메이션GX 카테고리를 새롭게 신설하며 저탄소 신사업 관련 콘텐츠를 대폭 확충했다. 이 콘텐츠들은 전 세계적으로 기후 변화 위기의 심각성이 높아지고 있는 가운데, 단순히 브랜딩을 위한 ESG를 넘어 실질적인 변화를 만들어내는 ESG 콘텐츠로 GS칼텍스의 지향점을 진정성 있게 전하기 위한 것이다.

●●

경박단소,
타깃의 패턴에 맞춘 콘텐츠

에너지 관련 정보를 간결하게 알려주는 '에너지 NEWS 모음집.zip'과 '플리를 알려줘'

GS칼텍스는 인스타그램 주요 타깃인 MZ세대와의 관계 강화를 위해 에너지 업계 소식을 좀더 친근하게 전달할 수 있는 코너들도 2023년 새롭게 신설했다. 이동 시간 등 자투리 시간에 쉽고 빠르게 소비할 수 있는 '스낵커블 콘텐츠'를 선호하는 MZ세대 특성을 반영해, '에너지 NEWS 모음집.zip' 코너를 개설해 매월 주요 에너지 산업 이슈 및 심층 칼럼을 간단하게 요약 전달하고 있다.

또한 MZ세대에게 유행한 플레이리스트 공유 포맷을 활용해, GS칼텍스의 플라스틱 리터러시플리 사업과 연관지어 올바른 재활용 방법을 알리는 '플리를 알려줘' 코너를 운영하여 소비자의 공감과 이해를 돕고 있다. 석유의 상식, 역사, 트렌드, 전망을 친절하게 설명해주는 '에너지학개론' 코너도 전문적인 업계 지식을 얻고 싶어하는 소비자들의 니즈를 충족시키고 있다.

호평 받는 콘텐츠를 쇼츠로 재구성한 '에너지식백과'와 '유, 마이웨이'

GS칼텍스는 가볍고, 짧고, 빠르게 생활하는 디지털 세대들의 라이프 스타일을 고려해 2023년부터 영상 길이가 짧은 쇼츠로 에너지식백과 콘텐츠를 발행하기 시작했다. 시간 효율성과 편리함을 추구하는 유튜브 구독자들의 특성에 맞춰 GS칼텍스의 오리지널 콘텐츠인 에너지식백과 시리즈를 1분 내외의 세로형 짧은 영상으로 재편집해 에너지 산업의 기초 상식을 쉽고 재미있게 소개하고 있다.

항공기 운항에 최적화된 '항공유', 마스크의 필수재료 '폴리프로필렌' 등 평소에 무심코 지나쳐 온 생활 속 연료부터 플라스틱 역사, 에너지 안보 위협 요인 등 소비자들이 평소 궁금해하던 에너지 지식을 일목요연하게 설명한다. 이를 통해 이전 발행 콘텐츠 대비 약 100배 높은 조회수를 기록하며 소비자들의 많은 관심을 받고 있다.

어려워 보이는 에너지 정보, 디지털 콘텐츠로 쉽게

GS칼텍스는 에너지 산업의 동향과 트렌드 등 일반인에게 어렵게 느껴질 수 있는 에너지 상식이나 업계 이슈들을 쉽고 재미있게 풀어 다양한 포맷의 콘텐츠로 제공하고 있다.

쉽고 재미있게 가공된 정보 _ '하루1분 에너지퀴즈', '수소&CCUS 카드뉴스'

간단한 퀴즈 형식의 '하루1분 에너지퀴즈' 코너는 매달 MR, 친환경 복합수지, LNG, 바이오 등 생소한 에너지 용어와 상식들을 소비자에게 명쾌하게 설명하고 있으며, 신설된 'GS칼텍스 IF 시리즈' 코너에서는 '갑자기 석유가 세상에서 사라진다면?' 등 누구나 한 번쯤 상상해볼 수 있는 에너지 관련 엉뚱한 상황을 가정하며 재미와 더불어 에너지의 중요성까지 같이 전달하고 있다.

이외에도 전문적인 에너지 관련 지식을 요구하는 소비자들을 위한 'GS칼텍스 에너지 카드뉴스'를 통해 K-순환경제, 탄소중립포인트제도, CCUS 등 최근 중요하게 떠오르는 에너지 정보들을 이해하기 쉽게 전달하고 있다.

시즈널 이슈와 트렌드를 반영한 '에너지칼럼'과 '안녕 챗GPT!'

시즈널 이슈와 트렌드를 반영한 콘텐츠

GS칼텍스는 학계 및 업계 전문가뿐 아니라 다양한 타깃층과의 커뮤니케이션을 전개하기 위해 화제성과 시의성이 있는 이슈 또는 트렌드를 적극 반영해 콘텐츠를 제작하고 있다. 러-우 전쟁, 경기침체, 급등한 에너지 가격 등으로 '난방비', '에너지 안보', '에너지 효율' 등 에너지 이슈 정보를 업계 고관여자 및 일반 소비자에게 시의성 있게 전달하기 위해 '급등했던 천연가스 가격, 2023년은 우호적 환경 기대!', '에너지 위기 극복을 위한 2가지 키워드: 안보역량 강화, 수요관리 강화'와 같은 에너지 칼럼을 발행하여 전문가의 에너지 인사이트를 전달했다.

미디어허브와 인스타그램 채널에 게재된 '안녕 챗GPT!'는 2022년 11월 말 Open AI로 등장해 꾸준히 화제가 됐던 챗GPT를 소재로 활용한 콘텐츠로, 채팅 형식으로 질문하면 답변을 해주는 챗GPT의 특성을 살려 시리즈형 콘텐츠를 제작했다. 챗GPT의 말을 빌려 대중에게 생소한 GS칼텍스의 사업 분야인 GX, DX의 개념을 풀어 설명하고 대중들의 관심을 유도했다. 또한, 다양한 타깃층이 공감할 수 있는 콘텐츠를 만들기 위해 시즈널 이슈를 적극 반영했다. 2023년 3월에는 개화시기 예측 지도를, 6월에는 호국보훈의 달을 맞이해 방문하면 좋을 국내 명소를 소개하는 카드뉴스를 발행했다.

채널별 특징 살린
공감·참여형 콘텐츠

참여 공감형 콘텐츠 '펭군의 위험한 산책'과 'MBTI 상황 퀴즈'

GS칼텍스는 전문적인 정보를 담은 콘텐츠 외에도 공감·참여형 콘텐츠를 통해
소비자들과 적극적인 커뮤니케이션을 이어오고 있다. 특히 2023년 상반기에는
SNS 채널별 기능을 최대한 활용한 콘텐츠로 소비자들과 쌍방향 소통을 이끌
어내는 데 주력했다.

인스타그램에 발행한 '펭군의 위험한 산책' 시리즈 콘텐츠는 픽셀 게임을 모티
브로 모션을 삽입한 GIF 형식으로 콘텐츠 매력도를 높였으며, 인스타그램 스토
리의 기능을 활용한 콘텐츠도 함께 발행하고 허들을 낮춘 참여 방법으로 소비
자들의 적극적인 참여를 이끌어냈다.

트위터 'MBTI 상황퀴즈' 콘텐츠는 MZ세대의 주요 관심사인 'MBTI'와 '환경'
키워드를 반영한 콘텐츠 기획으로 소비자들의 주목도를 높였다. 유저들간 소통
이 활발한 트위터의 특징을 활용하여 디스크립션을 통해 인용글 작성을 유도하
여 소비자 간의 자발적인 소통을 이끌어냈다.

트위터 '에너지상식투표'와 틱톡 '펭군의 에코 인터뷰'

트위터 '에너지상식투표' 콘텐츠는 혼동하기 쉬운 에너지 관련 상식을 선정하여 투표 콘텐츠로 발행하고 정답을 알리는 후속 콘텐츠를 이어 발행하는 포맷의 콘텐츠로, 트위터 투표 기능을 적극 활용하여 소비자들의 반응을 지속적으로 이끌어내고 있다.

틱톡에서는 인플루언서와 펭귄 페르소나를 활용하여 2~30초의 짧은 영상 콘텐츠를 게재하며 Z세대와의 소통을 이어가고 있다. GS칼텍스 대표 캐릭터인 '펭군'의 인형탈을 활용한 '펭군의 인터뷰' 콘텐츠는 오프라인에서 직접 소비자들을 만나며 친근감 있는 브랜드 이미지를 구축했다. '친환경 복합수지', '업싸이클링' '탄소중립' 등 다소 생소하고 어렵게 느껴질 수 있는 GS칼텍스 사업을 인터뷰 퀴즈 형식을 통해 쉽고 재미있게 풀어내어 평균 조회수 220k를 기록하는 등 Z세대에게 긍정적인 반응을 이끌어냈다.

이와 함께 2023년 하반기부터는 펭군 실물 인형을 직접 제작해 더욱 생동감 넘치는 콘텐츠를 선보이고 있다. '펭군의 그린 오피스' 코너에서는 펭군을 직장인 컨셉으로 설정해 사무실 책상, 라운지 커피 머신, 회의실 화이트보드 등 회사 내부 장소 및 아이템 소재를 바탕으로 펭군이 저탄소 생활을 실천하는 모습을 연출한다. 또한 일상 속 다양한 순간에 펭군 실물 인형을 배치하고 SNS 상에서 유행하는 밈 또는 공감 문구를 자막이나 말풍선 형태로 패러디하여 MZ세대와 친밀감을 강화해 나가고 있다.

여가·문화·공익

삼성물산 리조트부문(에버랜드)

노랑풍선

넷마블

현대차정몽구재단

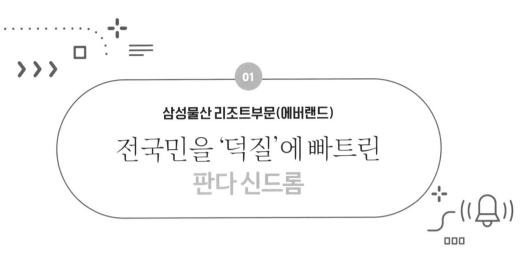

01

삼성물산 리조트부문(에버랜드)
전국민을 '덕질'에 빠트린
판다 신드롬

삼성물산 리조트부문은 지난 2011년부터 유튜브, 인스타그램, 페이스북, 트위터, 블로그 등 소셜미디어에 '에버랜드_{withEverland}' 계정명으로 SNS 채널을 운영하고 있다. 각 채널들의 대표 콘텐츠는 동물, 식물, 어트랙션, 공연, 축제 등 에버랜드와 캐리비안베이에서 경험할 수 있는 다양한 콘텐츠 등으로 고객이 원하는 정보를 미리 경험하도록 하는 것은 물론, 깊이 있는 스토리텔링 콘텐츠와 다채로운 참여형 이벤트를 기획해 고객과의 진정성 있는 소통에 힘을 쏟고 있다.

삼성물산 리조트부문은 유튜브와 인스타그램을 SNS 메인 채널로 운영하고 있다. 또한 블로그는 에버랜드 콘텐츠 허브 채널로 다양한 SNS 콘텐츠, 각종 PR 자료가 축적되어 있고, '아기판다 다이어리' 등 스토리 중심의 독점 콘텐츠를 연재하고 있다.

●●

'찐팬'과 함께 즐기는 덕질의 장,
에버랜드 인스타그램

삼성물산 리조트부문 대표 인스타그램 에버랜드는 다양한 참여형 이벤트와 트렌디한 콘텐츠를 매일 꾸준히 업로드하며 고객과 친근한 소통을 이어가는 브

삼성물산 리조트부문 대표 인스타그램 '에버랜드'

랜드 핵심 채널이다. 특히 사계절 다채로운 에버랜드와 캐리비안베이의 모습을 생생하게 담은 인스타그래머블 현장 사진, 파크 이용 꿀팁을 담은 카드뉴스 등 다양한 소식을 가장 빠르게 게시해 고객들에게 유용한 정보를 제공한다.

그중에서도 압도적인 인기를 끌고 있는 것은 판다월드에 살고 있는 아이바오, 러바오, 푸바오 등 바오패밀리판다 가족의 애칭 관련 콘텐츠이다. 이제 판다 가족의 일상은 전국민의 관심사가 되었다고 해도 지나치지 정도이다. 에버랜드는 이러한 이기회를 적극적으로 활용해 팬들을 위한 다양한 스페셜 이벤트를 진행했다.

2023년 7월에는 판다 가족의 생일이 모두 7월에 있는 것을 기념해 다양한 팬아트Fan-art를 자랑해 보는 '바오가족 덕질 콘테스트'를 진행했다. 10일 동안 약 850건의 작품이 응모되었으며 우수작은 7월 한 달 간 판다월드에 전시해 찐팬들과 온·오프라인 소통을 이어갔다. 또한 팬들의 의견을 적극 반영해 제작한 푸바오 실사 굿즈, 포토카드 등 특별 상품을 제작해 고객에게 증정하기도 했다.

바오패밀리 생일파티 초청 이벤트(7/6)도 50만 이상의 조회수, 2.5만 건의 인터랙션을 기록하며 많은 관심을 받았고, 쌍둥이 아기 판다 탄생 50일을 맞아서는 이름 공모 이벤트도 큰 인기를 끌었다. 이 이벤트에는 65만 회 이상의 조회수와 댓글 참여, 좋아요 등 4만 건의 인터랙션을 기록했다.

파괴력 있는 콘텐츠와 충성도 높은 '찐팬'들의 참여는 서로 상호작용을 하며 그

바오가족 덕질 콘테스트, 바오가족 생일파티 초대장, 쌍둥이 아기판다 이름 짓기 이벤트

효과를 기하급수적으로 증폭시키며 다양한 세대로 퍼져나갔다.

2023년 7월 바오패밀리 팬들은 자발적으로 모금을 진행해 바오가족 생일광고를 지하철역에 게시하기도 했는데, 이에 화답하며 에버랜드 SNS 계정에서는 '푸바오'의 생일광고 인증샷을 촬영해 인스타그램에 게시했다. 해당 콘텐츠는 40만 뷰 이상을 기록했고, 팬들과 센스 있게 소통하는 모습으로 온라인 커뮤니티에 바이럴, 언론에 기사화되기도 했다.

을 부르는 다양한 영상들은 덕후 중심 팬들이 재편집/공유하며 자발적 바이럴을 확산시키고 있다.

●●
환상의 나라에서 만나는 진짜 이야기, 에버랜드 유튜브

에버랜드 유튜브는 2011년 오픈한 후, 국내 최초 아기판다 '푸바오'의 다채로운 영상을 접할 수 있는 곳으로 입소문 나기 시작한 2020년 하반기부터 본격적인 주목을 받았다. 특히 연말에 공개한 '찰거머리 아기판다' 영상이 국내외에서 큰 화제를 모으며 인기에 가속도가 붙었고, 2021년 2월 구독자 50만 명을 돌파한 후 〈판다와쏭〉 등 다양한 콘텐츠 IP를 선보이며 탄탄한 팬덤을 형성해 왔다. 2023년 상반기에는 판다 영상 역주행과 푸바오 신드롬, 쌍둥이 아기판다 탄생 소식까지 전해지며 구독자 100만 명을 돌파했다.

판다월드 바오패밀리의 이야기를 담은 스토리텔링 영상은 채널 내 가장 핫한 콘텐트다. 푸바오 탄생 후 〈판다로그〉, 〈판다스틱 베베〉, 〈아기판다 다이어리〉 등 특화된 기획 코너를 통해 국내 최초 아기판다의 성장 스토리를 생생하게 소개해왔으며, 〈판다.ZIP〉 코너와 다양한 판다 숏폼을 통해 사육사와의 교감과 케미, 비하인드 스토리를 소개하며 판다 팬덤을 공고히 했다.

사육사가 소개하는 바오패밀리 이야기를 담은 〈판다와쏭〉은 매주 팬들이 기다리는 최고의 인기 코너로 평균 조회수 100만 뷰, 수 천 개의 댓글이 달리는 것은 물론 SNS와 커뮤니티를 통해 팬들이 자발적으로 재편집 콘텐츠를 올리며 확산시키고 있다. 아기판다 성장스토리를 가장 빠르게 전하는 〈바오바오〉 영상은 평균 조회수 150만 회, '유튜브 인기 급상승 동영상'에 연일 이름을 올린다.

에버랜드 유튜브의 성공에는 팬들의 의견을 적극적으로 반영하고 소통하려는 노력도 큰 역할을 했다. 다양한 콘텐츠들에 대한 유저들의 반응 역시 에버랜드

〈판다와쏭〉〈바오바오〉 등 에버랜드 유튜브 판다 영상 썸네일

유튜브 채널을 만들어 나가는 가장 큰 동력이 되고 있다.

고객의 반응과 요청사항을 영상 콘텐츠 제작에 적극적으로 반영하는 것은 물론, 채널 내에서 발생하는 유저들의 요청 및 문의사항에 대해 즉각적으로 응대하고 있다.

특히, 판다 팬들은 에버랜드 유튜브 운영자에게 '편집바오'라는 애칭을 붙여주어 "편집바오, 이번 영상 너무 최고예요! 열일 감사합니다. 힘내세요!" 등의 응원

에버랜드 댓글 커뮤니케이션 사례

댓글을 남기며 서로 소통하고 있어 눈길을 끈다. 팬들이 직접 불러준 '편집바오'라는 캐릭터는 최근 에버랜드 유튜브 골드버튼 언박싱 영상의 주인공으로도 활용해 큰 관심을 받았다.

●●

팬들의 니즈를 반영한 콘텐츠
HUB 채널, 에버랜드 블로그

에버랜드의 공식 블로그는 다양한 브랜드 소식을 가장 빠르게 전달하는 정보전달의 역할뿐 아니라, 에버랜드의 모든 SNS 콘텐츠를 한 곳에 모은 아카이브로서 소비자들의 검색에 대응하는 검색 채널의 기능을 수행한다.

보도자료 등 브랜드 이슈를 가장 빠르게 업로드하는 소셜 뉴스룸 역할은 물론이고, 팬들의 니즈가 높은 고퀄리티 화보 사진과 재미있는 짤을 다운로드 받을 수 있도록 해 유용한 덕질 자료실 역할까지 수행하고 있다.

#이벤트
추억의 옷입히기 게임 '레시'.ver 여기서 할 수 있어요!

#아기판다 다이어리
[아기판다 다이어리 시즌2] 5화. 닮았지만 서로 달라요.

#바오가족 콜렉션
[아기판다 푸바오 짤방] 푸바오 예비 먹짱 시절.gif | #힐링푸데이 #Panda #Fubao #Aibao

에버랜드 블로그 내 추억의 옷 입히기 게임, 아기판다 다이어리, 바오가족 콜렉션 등

특히, 판다월드 담당 사육사가 직접 작성해 매주 연재하는 '아기판다 다이어리'는 최고의 인기 코너다. 짧은 호흡의 SNS 채널에서 담기 어려운 비하인드 스토리를 특유의 감성을 담아 깊이 있고 진정성 있게 전달하며 SNS 채널간 유기적인 시너지를 발휘하고 있다.

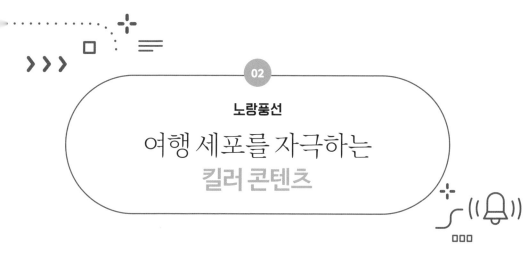

02

노랑풍선

여행 세포를 자극하는
킬러 콘텐츠

노랑풍선은 여행을 좋아하고 관심을 가지고 있는 고객들과 소통하며 자사 상품을 추천하기 위해 소셜 채널을 운영하고 있다. 2023년 노랑풍선의 소셜 미디어 콘텐츠는 고객들의 검색 트랜드, 동반인 유형 등의 데이터 기반으로 제작되고 있다. 또한 고객들이 콘텐츠를 소비하면서 여행 예약까지 할 수 있게 여행 상품 콘텐츠 중심으로 채널을 개편했다. 노랑풍선은 SNS 채널을 이용해 다양하고 새로운 시도를 하고 있다. 각국의 관광청 및 방송 예능 프로그램들과도 공동 프로모션을 진행하고 있으며, 여행지 홍보, 다양한 혜택 제공, 사전 모객 등으로 활용의 폭을 넓히고 있다. 2023년 9월부터는 고객들과의 빠른 소통을 위해 신규 채널 '스레드Threads'도 오픈해 고객들과의 관계를 강화하고 있다.

●●

고객의 시선을 끌어당기는
영상 콘텐츠

노랑풍선은 제휴 TV 예능 프로그램, 월별 카드 할인혜택, 핫플레이스 등 다양한 소재의 영상 콘텐츠로 고객들의 관심을 사로잡아 홈페이지로 유입시키고 있다. 〈여행 이대로〉는 여행을 다시 시작하게 된 지금 이 순간 사람들이 바로 떠날 수 있는 곳과 여행지 정보를 소개하는 감성 콘텐츠이다. 국내, 해외 다양한 여행지들을 소개, 이대로만 여행이 지속될 수 있기를 바라며 기획하였다.

〈여행 이대로〉 숏폼 영상

여행 수요가 증가하면서 각국 관광청들의 움직임도 활발해지고 있다. 이에 노랑풍선은 적극적인 공동 프로모션을 진행, 현지의 생생한 여행지의 홍보 및 상품 소개를 영상으로 보여주는 콘텐츠를 제작하고 있다. 노랑풍선은 고객들이 상품이나 여행지 정보를 이미지형을 노출하였을 때보다 동영상형의 콘텐츠에 많은 관심을 보이는 것을 확인하고 퀄리티 높은 영상 콘텐츠의 비중을 늘리고 소셜 채널을 통해 유통하며 고객들의 관심을 유도하고 있다.

각국 관광청과 공동 프로모션으로 제작된 영상 콘텐츠

소셜미디어 이벤트

노랑풍선은 소셜 채널을 구독하고 있는 고객들과의 소통, 잠재고객 발굴 및 채널 활성화를 위해 정기적으로 월 1~2회 참여형 이벤트를 진행하고 있다. 고객들이 쉽게 참여할 수 있는 초성퀴즈와 응원 댓글 등과 같은 형태의 이벤트를 시의

성에 맞게 또는 제휴 관계를 맺고 있는 예능 프로그램 소재를 적극 활용해 진행한다. 매월 다른 주제와 관심거리로 고객의 참여를 유도 중이며 꾸준한 이벤트 진행으로 팔로워 수도 증가하고 있다.

다양한 콘셉과 형식의 이벤트 콘텐츠

여행사 콘텐츠의 꽃 감성 및 여행 정보 콘텐츠

노랑풍선은 여행에 관심을 갖고 콘텐츠를 소비하며 여행 준비하는 고객들을 위해 검색 트랜드, 동반인 유형 등의 데이터 기반으로 국내외 여행 콘텐츠를 소개하고 있다. 대표적으로 여행정보, 여행취향 알아보기, 노랑뉴스 등의 콘텐츠로 재미와 정보를 동시에 충족시키는 콘텐츠를 개발하고 있다. 여행정보는 여행지에 대한 소개뿐 아니라 먹거리, 체험 소개 등 다양한 주제 및 새로운 시각으로 콘텐츠를 소개하며 관심을 유도하고 있다.

〈여행취향 알아보기〉는 밸런스게임에서 착안하여 자신의 여행 취향을 알아보는 콘텐츠이다. 고객과의 소통과 소셜 채널의 참여도를 높이기 위한 콘텐츠로 주제에 맞게 상반되는 이미지들을 보여주고 게시글에 댓글을 작성하는 형식이다.

국내외 여행정보 관련 콘텐츠

이 외에 해외 각국에서 열리는 축제와 이슈, 현재 상황에 발빠르게 대처하고 전달하는 뉴스형 콘텐츠인 〈노랑뉴스〉 등으로 여행을 계획하는 사람들에게 더 많은 정보와 경험을 전달하는 정보 서비스를 제공하고 있다.

밸런스 게임 형태의 〈여행취향 알아보기〉 콘텐츠

••

예약까지 한 방에 연결하는
상품 콘텐츠

노랑풍선은 다양한 패키지 및 자유여행 상품을 직접적으로 노출시켜 고객들이

노랑풍선의 상품 소개 콘텐츠

예약까지 한 번에 해결할 수 있게 기획한 상품 콘텐츠에도 SNS 채널을 통해 제공하고 있다. 합리적인 여행소비를 추구하는 고객들을 위해 매주 특가 상품 모음 〈옐로팡딜〉 시리즈를 운영 중이며, 이 밖에도 다양한 소재를 활용하여 노출시키고 있다. 노랑풍선은 고객들의 취향과 관심사에 맞는 콘텐츠를 제공하기 위해 고객들의 검색 트랜드, 상품 예약자의 데이터를 적극 활용하고 있다.

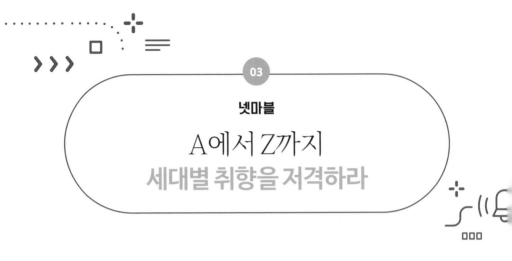

03

넷마블

A에서 Z까지
세대별 취향을 저격하라

넷마블은 대한민국의 대표적인 게임회사이자 퍼블리셔로 사용자들에게 친숙한 기업이다. 넷마블은 IT기업 답게 소셜 채널을 이용한 마케팅에 많은 경험과 노하우를 비축하고 있으며, 게임의 주 수요층인 젊은 세대의 마음을 가장 잘 읽고 대응하는 기업 중의 하나이기도 하다.

219만 명을 보유한 파워 채널, 넷마블 페이스북

넷마블의 대표 SNS 채널인 페이스북은 약 219만 명(국내 게임업계 1위)이라는 엄청난 수의 팬을 자랑한다. 넷마블의 페이스북 페이지는 다수의 팬들에게 엄청난 영향력을 갖는 '파워 채널'이다. 많은 팬 수를 보유하고 있기 때문에, 이를 적극적으로 활용할 수 있는 콘텐츠도 파급력이 높다.

넷마블의 ESG 활동을 MZ세대의 정서에 맞게 소개하는 '넷마블ESGing'을 비롯해 각 시즌별 이슈를 담은 캐주얼 콘텐츠 시리즈를 통해 이용자들에게 재미와 공감을 얻어내고 있다.

이외에도, 이용자들이 조금 더 다양한 콘텐츠를 즐길 수 있도록 넷마블 다른 플

넷마블 페이스북의 ESG 콘텐츠와 시의성을 반영한 캐주얼 콘텐츠 시리즈

랫폼들의 콘텐츠를 미러링하며 넷마블 페이스북 페이지를 넷마블 콘텐츠 Hub로 활용하고 있다.

다양한 형식과 내용의 넷마블 유튜브 콘텐츠들

넷마블 게임 직무 멘토링 콘텐츠 〈버프가 필요해〉는 게임 성우, 게임 캐스터, 게임 기획자 등 각 분야의 전문가들이 미래 게임인을 꿈꾸는 지망생에게 멘토링

을 해주는 코너로 게임 지망생, 취준생들에게 큰 관심을 모으고 있다. 게임회사 일상을 담은 '짤툰X넷마블' 콜라보 애니메이션 〈갓겜컴퍼니〉는 유튜브 인기 급상승을 9회나 기록할 정도로 유저들에게 큰 화제를 모았던 시리즈물로, 최근 시즌3를 다시 연재해 높은 호응을 얻고 있다.

●●
넷마블 공식 브랜드 미디어 '채널 넷마블'

채널 넷마블은 브랜디드 저널리즘의 일환으로 개설된 넷마블의 공식 브랜드 미디어이다. 넷마블의 공식 보도자료뿐 아니라 조직문화를 담은 인터뷰, 게임에 대한 자세한 공략과 팁을 담은 게임 가이드, 게임 웹툰 등 풍부한 볼거리와 양질

넷마블의 공식 브랜드 미디어 '채널 넷마블'

의 콘텐츠가 가득하다. 또한 넷마블의 인기 게임들의 공식 방송 비하인드 스토리, 오프라인 이벤트의 현장 스케치 등 유저들이 쉽게 접하지 못하는 생생한 콘텐츠를 제공하고 있다.

채널 넷마블에서는 넷마블의 미래를 그려가는 신사업, 그리고 미래세대를 위한 지속가능한 가치를 담은 ESG 경영 활동들에 대한 콘텐츠도 만나볼 수 있다. 또한, 매월 1회 구독자 대상으로 뉴스레터를 발송하고 있다. 영문 페이지 서비스도 제공하고 있어 넷마블의 소식을 글로벌 유저들도 확인할 수 있다.

타깃의 정서와 패턴에 맞춘
다양한 소셜 채널과 콘텐츠

넷마블 틱톡 콘텐츠들

2021년 6월 개설한 넷마블 틱톡은 약 70만 명의 팔로워를 보유하고 있으며 트

넷마블의 스레드 콘텐츠

렌디한 숏폼 콘텐츠로 빠르게 성장하고 있는 채널이다. 틱톡은 150개 이상의 국가에서 75개의 언어 사용자들에게 노출이 가능한 경계 없는 플랫폼이다. 이러한 플랫폼 특성을 활용해 글로벌 소통 채널로 다국어 콘텐츠를 제공해 해외 유저들과도 적극적으로 소통하고 있다.

넷마블은 최근 영향력을 넓혀가고 있는 소셜 채널인 '스레드'에도 공식 채널을 개설했다. 플랫폼의 특성에 맞춰 게임 이용자, 대학생, 직장인이 공감할 수 있는 가볍고 다양한 소재의 콘텐츠를 게시하고 있으며, 개설 1주일 만에 팔로워 약 1천 명을 확보하며 활발한 소통을 이어나가고 있다.

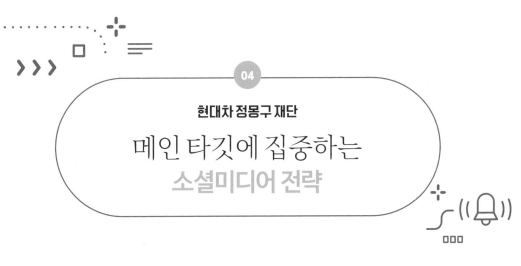

04

현대차 정몽구 재단

메인 타깃에 집중하는
소셜미디어 전략

공익재단의 SNS는 대부분 지루하고 뻔한 콘텐츠로 채워져 있다는 통념이 있다. 사실 공익재단들의 사업 내용과 실행 과정을 살펴보면 그러한 콘텐츠로 채워지는 이유에 대해서도 일정 부분 수긍할 수 있다. 하지만 같은 내용도 어떻게 가공해서 전달력과 호응도를 높여갈 것인가에 대한 고민은 다른 기업/기관과 다르지 않다. 아무리 좋은 사업이라도 수혜자 그리고 사회와의 적극적이고 원활한 소통이 없다면 그 의미가 반감하기 때문이다.

현대차 정몽구 재단은 '사회변화와 혁신을 주도하는 글로벌 재단'을 표방하며 "Together with Next Generation"이라는 슬로건 아래 운영되고 있다. 주요 사업으로는 크게 "미래혁신 플랫폼" 사업과 "사회공헌 플랫폼" 사업 두 가지 사업 영역으로 나누어 볼 수 있다. 미래혁신 플랫폼 사업은 또다시 "인재플랫폼", "공간플랫폼", "지식플랫폼" 사업으로. 사회공헌 플랫폼 사업은 "문화예술", "교육", "의료" 사업으로 나눌 수 있다.

현대차 정몽구 재단의 디지털 채널과 소셜미디어 운영은 크게 두 가지 목적으로 운영되고 있다. 어느 재단이나 그러하듯 재단이 진행하고 있는 사업을 소개하여 재단을 홍보하는 것과, 사업의 참여자를 모집하는 것이다. 하지만 모든 콘텐츠가 하나의 채널에서 이루어지는 여타 재단들과 달리 현대차 정몽구 재단은 "따로 또 같이"라는 조금 다른 전략을 세워 운영을 하고 있다.

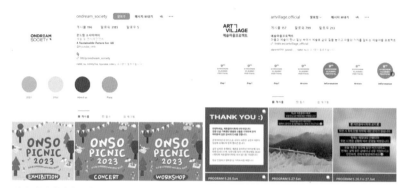

개별 사업영역별로 운영하는 소셜미디어 채널

현대차 정몽구 재단의 사회공헌 사업은 사업 수혜자 그룹으로부터 높은 인지도를 가지고 있기 때문에 특정 타깃에게만 홍보를 집중하고 있다. 이는 한정된 홍보 자원으로 재단의 리소스를 최대한 활용하고 집중하기 위한 전략이다. 현대차 정몽구 재단은 재단의 중심을 잡는 메인 채널과 더불어 개별 사업 영역별로 소셜미디어 채널을 개설하여 운영을 하고 있다.

현대차 정몽구 재단의 모바일 공식 사이트

재단의 공식 SNS 채널은 재단의 사업을 많은 이들에게 알리는데 목적을 두고 있다. 때문에 각 사업에 대해 심도 깊은 내용을 다루기 보다는 일반인들이 이해하기 쉽도록 콘텐츠를 간략하게 구성하고 확산하는 데에 중점을 두고 있다.

플랫폼은 인스타그램, 블로그 그리고 유튜브 3개의 채널을 운영하고 있는데, 각 SNS 채널은 재단 사업 운영의 단계에 맞춰 각각의 R&R을 설정하고 있다. 먼저 인스타그램은 가장 핵심이 되는 SNS 채널이기 때문에 사업의 전, 후 과정의 모든 내용을 다루고 있습니다. 블로그는 사업의 후 과정을 담당하며, 현장 취재를 중심으로 한 기사를 수록하고 있으며, 유튜브 역시 사업 현장의 장면과 참여자들의 인터뷰를 담은 후기 영상을 중심으로 운영되고 있습니다.

●●

소통의 중심이 되는
현대차 정몽구 재단 인스타그램

인스타그램은 현대차 정몽구 재단 소통의 가장 중심이 되는 SNS 채널이다. 재

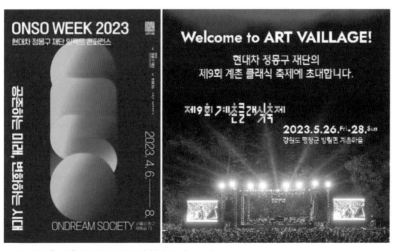

모션그래픽을 이용해 주목도를 높인 행사 무빙포스터

단에서는 특정 수혜자를 대상으로 한 사업을 중점적으로 운영하고 있지만, 일반인을 대상으로 한 공연 및 전시, 발표회 등의 다양한 문화활동도 정기적으로 운영 및 개최하고 있다.

이런 행사들은 일반인의 참여도 이루어져야 하기 때문에 재단 공식 SNS에서 모객 홍보도 함께 병행하고 있다. 현대차 정몽구 재단은 행사의 사전 홍보 효과를 높이기 위해 모션그래픽을 이용한 무빙포스터를 제작하는 등 콘텐츠의 주목도와 전달효과를 높이기 위한 크리에이티브에 많은 노력을 기울이고 있다.

행사 및 사업의 사후 홍보 역시 중요한 부분이다. 대부분의 사업은 일반인이 접하기에 다소 딱딱하고 재미없는 내용이 주를 이루기 때문에, 최대한 중점적인 내용만 다루어 전달력을 높였다. 텍스트 보다는 이미지 중심으로, 디자인 또한 단순한 카드뉴스나 영상보다는 트렌디한 매거진 방식의 디자인을 채용하여 주목도를 높이고, 보는 재미를 더하고 있다.

●●

사업의 성과를 중점적으로 알리는
현대차 정몽구 재단의 블로그

현대차 정몽구 재단의 블로그는 사업의 사후 성과를 알리는데 집중하고 있다. 단순하고 지루한 보도자료의 느낌은 최대한 배제하고 모든 행사와 사업에 대한 내용을 입체적으로 취재하여 수록하는 것이 특히 돋보인다.

취재기사는 단순한 현장스케치 방식에서 벗어나 1~2명 정도의 현장 인터뷰를 진행하여 함께 수록하는 방식으로 콘텐츠의 현장감을 살리고 있다. 그리고 인터뷰를 통해서 단순히 재단의 시선이 아닌 일반인, 사업 수혜자의 시선으로도 사업 및 행사의 후기를 들어볼 수 있어 일방적이고 지루해지기 쉬운 콘텐츠를 소통의 콘텐츠로 잘 가공하고 있다.

적절한 광고 전략도 소통의 효과를 높이고 있다. 재단의 SNS 콘텐츠는 사업 내

다양한 시선과 목소리를 전하는 현장 인터뷰

용 중심이기 때문에, 검색 노출에서는 상대적으로 취약할 수밖에 없는데, 이러한 부분을 보완하기 위해 현대차 정몽구 재단은 유입을 위한 광고를 정기적으로 집행하고 있다. 페이스북과 인스타그램을 통해서 콘텐츠별로 트래픽 광고, 캐러셀형 유입광고를 집행하여 관여도 높은 타깃의 블로그 유입을 유도하고 있으며, 이를 통해 높은 유입과 페이지뷰, 체류시간을 확보하고 있다.

●●

사업의 내용을 아카이빙하는
현대차 정몽구 재단의 유튜브

현대차 정몽구 재단의 유튜브 채널은 아카이빙 및 브랜딩이라는 명확한 목적 아래 채널을 운영하고 있다.

현장감이 잘 살아있는 행사 스케치 영상

재단 유튜브는 사업 스케치 영상을 중점적으로 업로드하고 있다. 스케치 영상들은 현장감이 잘 살아있고, 특히 매 영상마다 삽입되는 참여자 인터뷰는 다양한 앵글 및 트렌디한 편집 방식으로 영상을 감각적으로 잘 살려주고 있다.

●●
운영 방식이 주목되는
대학생 기자단 "오너스 기자단"

현대차 정몽구 재단의 고객 참여 프로그램 운영도 돋보인다. 대학생 기자단인 "오너스 기자단"은 12명이라는 비교적 적은 인원으로 구성되어 있지만 적은 인원에게 보다 집중하여 효과적으로 운영되고 있다. 기자단은 사업별로 인재, 공간, 지식의 3개 팀으로 나누어져 각 사업의 현장을 경험하고 취재한다.

'현대차 정몽구 스칼러십' 6개분야의 인재사업을 담당해 줄 열정 넘치는 [인재팀]

재단의 문화예술과 교육, 의료 사업분야의 사회공헌 헤리티지를 쉽고 재밌게 전달하는 [헤리티지팀]

대학생 기자단 '오너스 기자단' 활동 모습

오너스 기자단은 사업현장에 방문하여 취재만 하는 것이 아닌, 사업 현장에 실제 참여하여 재단 사업의 수혜자가 된다. 이를 통해 제 3자의 시각이 아닌 수혜자의 시각에서 보다 심도 깊은 기사를 생산해 내고 있다.

오너스 기자단의 적극적인 참여는 단편적으로 소셜 콘텐츠를 생산하고, 디지털상에서 홍보활동을 전개하는 타 기자단과의 가장 큰 차별점이다. 현대차 정몽구 재단은 대학생 기자단이 단 한 명의 탈락자도 없이 임기를 마칠 수 있도록 다양한 혜택과 경험의 기회를 제공하며 적극 지원하고 있다.

정부기관·공공기관

경제 · 인문사회연구회

공무원연금공단

국립생태원

새만금개발공사

한국건강가정진흥원

한국방송통신전파진흥원

한국보건산업진흥원

한국산업기술시험원

한국산업단지공단

한국식품산업클러스터진흥원

한국식품안전관리인증원

한국에너지공단

한국장학재단

한국핀테크지원센터

해양환경공단

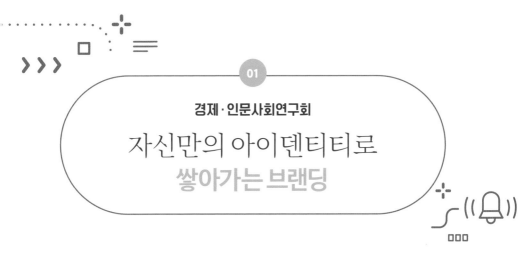

01

경제·인문사회연구회

자신만의 아이덴티티로
쌓아가는 브랜딩

경제·인문사회연구회는 경제와 인문 분야의 정부출연 연구기관을 지원하고 관리하는 국무총리실 산하 기관이다. 26개의 소관 연구기관과 함께 경제와 인문 분야의 정부출연 연구기관을 지원하고 관리하고 있다. 경제·인문사회연구회는 블로그와 유튜브를 중심으로 정보성 콘텐츠를 전달하고 있으며, 인스타그램은 2022년에 개설하여 경제·인문사회연구회를 브랜딩하는 매체로 활용하고 있다.

직관적이고 일관적인 톤&매너가 적용된
블로그 콘텐츠들

경제·인문사회연구회의 블로그는 간행물 및 행사나 이벤트들을 요약하여 많은 사람들이 접할 수 있는 콘텐츠의 공간으로 제작되고 있다. 콘텐츠는 국가정책 연구성과를 소개하고 알리기 위한 연구보고서와 정기간행물을 웹 형식으로 미러링해 제작하고 있으며, 직관적이고 일관성이 있는 디자인의 썸네일을 적용해 경제·인문사회연구회의 발간물로 인식될 수 있도록 하고 있다.

블로그의 행사와 이벤트 콘텐츠

경제·인문사회연구회의 블로그는 국가 행사 및 소관기관, 연계 기관들의 행사를 한 곳에서 확인할 수 있는 카테고리를 개설해 정보 검색을 쉽게 하였으며, 카드 뉴스, 인포그래픽, 영상, 웹툰을 모아 각 SNS별로 분리되어 있던 콘텐츠들을 한 카테고리에서 확인할 수 있게 포스팅했다.

성장을 거듭하는 인스타그램과 유튜브 채널

2023년부터 활성화하기 시작한 경제·인문사회연구회 인스타그램은 다양한 참여형 스토리, 피드 디자인 통일 등으로 경제·인문사회연구회의 브랜드를 정립해 나가고 있다. 또한 마스코트 '또기'를 활용한 짤을 제작해 일상 생활 속에서 공감할 수 있는 소재로 MZ세대 고객층 확보에 노력하고 있다.

2022년 3.7%였던 경제·인문사회연구회의 유튜브 평균 시청 지속 시간은 2023

피드 디자인의 통일화로 인스타그램 이미지 브랜딩

년 39.8%로 증가했다. 이러한 성장은 기존 정보의 전달만을 목적으로 했던 유튜브에 최신 유행 예능을 패러디한 영상형식을 도입하고, 업로드 될 영상의 쇼츠를 미리 송출해 사전 붐업시키는 콘텐츠로 활용하는 등 다양한 노력이 있었기 때문이다.

사전 붐업을 위한 쇼츠 컨텐츠 발행

이 외에도 경제·인문사회연구회의 유튜브는 기제작된 컨텐츠를 마스코트 '또기'를 활용한 컨텐츠로 리메이크 제작해 전달력을 높였고, 연구기관 소개 및 해당 기관 성과 등 시청자에게 다소 지루하게 다가갈 수 있는 내용은 '아는 형님'을 오마주한 예능형 콘텐츠로 제작했다. 어려운 내용은 모션그래픽을 이용해 쉽고 재미있는 영상 콘텐츠로 제작했다. 경제·인문사회연구회의 유튜브는 꾸준하고 참신한 시도로 다양한 세대의 시청자를 흡수하며 성장을 거듭해 나가고 있다.

02

공무원연금공단

연금공단 유튜브에
왠 제주여행 콘텐츠?

공무원연금공단은 전·현직 공무원 및 그 유족을 주요 고객으로 하는 연기금 관리 준정부기관으로서 고객인 공무원 등의 만족을 넘어 국민을 위한 사회적 가치 실현을 위해 힘쓰고 있다. 하지만 공무원연금이 특혜라고 생각하는 국민과 수차례 연금개혁으로 공무원연금에 대한 불만이 높아지고 있는 공무원의 인식 차이는 커져만 가고 있어 고객과 국민 모두와 소통해야 하는 공단의 현실은 녹록하지 않다. 공단은 이러한 국민과 고객의 시각 차이를 줄이고 이해를 증진시키기 위해 다양한 SNS채널을 활용하여 온라인 소통활동을 전개하고 있으며, 2022년부터는 소통 메시지'공무원의 내일을 팔로우', '국민의 행복을 팔로우' 및 톤&매너공단 CI컬러 기초 5가지 색감를 설정·활용하여 SNS 채널 전반 정체성 확립 및 고객·국민의 인식 개선을 위해 노력하고 있다.

고객의 의견과 소통 콘텐츠로 채워지는
유튜브 채널

공무원연금공단 유튜브는 공단의 소통 주력 채널로 2022년 말부터 영상전문가를 채용하여 자체제작 콘텐츠 제공을 확대하고 있으며, 양방향 소통채널로

제주의 생생한 이야기를 담은 〈어서오세요 공무원연금공단〉과 〈신사또〉

거듭나기 위해 다양한 참여 콘텐츠를 확대하고 있다.

유튜브의 대표 콘텐츠인 〈어서오세요 공무원연금공단〉은 제주 관광을 소재로 한 콘텐츠이다. '연금공단에서 뜬금없이 왠 제주여행?'이냐는 의문이 들겠지만 공무원연금공단은 정부 국토 균형발전의 일환으로 2015년 서울에서 제주 서귀포 혁신도시로 본사를 이전하여, 공무원연금급여 지급 등 본연의 업業뿐만 아니라 제주지역 발전을 위해 노력하고 있기 때문이다.

공단 유튜브 채널에서는 제주도로 이전하여 9년차 도민이 된 공단 직원들의 생생한 제주살이 경험을 바탕으로 직원들이 직접 뽑은 제주 관광지, 맛집 등을 소개하는 콘텐츠를 제작하여 '제주' 홍보에 앞장서고 있을 뿐만 아니라, 공단 유튜브 구독자를 위한 신뢰도 높은 제주 여행 꿀팁을 제공해 국민들에게 좋은 반응을 얻고 있다. 해당 콘텐츠는 2023년 상반기 공단 유튜브 채널 이용자 만족도 조사를 통해 수렴한 고객의견4,704명 참여, 제공희망 콘텐츠 선호 1위 '제주도 여행 꿀팁' 등을 반영하여 제작하였고, 유튜브 쇼츠를 통해 공단 직원의 '내돈내산' 제주도 맛집 소개 콘텐츠 〈신사또_신과장의 사심 가득 또 간 집 〉도 제공하고 있다.

공무원연금공단과 그 직원들은 어떤 일을 할까? 국민연금이 일반 국민을 대상으로 연금사업을 수행하는 반면 공무원연금은 공무원이라는 특수계층을 대상으로 연금지급과 복지사업을 수행하고 있어 일반국민에게 공무원연금공단은

공단 직원 밀착 취재 VLOG 〈휴먼다큐 공무원연금공단〉

친숙하지 않은 상황이다. 공단 유튜브 채널에서는 고객과 국민에게 공단과 그 직원들이 무슨 일을 하는지 친숙하고 재미있게 알리기 위해 VLOG를 제작하여 공단 알리기에 힘쓰고 있다.

국민참여로 더 다양하고 새롭게! 〈100초 영상 공모전〉

공무원연금공단 사업은 다양한 영역과 어려운 용어로 직접적인 수혜자인 전·현직 공무원들도 이해하기 쉽지 않은 부분이 많다. 이러한 소통의 문제를 해결하고자 공단에서는 공단 및 공단 사업에 대해 국민이 직접 공단관련 콘텐츠를 제작하는 대국민 〈100초 영상공모전〉을 개최했다. 제출된 영상을 심사하여 우수작은 공단 유튜브 채널을 통해 홍보하고 있다. 이 이벤트 콘텐츠는 영상공모를 통해 참여 국민에게는 공단과 그 사업에 대한 이해를 높이고, 다양한 계층의 시각에서 제작된 영상 제공을 통해 국민들과 공감을 확산해 나가는 좋은 사례이다.

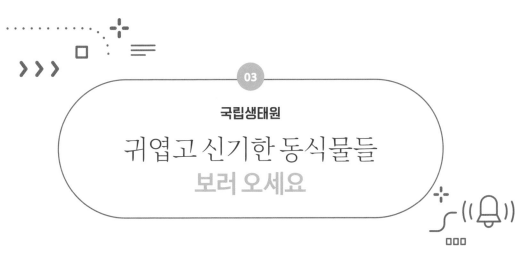

국립생태원

귀엽고 신기한 동식물들
보러 오세요

국립생태원은 생태 연구의 리더로서, 자연생태계 보전과 생태가치 확산을 통해 지속가능한 미래를 구현하기 위해 노력하는 생태종합기관이다. 국립생태원은 국민들에게 생태계의 가치와 생물다양성의 의미를 전달하기 위해 다양한 생태교육 프로그램을 운영하고 있으며, 올바른 생태·환경문화 확산을 위해 언제 어디서나 재미있고 유익한 콘텐츠를 만나볼 수 있는 다양한 온라인 소통 채널을 운영하며 국민과 소통하고 있다.

국립생태원 유튜브는 에코리움을 비롯해 국립생태원 속의 동·식물의 모습과 국립생태원의 연구 등 다양한 활동 등을 생생하게 전달하는 흥미성 채널이다. 특히, 주된 콘텐츠 시리즈는 〈국립생태원 × 진관우 걸어서 생태원 속으로〉, 〈NIE

올바른 생태, 환경문화 확산을 통한 ESG경영 실천에 앞장서는 국립생태원

플레이리스트〉, 〈멸종위기종 시리즈〉 등으로 국민들의 관심을 효과적으로 이끌어내고 있다. 홍보대사를 영입하여 국립생태원의 모습을 생생하게 소개하고 국립생태원까지 직접 찾아오지 못하는 국민들을 위해 집에서 편하게 생태원을 관람할 수 있도록 제작하며 콘텐츠 접근성을 높이고 있다는 분석이다. 최근 유튜브 트렌드에 맞춰 국립생태원 내 동물들의 귀여운 모습 등을 짧고 임팩트 있게 전달하고 있어 브랜드 호감도에서 높은 평가를 받았다. 이처럼 국립생태원 유튜브에서는 남다른 기획력으로 유익한 정보와 함께 재미를 더해 시각적 즐거움을 주는 다양한 콘텐츠를 선보이고 있다.

●●

동식물들의 생동감 넘치는 모습으로
시선 집중

국립생태원 인스타그램은 숏폼 영상과 툰 등 다양한 유형의 콘텐츠를 활용해 국민과 가장 활발하게 소통하고 있다. 특히, 인스타그램의 특화 콘텐츠로 〈국립생태원 Q&A〉, 〈생태원툰〉, 〈WE GO 캠페인〉, 〈어게인 생태원〉 등을 발행하며

국립생태원 인스타그램 생태원 Q&A , 10주년기념 WE GO 캠페인

소통 기능을 높이고 있다는 분석이다. 또한 인스타그램 스토리 기능을 통한 질문받기를 활용하며 국민에게 매달 특정 주제에 대한 질문을 받고, 연구원이 직접 답변을 주며 소통 능력을 강화하고 있다. 이외에도 생태원의 연구 등 활동에 대한 주제를 제시함으로써 기관의 활동을 홍보하는 것은 물론 국민들이 생태계에 대한 다양한 분야를 시민에게 전파하고 있다.

국립생태원 페이스북은 주로 미러링을 통해 콘텐츠를 확산하고 있다. 멸종위기 야생생물에 대한 경각심을 전달하는 콘텐츠가 주를 이룬다. 〈강달이의 관찰일지〉, 〈자생식물 소개서〉 등 멸종위기 야생생물의 모습과 세세한 정보를 담아내어 전달하고, 달마다 국립생태원에서만 볼 수 있는 자생식물을 소개하는 콘텐츠가 큰 인기를 얻고 있다. 이처럼 국립생태원 페이스북은 시민들로 하여금 생동감 넘치는 이미지로 멸종위기 야생생물의 모습을 보여주며 브랜드 이미지를 제고하고 있다.

동식물 관련 모든 소식과 정보의 All-in-one 채널

국립생태원은 생태, 환경 등 업의 특성과 관련된 친근한 스토리를 더한 콘텐츠를 개발하여 국민과 친밀하게 호흡하고 있다. 특히 서포터즈 〈생태지기〉를 운영하며 젊은 층의 시각을 통해 MZ세대와도 끊김 없이 소통하면서 공공기관 디지털소통 리더로서의 역할을 충실하게 수행하고 있다.

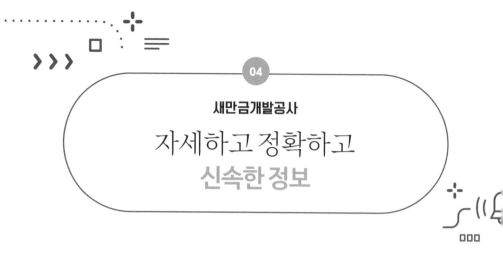

04

새만금개발공사

자세하고 정확하고
신속한 정보

새만금개발공사는 새만금사업 추진 및 지원에 관한 특별법에 의거 국제협력·관광레저 등 복합용지를 매립·조성하여 성공사례를 창출하고 민간투자를 유도하

새만금개발공사 네이버 블로그 메인 화면

기 위해 설립된 국토교통부 산하 기타공공기관이다.

새만금개발공사는 SNS 채널을 핵심 커뮤니케이션 채널로 삼아 일반 대중들에게 국제협력용지 개발 및 수변도시 조성사업 수행을 통한 국토균형발전과 국가 경쟁력 강화에 관한 주요 사안 등을 친숙하게 홍보하여 새만금에 대한 국민들의 관심도를 높이고 있다.

●●

새만금 개발의 모든 것이 담겨있는
새만금개발공사 블로그

새만금개발공사의 블로그는 공사의 모든 정보가 담겨있는 핵심 소통 채널이다. 주요 내용은 새만금개발공사에서 진행중인 사업과 동정, 관광 등으로 여러가지의 형식을 이용하여 딱딱한 정보를 알기 쉽게 풀이한 콘텐츠를 제작하고 있다.

〈SAY만금〉 국립새만금간척박물관 개관 안내 콘텐츠

블로그의 대표 콘텐츠인 SAY만금은 국민들에게 조금 더 친근하게 다가가기 위해 준비한 공사의 마스코트인 '새공이'와 '새이'가 대담을 진행하는 형식의 콘텐츠이다. 매월 다른 주제로 대중을 찾아가고 있는 SAY만금은 새만금의 개발 현황 혹은 새만금의 주요 이슈 등을 풀이함으로써 일반인에게 새만금의 현 주소 등을 알기 쉽게 풀이하고 설명해준다.

새만금개발공사는 국민들과 더 가깝게 소통하기 위해 참여형 이벤트와 시민참

시민들과 함께하는 참여형 이벤트 콘텐츠

여 프로그램 등으로 양방향소통을 위해 노력하고 있다. 지역과 환경을 위한 캠페인인 〈고군산군도 플로깅〉은 열띤 호응을 받았다. 그리고 누구나 쉽게 참여할수 있는 〈초성 퀴즈 이벤트〉는 많은 국민들이 참여했다.

또한 시민기자단을 구성하여 일반인의 시선으로 바라보는 새만금 사업 및 관광, 이슈 등을 영상, 글 기사 등의 콘텐츠를 만들어 지역사회와 국민들에게 좋은반응을 얻고 있다.

지역의 명소, 이벤트, 먹거리를 소개하는 SC 시민기자단 콘텐츠

05

한국건강가정진흥원

빠른 확산과 공유가 이루어지는
인터랙티브 콘텐츠

한국건강가정진흥원은 [건강가정기본법]에 의해 설립된 공공기관으로 가족이 행복한 대한민국 실현을 위해 다양한 가족정책서비스를 제공하는 전문기관이다. 주요사업으로는 가족상담 및 가족교육 사업, 가족친화 사회환경 조성사업, 아이 돌봄 및 자녀양육지원 사업, 양육비이행관리원 운영, 다문화가족·한부모가족·조손가족 등 취약 가족의 역량강화 지원 사업 등이 있다.

"가정과 직장 사이의 균형"에 대한 문제는 대한민국 직장인들의 영원한 고민거리이다. 이를 해결하기 위해 2008년부터 시행된 여성가족부의 '가족친화제도'가 있지만 육아휴직, 출산휴가제도 등 다양한 제도에 대한 인지는 저조한 상황

이며 제도가 마련되어 있어도 불편한 주변 시선들로 활발하게 사용할 수 없는 현실이다. 이러한 문제에 대해 한국건강가정진흥원은 가족친화제도에 대한 인지도를 올리고 사회적 인식을 환기하기 위해 전국민 가족친화문화 확산 캠페인을 전개했다.

서로의 생각을 공유하고
소통할 수 있는 콘텐츠

먼저 한국건강가정진흥원은 참여형 콘텐츠로 가족친화제도를 효과적으로 알리는 것으로 방향을 정하고 빠른 확산과 공유가 이루어지면서 세대 간의 생각을 공유하고 소통할 수 있는 플랫폼을 고민했다. 그 결과 고객과의 상호작용이 활발히 이루어지는 인터랙티브 콘텐츠를 제작하기로 결정했다.

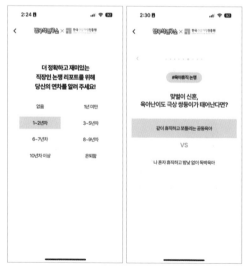

참여 화면과 설문 내용 일부

주제는 〈직장인 논쟁〉으로 직장인이라면 고민되는 다양한 논쟁 상황들로 참여를 불러일으키고, 결과에서 다양한 세대의 리포트를 전달하며, 가족친화제도의 진정한 필요성과 세대별 다양한 생각까지 나눌 수 있도록 설계했다. 이 인터랙티브 콘텐츠는 사용자 참여형 인터렉티브 콘텐츠 전문회사인 '방구석연구소'와 협업으로 제작되었다.

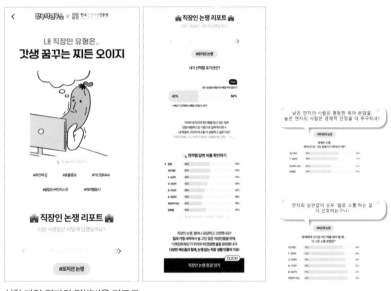

성향 파악 결과와 답변비율 리포트

성향 결과는 재미있고 공감되는 이미지와 텍스트로 구성해 더 넓은 공유/확산을 유도했다. 또, 각 문항별로 어떤 답변이 더 우세한지와 함께, 논쟁과 관련된 가족친화제도 메시지를 전달하며 다양한 가족친화제도와 그 중요성을 알렸다. 이 캠페인은 특히 직장인이 이용하는 커뮤니티, SNS에 자발적으로 공유되며 진성 타깃에게 효과적인 메시지를 전달했다. 〈직장인 논쟁〉은 다양한 가족친화문화 제도를 인지시키는 효과적인 방법이 되었으며, 세대 간 대화의 장을 만들며 인식의 변화를 이끌어 내는 계기가 되었다.

06

한국방송통신전파진흥원

국민의 안전과
생명을 지키는 파수꾼

한국방송통신전파진흥원(이하 KCA)은 과학기술정보통신부 산하 공공기관이다. 주요 업무는 방송 콘텐츠 및 디지털미디어 산업 진흥, 5G 서비스 확산, 지상파 재난경보 서비스 등 국민안전 전파 서비스, 전파검사, ICT기금 운용 및 기금사업관리 등이다. KCA는 우리 일상과 밀접한 거리에서 다양한 활동을 하고 있는 기관이지만 '한국방송통신전파진흥원'이라는 이름은 그만큼 잘 알려지지 않았다. 이에 KCA는 SNS 콘텐츠의 방향을 우리 생활의 중요한 요소인 '국민안전'에 집중해 기관의 인지도를 높이고 그 역할을 알려 나가고 있다.

산악안전 관련 SNS 카드뉴스와 인터넷 언론 보도

KCA는 민·관·공 소통을 통한 산악 조난자 인명구조 활동을 진행하고 있다. KCA는 전파 전문가로서 이동통신사 등의 기업, 수색·구조기관소방본부, 산악구조대 등 등과 함께 KCA의 전파 빅데이터를 활용한 산악 조난자 수색시스템 발전방향 협의체를 구성해 운영하고 있다. 협의체를 통해 개발된 산악수색 시스템은 위치 추정 알고리즘 적용 전파 커버리지를 자동분석해 조난 위치를 특정할 수 있다. 이 시스템을 통해 지난 겨울 3명의 저체온증 조난자를 골든타임 이내에 구조했다. 그리고 이러한 내용을 SNS 및 온라인 매체를 통해 적극적으로 홍보했다.

••

산과 바다 그리고 가정까지
전파가 닿는 곳이라면 어디든지

KCA의 국민 안전 지킴이 활동은 드넓은 바다에서도 위력을 발휘했다. 어민 등 바다에서 일하는 국민들은 예기치 못한 위험에 자주 노출된다. KCA는 어민이 조업 중 위험 상황과 동시에 관제기관에 조난신호를 자동으로 전달할 수 있는 시계 형태의 장치 개발에 착수해 원격·자동 조난신호 송출 SOS워치를 개발하여 보급하고 있다.

원격·자동 조난신호 송출 SOS워치 관련 콘텐츠

전자파 안심케어 서비스 관련 콘텐츠

이 장치는 어민 등 실수요자의 의견 청취와 전문기관과의 협회, 선박 필드 테스트 등을 거쳐 완제품으로 만들어졌다. SOS워치는 국내외 특허를 출원했으며 원천기술은 국내 중소기업에 무상으로 이전됐다.

우리 일상에서 전자, 통신기기가 많아 짐에 따라 휴대폰, 전자기기, 기지국 등에 대한 국민들의 전자파에 대한 불안감도 높아지고 있다. KCA는 이러한 불안을 해소하고 국민들이 더 안전하게 전자 통신기기를 이용할 수 있도록 전자파 안심케어 서비스 개발해 대국민 소통을 강화하고 있다.

KCA는 전자파에 대한 이해를 돕는 콘텐츠를 영상, 카드뉴스 등 다양한 형태로 제작해 국민들에게 알리고, 소형 전자파 모니터링 장비도 개발해 국민들에게 무상 대여하는 서비스도 하고 있다. 또한 직접 현장에 나가서 전자파를 측정해 주는 서비스도 시행하고 있다.

그리고 측정된 전자파 정보를 주소 형태로 변환한 빅데이터 기반 전자파 안전지도인 〈전자파 대동여지도 www.emf.kca.kr〉를 만들어 국민에게 실시간으로 제공해 전자파에 대한 불안감을 해소시키고 있다.

KCA는 이 외에도 산업재해에 대한 안전보건 소통으로 안전사고를 줄이는 캠페인 등 다방면에서 국민 안전에 관한 활동을 계속 펼쳐 나가고 있다. 그리고 이를 통해 '국민의 안전을 지키는 한국방송통신전파진흥원'의 이미지를 구축하며 꾸준히 브랜딩에 힘쓰고 있다.

07

한국보건산업진흥원

소비자 가치 중심의
소통전략

한국보건산업진흥원은 보건산업에 대한 정책 개발과 인프라 구축, 보건의료 R&D 지원, 보건산업 육성 및 기업 지원, 국제의료 활성화 지원 등을 담당하는 보건복지부 산하 공공기관이다.

한국보건산업진흥원은 보건산업 패러다임 변화에 선제적으로 대응하며 보건산업을 차세대 주력산업으로 견인하고 대한민국이 글로벌 바이오 디지털헬스 중심국가로 도약할 수 있도록 지원하는 역할을 담당하고 있다.

한국보건산업진흥원이 보건산업 관련 종사자와 국민들에게 빠르고 정확하게 정책 및 산업정보를 전달하는 것은 공공기관으로서 당연히 수행해야 하는 역

한국보건산업진흥원의 SNS 채널 운영전략

할이다. 한국보건산업진흥원은 정보에 집중된 콘텐츠를 SNS 채널을 통해 단순히 전달만 하는 것으로는 보건산업의 경쟁력 각인이라는 홍보 미션을 이루는데 분명한 한계가 있음을 확인하고, 콘텐츠를 소비하는 소비자가 듣고 싶은 '소비자 가치'를 중심 홍보 전략으로 삼아 소통 채널과 콘텐츠를 운영하고 있다.

●●
채널별 역할을 분담하는
운영전략

한국보건산업진흥원은 정보탐색, 흥미 콘텐츠 소비의 파워풀 매체로 자리 잡은 유튜브를 진흥원과 보건산업 육성 정책사업 소개의 채널로 활용하고 있다. 보건산업의 역할을 쉽고 재밌게, 기관의 역할과 기능, 산업의 중요성을 알리기 위해 매년 꾸준히 보건산업 육성사업 홍보 영상 업로드하고 노출 빈도 증대를 위해 노력하고 있다.

보건산업 육성 관련 내용을 쉽게 소개하는 유튜브 콘텐츠

보건산업 육성사업을 소개하는 유튜브 콘텐츠는 스타기업 육성, 해외 인프라 구축, 의료서비스, 디지털 헬스케어 등 진흥원의 지원 사업 소개와 업무 소개로 보건산업의 중요성과 함께 진흥원의 역할 국민들에게 알리고 있다.
블로그는 이슈 키워드를 활용한 '정보' 중심의 콘텐츠 허브로 운영하고 있다. 기관의 주요 사업부터 소식, 보고서 등 콘텐츠 소비자 중심의 다양한 정기 콘텐츠

전문성 있는 고급 정보를 제공하는 블로그 콘텐츠

딱딱한 내용을 소비자의 언어로 풀어낸 인스타그램, 페이스북 콘텐츠

생산으로 기관 이해도와 신뢰성을 높이고 있다. 보건산업 지식플랫폼 KHIDI 콘텐츠를 활용해 전문성 있는 고급 정보를 제공한다.

인스타그램과 페이스북은 소비자 취향 저격 콘텐츠로 충성도 높은 사용자들을 양성하고 소통하는 역할을 담당한다. 국민 관점에서 KHIDI의 정책과 성과를

이해하기 쉽게 전달하고, 채널에 소비자를 꽉! 잡아 둘 수 있는 소비자 중심 언어로, 고객이 듣고 싶은 메시지로 콘텐츠를 제작한다.

또한 국민과 함께하는 접점을 넓히기 위해 보건산업을 더 쉽고 재밌게 즐길 수 있는 공모전 등 참여 이벤트 콘텐츠도 정기적으로 제작해 소통을 더욱 강화하고 있다.

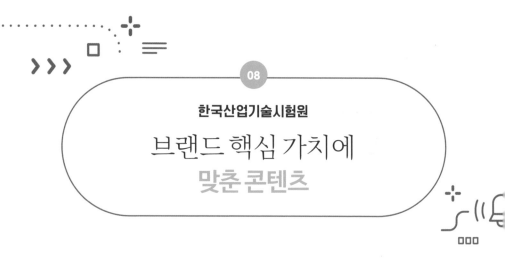

한국산업기술시험원

브랜드 핵심 가치에
맞춘 콘텐츠

한국산업기술시험원KTL은 산업통상자원부 산하 국내 유일의 공공 종합시험인
증기관으로 시험인증과 기술지원을 통해 국가 산업 경쟁력과 국민의 삶의 질
향상을 도모하고 있다. KTL은 1966년 국가 공업화 기반 구축을 위한 유네스코
UNESCO의 원조로 설립된 이후 반세기 동안 기업 품질경쟁력 제고와 수출인증 획
득 지원을 통해 국가 경제발전에 기여해 왔다.

한국산업기술시험원KTL 소셜 네트워크 서비스는 '국민과 함께 성장하는 국가대
표 시험인증기관' 이라는 비전 아래 국민들에게 기관의 업業과 역할을 소개하
고, 권역별 미래산업, 국가 정책 지원 등에 대한 이해도를 제고하고자 노력하고

전자파 시험 인증 관련 콘텐츠

인공지능, 태양광모듈, 건축자재 방출시험 관련 콘텐츠

있다. 특히 최근의 소셜 미디어 트렌드를 고려하여 대국민 온라인 소통을 전략적으로 확대하고 있다.

KTL은 국민들에게 시험인증산업의 공익성을 전파하고, 산업생태계 활성화를 지원하기 위해 5가지의 핵심 브랜드 가치를 설정하여 프레이밍하고, 이를 확산하기 위해 전략적인 SNS 홍보 고도화를 추진하고 있다.

●●
한국산업기술시험원의
채널별 전략

한국산업기술시험원의 블로그는 콘텐츠 완성도와 고객 접근성을 높인 홈페이지형 전문정보라는 콘셉으로 운영된다. 어려운 시험인증 정보나 기술동향들에 대해 국민들이 이해하기 쉽도록 자세한 설명과 함께 콘텐츠의 완성도를 높이고 있다. 시험인증 관련 도움이 필요하거나 산업기술 정보가 필요한 국민들에게 공신력 있는 전문정보를 콘텐츠를 통해 제공한다.

한국산업기술시험원의 페이스북, 인스타그램 콘텐츠

페이스북과 인스타그램은 타 채널과의 연계 기능 강화와 카드뉴스 콘텐츠를 통해 핵심 홍보 메시지를 전달한다. 국민들이 실생활 속에서 접할 수 있는 과학에 대해 친근하고 쉽게 설명하고 있으며, 기관의 소식이나 사업 정보를 시의적절하게 공유하여 국민들의 지속적이고 정기적인 방문을 유도하고 있다.

KTL 소개 영상 콘텐츠와 지역 인기 캐릭터 협업 영상 콘텐츠

유튜브는 국민 이해 및 공감을 증진하기 위한 채널로 운영하고 있다. '100초만에 끝내는 KTL 소개' 영상은 통해 전숯 산업분야에 걸쳐 있는 KTL의 역할과 기능을 친근하고 재미있게 소개하는 콘텐츠이다. 또한 4차산업 주요 기술, 생활 속 시험인증 등 최신 트렌드와 접목한 고품질의 숏폼 콘텐츠 제공으로 국민들의 호기심을 해결하고 기관 SNS채널 유입 효과 증대를 유도하고 있다.

다수의 구독자를 보유한 매크로 인플루언서 및 지역 인기 캐릭터와 협업한 콘텐츠를 제작해 KTL 역할, 기능, 중점 사업에 대해 국민들의 흥미를 불러일으키고 있다.

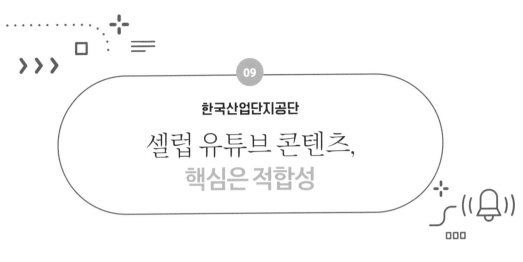

09

한국산업단지공단
셀럽 유튜브 콘텐츠,
핵심은 적합성

한국산업단지공단은 지역의 혁신주체로서 "산업단지의 대전환과 지속가능한 기업성장"을 지원하는 기관이다. 현재 유튜브, 인스타그램, 페이스북, 블로그네이버채널을 운영하며, 다양한 정보제공과 산업단지 입주기업, 중소기업 근로자를 지원하는 콘텐츠를 제작하고 있다.

2023년 9월말 기준 전체 채널 구독자 합계 약 3만 명을 돌파하고, 전체 채널 조회 및 방문 횟수는 약 165만 회를 달성했다.

다양한 소재와 출연자로 무장한
한국산업단지공단 유튜브

한국산업단지공단 유튜브는 산업단지의 숨은 강소기업을 찾아 홍보하는 예능 콘텐츠, 다양한 산업단지 소식과 정부 정책사업을 소개하는 정보 콘텐츠, 산업단지의 역사를 통해 산업단지와 공단의 업무를 소개하는 콘텐츠까지 다채로운 한국산업단지공단의 오리지널 콘텐츠를 제공하며 브랜드 이미지를 강화하고 있다.

대중에게 친근한 역사 선생님셀럽과 함께 잘 몰랐던 산업단지의 역사를 쉽고 재

큰별쌤 최태성과 함께 하는 산업단지 역사탐방

미있게 소개한다. 구로공단으로 친숙하지만 지금은 서울디지털국가산업단지
G밸리로 거듭난 60여 년의 산업단지 역사 이야기를 시작으로 울산, 창원산단의
역사를 역사 전문가의 시각으로 소개한다. 산업단지에 현재 근무하는 근로자
와 과거부터 근무한 선배 근로자의 생생한 이야기를 통해 과거를 알고 이를 통
해 미래의 산업단지 비전도 함께 집어보고 있다.

그렉과 함께 스마트그린산업단지를 재미있게 소개하는 예능 〈그레곤볼〉

약 57만 명의 유튜브 구독자를 보유한 미국 출신의 가수, 유튜버 "그렉"과 함께
전국의 스마트그린산업단지를 찾아가 미션을 수행하고 총 10개의 그레곤볼을
찾는 예능형 콘텐츠이다.

그레곤볼을 획득하기 위해서는 스마트그린산업단지의 스마트한 제조공장과
주요시설을 방문하여 1일 체험을 진행하고 스마트그린산단과 관련한 문제를
풀어야 한다. 이 과정을 재미있게 풀어가며 MZ세대 눈높이에 맞추어 디지털,
저탄소화로 변화되고 있는 산업단지를 설명한다.

개그맨 이상훈이 출연한 예능 콘텐츠로, 뉴스 앵커로 변신해 스마트그린산업단

개그맨 이상훈이 스마트그린산단 소식을 재미있게 풀어드립니다! 〈슬터뷰〉

지와 관련한 전국의 다양한 소식을 소개한다. 딱딱하고 어려운 용어로 가득한 사업내용과 정책을 재미를 더해 쉽고 빠르게 전달하며 MZ세대부터 스마트그린산업단지에 관심이 있는 입주기업들에 관심을 환기시키는 예능 콘텐츠다.

특히 한국산업단지공단의 지원사업을 통해 스마트공정으로 변화한 공장을 직접 찾아가 생생하게 소식을 전달함으로써 산업단지 입주기업의 든든한 동반자인 한국산업단지공단의 브랜드 이미지를 전한다.

AI도 셀럽이다!
AI 아나운서 단희가 알려주는 산업단지 소식 〈1분뉴스〉

〈1분뉴스〉는 빠르게 쏟아지는 다양한 정보 중 산업단지 입주 기업에게 꼭 필요한 것만 담아 짧은 시간에 뉴스 형식으로 소개한다. AI 아나운서인 단희는 산업단지 정책과 새롭게 달라지는 기관 사업 뉴스를 이해하기 쉽게 풀어 설명해준다.

셀럽, 인플루언서를 등장시키는 콘텐츠는 셀럽의 고정 팬층을 흡수할 수 있는 장점이 있다. 반면 반감이나 특정 이미지가 고정된 셀럽의 경우에는 역효과를 부르기도 한다. 따라서 셀럽의 선정 기준은 얼마나 우리 기업, 기관과 어울리는지, 우리 콘텐츠에 적합한지를 먼저 고려해야 한다. 셀럽이 등장하는 콘텐츠의 효과는 크지만 반대급부로 위험성도 존재한다는 사실을 반드시 고려해야 한다.

10

한국식품산업클러스터진흥원

식품산업의 모든 것을 한데 모은
'국가식품클러스터'

한국식품산업클러스터진흥원은 국가식품클러스터의 육성 및 관리와 참여기업 및 기관들의 활동을 지원하는 농림축산식품부 산하 공공기관이다. 전라북도 익산에 위치한 '국가식품클러스터'는 국내 첫 식품전문 산업단지로 세계적 수준의 12개 식품특화 기업지원시설을 통해 원료조달, 제품생산, 인력공급, 마케팅까지 식품기업을 지원하고 성장 생태계를 조성한다.

식품산업 정보를 발빠르게 전하는 SNS 채널

한국식품산업클러스터진흥원은 네이버 블로그, 페이스북, 인스타그램, 카카오톡 채널, 유튜브 채널을 운영하고 있으며 식품산업 정책동향 및 입주기업 소식, 기업지원 사업 등의 콘텐츠로 입주기업은 물론 일반 국민들과 소통하고 있다.
한국식품산업클러스터진흥원에서는 온라인 SNS, 대외협력, 보도자료 등을 통해 국가식품클러스터 정책 성과확산을 촉진해왔다. 또한 지자체, 국외 농식품 관계자, 언론 등 외부에 기업지원시설과 국가식품클러스터 입주기업을 소개하는 한편, 진흥원의 각종 소식을 각 SNS 플랫폼에 업데이트 하여 식품산업 동향

메타버스 가상공간에 마련된 〈국가식품클러스터 오픈스퀘어〉

국가식품클러스터 네이버 블로그

을 발빠르게 전달하고 있다.

●●

입주기업을 위한
동영상 정보 아카이브, 유튜브

한국식품산업클러스터진흥원 공식 유튜브 채널인 국가식품클러스터TV는 국가식품클러스터 입주기업의 이야기로 꾸민 〈FOODPOLIS STORY〉, 국가식품 클러스터의 이모저모를 소개하는 〈어서 와, 국클은 처음이지?〉 등의 시리즈 콘 텐츠로 입주기업과 활발한 소통을 이어가고 있으며 일반 국민들에게도 진흥원 의 사업을 알리고 있다.

국가식품클러스터 입주 기업의 이야기를 담은 영상 시리즈 콘텐츠

〈FOODPOLIS STORY〉는 국가식품클러스터에 입주한 기업과 지원사업에 관 한 이야기를 소재로 다양한 포맷의 영상을 선보이고 있다.

국가식품클러스터의 각종 기기들과 지원시스템을 소개하는 영상 콘텐츠

또 한 가지 국가식품클러스터TV에서 눈에 띄는 콘텐츠는 입주기업을 지원하기 위한 각종 시스템과 장비에 대해 소개하고 지원 또는 사용하는 방법을 알려주 는 영상 콘텐츠들이다. 이 콘텐츠들은 식품안전 관련 분석장치, 각종 가공 기기, 측정기, 포장 기기 등 국가식품클러스터가 보유하고 있는 각종 기기들과 지원시 스템을 카테고리별로 분류해 놓아 입주기업이 쉽게 이용할 수 있도록 배려했다.

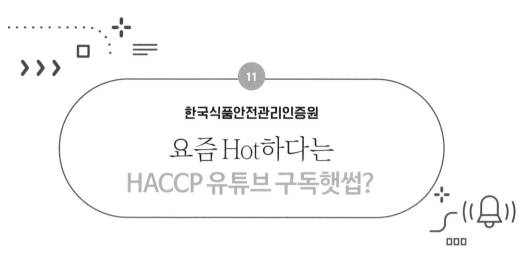

11

한국식품안전관리인증원

요즘 Hot하다는
HACCP 유튜브 구독햇썹?

한국식품안전관리인증원은 HACCP으로 국민 행복식탁을 지켜 나가는 대한민국 최고의 식품안전관리전문기관이다. 현재 유튜브, 인스타그램, 페이스북, 네이버 블로그을 운영하며, 다양한 식품안전 정보 제공과 국민의 식품안전관리에 힘쓰고 있다.

한국식품안전관리인증원 페이스북 메인 그래픽

9천만 명이 시청한
'한국식품안전관리인증원 유튜브'

한국식품안전관리인증원 유튜브는 국민들이 믿고 먹을 수 있는 먹거리 만들기 및 HACCP 인증 마크 인지도 상승을 위해 인증업체 종사자 맞춤형 콘텐츠인 〈너무나 궁금해썹〉, 인증원 직원 책상 소품을 소재로 업무 이야기를 풀어가는 〈책상에서 뭐해썹〉, 동화를 소재로 HACCP 관련 내용을 패러디한 인스타툰을 영상화한 〈해썹툰〉, HACCP 관련 내용에 대한 직원과의 Q&A 인터뷰 내용을 담은 〈궁금해썹 대답해썹〉, HACCP 인증업체 홍보를 위한 스케치 및 인터뷰, 브이로그 콘텐츠까지 다채로운 한국식품안전관리인증원만의 오리지널 콘텐츠를 제공하며 브랜드 이미지를 강화하고 있다.

HACCP 관련 Q&A 모션그래픽 영상 〈너무나 궁금해썹〉

HACCP 관련 Q&A 모션그래픽 영상 〈너무나 궁금해썹〉은 페이스북 댓글 이벤트를 통해 실제 구독자들의 궁금점을 수렴하고 해당 내용을 주제로 반영하여 콘텐츠 제작하여 국민들과 소통하는 콘텐츠이다.

HACCP 관련 내용 인스타툰을 영상화한 〈해썹툰〉

동화를 소재로 HACCP 관련 내용을 패러디한 인스타툰을 영상화한 〈해썹툰〉은 인스타툰으로 제작된 그림동화를 재가공하여 모션툰으로 영상화하여 어린

직원과의 Q&A 인터뷰 영상인 〈궁금해썹 대답해썹〉

아이들의 눈높이에 맞춘 동화 모션 콘텐츠이다.

HACCP 관련 내용에 대한 직원과의 Q&A 인터뷰 영상인 〈궁금해썹 대답해썹〉은 전문 아나운서와 한국식품안전관리인증원 직원들이 국민들의 궁금증을 해소시키는 콘텐츠이다. 자주하는 질문과 몰랐던 HACCP 관련 내용 등 다양한 정보를 담은 정보성 콘텐츠이다.

책상 소품을 소재로 직원들의 이야기를 풀어가는 〈책상에서 뭐HACCP〉

직원의 책상 소품을 소재로 업무 이야기를 풀어가는 인터뷰 영상 〈책상에서 뭐 HACCP〉은 인증원 직원들의 책상을 탐색하며 자연스러운 인증원 사업내용과 각 부서별 역할을 담은 콘텐츠이다.

이 외에도, 인증업체의 홍보와 HACCP 인증의 필요성과 장점이 업체에게 끼치는 영향을 담은 스케치 영상 콘텐츠인 〈현장견학 영상〉 시리즈물 외에 HACCP 쏭 모션영상, 직원 브이로그 등 한국식품안전관리인증원의 유튜브 채널에는 다양하고 재미있는 콘셉의 영상 콘텐츠가 가득하다.

12

한국에너지공단

세상 쉬운 에너지 절약 방법
알려드립니다

한국에너지공단은 에너지공급 단계 이후 합리적·효율적 에너지 이용 증진과 신재생에너지 보급 촉진 및 산업 활성화로 온실가스 저감을 유도하고 지속 가능한 에너지 생태계를 구축해 국민 삶의 질을 높여 국민행복에 이바지하기 위해 다양한 활동을 펼치고 있다.

한국에너지공단은 이러한 목적과 활동에 부합할 수 있도록 '국민과 함께 미래를 여는 에너지 리더' 슬로건에 맞춰 SNS 채널을 통해 사용자들에게 조금 더 친숙하게 다가가기 위해 노력하고 있다.

넓은 구독자층을 커버하는
특화된 채널 운영

한국에너지공단이 수행하고 있는 역할이 다양한 만큼, 공단 SNS의 구독자층도 넓고 제공하는 정보도 다양한 편이다. 하지만 구독자 특성에 맞는 콘텐츠를 제공하기 위해 SNS 각 채널의 특성을 최대한 반영하는 방향으로 운영하고 있다.

인스타그램은 콘텐츠의 휘발성이 높은 채널 특성을 고려해 자체 마스코트인 펭귄 '세세'를 활용해 이미지 중심으로 운영하고 있다. 한국에너지공단의 마스

마스코트 '세세'를 이용한 인스타그램 콘텐츠

코트 '세세' 캐릭터를 활용한 콘텐츠 'MBTI', '연차별 직장인', '신이 세세를 만들
때' 등은 인터넷 유저 사이에서 회자되고 있는 밈을 활용해 독자적인 아이덴티
티를 형성하고 있으며, 공단에 대한 관심 및 긍정적 이미지를 만들어 가고 있다.

에너지에 재미를 더하다. 시리즈 영상 콘텐츠 〈에너지 절약 이야기〉

유튜브는 에너지 절약 관련 정보 및 공단에 관한 정보를 전달하는 채널로 운영
되고 있다. 주 콘텐츠는 한국에너지공단에 대한 정보 및 에너지 절약에 관한 이
야기로 기관에 대한 인지도와 이해도를 제고한다. 특히 딱딱하다는 공공기관
의 이미지를 탈피하기 위해 인플루언서 협업, 웹드라마 등의 다양한 형식의 영
상 콘텐츠를 통해 구독자들과 소통하고 있다.

블로그는 채널 특성을 살려 가장 자세한 정보를 제공하는 '스토리텔링' 채널로
활용하고 있다. 타 채널에서 자세하게 전달할 수 없는 공단 관련 정보, 에너지 관

유용한 정보를 자세하고 심도 있게 전하는 블로그 콘텐츠

련 콘텐츠, 신·재생에너지 관련 콘텐츠뿐만 아니라 일상 공감 콘텐츠 등 사용자가 접근하기 쉬운 정보까지 전달하여 기관에 대한 이해도를 높이고 심도 있는 정보를 전달하며 다양한 사용자들의 유입을 유도하고 있다.

실생활에 도움이 되는 에너지 정보를 쉽게 풀어낸 페이스북 콘텐츠

페이스북은 다양한 에너지 관련 정보를 쉽고 재미있게 전달하는 채널로 활용하고 있다. 다소 어렵게 느낄 수 있는 에너지 관련 콘텐츠를 가독성 좋은 카드 뉴스로 제작하는 등 구독자들이 에너지 절약에 대해 관심을 가지고 직접 실천할 수 있도록 실제 일상에서 도움이 되는 정보를 콘텐츠로 제작해 제공하고 있다.

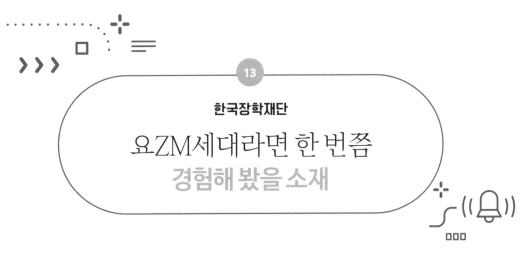

한국장학재단
요ZM세대라면 한 번쯤
경험해 봤을 소재

자신만의 브랜드 메시지를 전달하기 위한 웹진, 매거진, 블로그 등 온드미디어
Owned Media : 기업·기관이 자체 소유하고 있는 미디어에 대한 주목도가 높아지고 있다. 이는 공
공기관에도 예외가 아니다. 한국장학재단은 온드미디어를 통해 디지털 소통
을 강화하고 있다. 한국장학재단은 단순히 장학금만 주는 곳이 아닌 학생들에
게 꿈과 희망을 준다는 의미를 내포한 '오늘의 꿈 내일 드림' 슬로건을 중심으로
SNS 소통채널을 운영하고 있다.

MZ세대 공감 콘텐츠에
강점을 보이는 웹진

한국장학재단은 꾸준히 웹진을 발간해 오고 있다. 웹진에는 재단 관련 주요 소
식과 현황, 청년의 학교생활에 도움이 될 수 있는 알짜배기 정보가 카테고리 별
로 마련되어 있다. 특히 독자가 웹진을 통해서 자신이 원하는 내용을 쉽게 파악
할 수 있는 구조로 구성되어 있다. 기관의 방향성과 브랜드 메시지를 다방면에
서 전달할 수 있는 매체를 통해 한국장학재단은 관심을 갖고 찾아오는 이용자
를 대상으로 맞춤형 콘텐츠를 제공하고 있다.

| 학점관리 꿀팁 안내!! | 커즈 동아리 | 2학기 국가장학금 2차신청 |
| 드림케거친 | 드림캠퍼스 | 재단소식 |

한국장학재단 웹진 '林' 73호

뿐만 아니라, 한국장학재단은 웹진 페이지를 통해 다채로운 콘텐츠 경험을 제시함으로써 차별화된 콘텐츠 공급 전략을 선보이고 있다. 한국장학재단의 '드림터뷰' 콘텐츠는 다양한 직군에 종사하는 전문가들의 커리어와 목표를 향해 달려온 여정에 대한 이야기를 들어볼 수 있는 인터뷰 형식의 영상 콘텐츠다. 기상캐스터, 작가, 의사 등 직업에 대한 기본적인 정보와 해당 직업을 위해서 갖춰야 할 역량에 대해 파악할 수 있어 청년 층에게 유용한 대표 콘텐츠로 기능하고 있다.

한국장학재단의 공식 캐릭터를 유행하는 트렌드와 결합해 제작한 '공감툰' 콘

한국장학재단 웹진 이벤트, 공감툰 콘텐츠

한국장학재단 요ZM세대 알바Ssul 콘텐츠 편의점 편

텐츠 또한 웹진과 인스타그램 채널을 통해 만나볼 수 있다. 시험기간, 조별과제 등 학생이라면 경험해봤을 만한 주제를 활용하면서도 주로 1020세대를 대상으로 화제가 되었던 밈meme 콘텐츠를 패러디함으로써 익숙한 소재를 통해 신선한 재미를 더했다.

웹진에서 만나볼 수 있는 공감 콘텐츠는 Z세대 타깃 영상 콘텐츠로 이어진다. 한국장학재단의 MZ세대 타깃 유튜브 채널 '요ZM세대'에서는 공감형 콘텐츠에 집중하고 있다. 〈알바Ssul〉 콘텐츠의 경우, 토크 콘텐츠로 실제 대학생 출연진의 다채로운 경험담을 들을 수 있는 생활밀착형 스토리로 구성되어 있다. 현실적인 아르바이트의 장단점이나 진상 손님 에피소드를 언급하는 등 유쾌한 웃음 포인트로 재미를 준다.

한국장학재단은 웹진을 통해 기관만이 가진 콘텐츠 네트워크를 중심으로 소통하며 학업, 생활에 필수적인 정보를 필두로 적극적으로 소통해 나가겠다는 의지를 드러내고 있다. 나아가 단순히 기관의 정책정보 전달뿐 아니라 구독자의 공감대를 형성할 수 있는 소재를 발굴하여 콘텐츠화하며 젊은 수요자와 접점을 넓히고 있다.

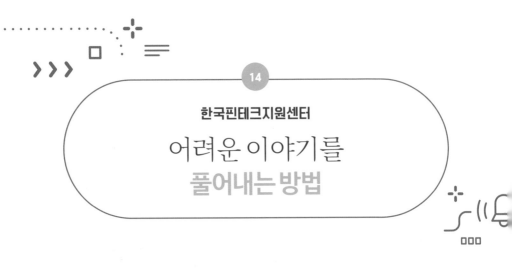

14

한국핀테크지원센터

어려운 이야기를
풀어내는 방법

한국핀테크지원센터는 혁신적 금융서비스 출현과 핀테크 산업 성장을 지원하는 글로벌 핀테크 허브로서 SNS 채널을 핵심 커뮤니케이션 채널로 삼아 일반 대중들에게 금융혁신정책, 핀테크 주요 사항, 금융혁신 및 포용에 관한 주요 사안 등을 친숙하게 홍보하여 핀테크에 대한 대국민의 관심도를 제고하고 있다. 한국핀테크지원센터의 핵심 사업인 금융규제 샌드박스는 기존 금융서비스와 차별성이 인정되는 금융업 또는 이와 관련된 업무를 수행하는 과정에서 제공되는 서비스에 규제 특례를 인정하는 제도로, 현행 법령상 규제로 인하여 소비자

금융규제 샌드박스 플랫폼 메인 화면

에게 제공하지 못하였던 혁신적인 금융서비스에 대하여 인허가 및 영업행위 등의 규제를 최대 4년간 적용 유예하거나 면제하는 제도이다.

한국핀테크지원센터가 대중과 핀테크 기업들의 접점 창구라면 금융규제 샌드박스는 많은 핀테크 기업 및 그들의 현 주소를 알리고, 핀테크 기업들에게는 성장 단계별 종합 지원 제도를 시행할 수 있는 공간이다. 한국핀테크지원센터의 금융규제 샌드박스 플랫폼은 금융규제 샌드박스의 모든 것이 담겨있는 핵심 소통 채널이다. 금융규제 샌드박스 플랫폼은 핀테크 기업과 금융규제 샌드박스 제도 운영기관들의 상호 이해를 제고하고, 개별 핀테크 기업들이 직면한 문제에 대한 해결방안을 함께 고민하는 소통의 창구 역할을 하고 있다. 나아가 핀테크를 향한 일반 국민들의 이해도를 높이는 역할을 수행중이다.

●●
금융규제 샌드박스,
핵심 사안에 대한 집중 홍보

금융규제 샌드박스 플랫폼은 대중의 인지도, 소비자의 공감대, 사업자의 이해 등 타깃별로 사업 정보 제공 중이다. 일반 국민을 대상으로는 사업 인지도 제고 콘텐츠를 제작하고 있으며 핀테크 기업 대표 혹은 핵심 인물의 인터뷰 영상, 사업소개 광고 영상 등을 제작하고 있다. 핀테크 기업들에는 각 기업의 주요 사업내용을 홍보함과 동시에 기업 운영 및 사업 운영 중 발생하는 규제 관련 애로사항 등을 같

금융규제 샌드박스 지정기업 대표 인터뷰

이 고민하고, 전담책임자 등을 지정하여 컨설팅 하는 등의 다양한 방법을 통해 사업을 지원하고 있다. 금융규제 샌드박스 지정기업 대표 인터뷰는 지정금융규제 샌드박스 지정기업을 선정 후 기업 및 기업 대표 서비스를 소개하면서 CEO 인터뷰 등을 조합하는 형식으로 구성한 영상이다. 기업들에게는 홍보의 기회를 제공하며 국민들에게는 금융규제 샌드박스 제도에 대한 이해를 돕기 위한 콘텐츠이다.

핀테크 어디까지 들어봤니? 1편-보험 가입 절차에는 어떤 비밀이???

핀테크 어디까지 들어봤니 콘텐츠는 소비자의 시선을 잡을 수 있도록 최신 트렌디한 비주얼 컨텐츠 제작에 주력한 카드뉴스이다. 금융규제 샌드박스에 관한 일반 소비자들의 궁금증부터 지정기업 사업 분야의 소개까지 대중의 언어로 알기 쉽게 풀어 소개하고 있다.

〈기자단 뉴스〉 핀테크 산업의 혁신, 금융규제 샌드박스

〈기자단 뉴스〉는 금융규제 샌드박스의 주요 기업 및 최신 정보 등을 대중들의 눈높이에서 알기 쉽게 풀이하고 있다. 높은 조회수를 기록하며 호응을 얻은 콘텐츠이다.

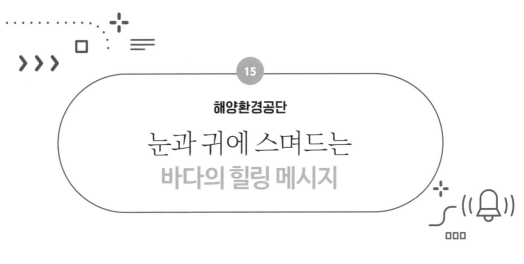

15

해양환경공단

눈과 귀에 스며드는
바다의 힐링 메시지

해양환경공단은 해양의 보전과 이용을 선도하는 해양환경 국민 플랫폼 기관이다. 전국 12개의 지사와 13개의 사업소 운영을 통해 해양환경 보전·관리·개선, 해양오염 방제, 해양사업, 그리고 이와 관련된 교육·연구개발, 국제협력 등의 사업을 운영하고 있다.

해양환경공단은 이 같은 노력을 국민들께 알리고, 해양보전의 중요성을 널리 고취시키기 위해 유튜브, 카카오채널, 블로그, 인스타그램 등 4개의 핵심 SNS 채널을 운영하고 있다. 그 중에서도 유튜브는 해양환경공단의 핵심 홍보 채널로 국민과의 소통에 중심이 되고 있다.

해양환경공단의 공식 유튜브 채널 〈코엠TV〉는 해양환경의 아름다움을 전하는 시리즈 쇼츠 콘텐츠 〈힐링SEA네마〉를 비롯해, 공단의 핵심 사업을 홍보하는 브이로그 영상 등 다양한 영상 콘텐츠를 선보이고 있다. 또한 유튜브 커뮤니

해양환경공단 소개 영상 '해양환경을 바꾸는 사람들, 우리는 해양환경공단입니다'

티와 댓글 이벤트 등을 활용해 구독자와 지속적인 소통 창구를 만들고 있으며, 여름 휴가철을 맞아 MZ세대에게 인지도가 높은 코믹 유튜버 '빵쏭'과 브랜디드 협업 콘텐츠를 개발하기도 했다. 이러한 노력의 결과로 전년 대비 300% 이상의 높은 성장을 이루어내기도 했다.

●●
바다의 감성을
듬뿍 담은 콘텐츠

힐링 ASMR 콘텐츠 〈힐링시리즈 SEA네마〉

정기 시리즈물인 〈힐링시리즈 SEA네마〉는 바다와 해양 관련된 다양한 풍경을 소개하는 힐링 ASMR 콘텐츠로 해양의 다양하고 아름다운 모습을 영상과 소리로 담았다. 영상 업로드 시 멘션과 커뮤니티를 활용해 간단한 댓글 이벤트를 추가하여 바다와 관련된 이야기를 국민과 함께 나누고 있다.

해양환경공단은 여름 휴가철을 맞아 우리 바다로 휴가를 떠나는 국민들을 대

해양환경공단×빵쏭 〈바다에서 들으면 좋은 노래〉

상으로 자연스러운 바이럴 효과를 유도할 수 있는 유튜브 인플루언서와 브랜디드 콘텐츠를 협업 제작했다. MZ세대와 알파세대에게 큰 인기를 끌고 있는 유튜버 '빵쏭'과 색다른 협업을 진행 유머러스한 영상을 제작하고 'B급 음원'도 제작해 관심을 집중시켰다. '휴가철 바다에서 쓰레기를 버리지 말고 다시 가져오자'는 메시지는 중독성 강한 음원과 영상을 타고 빠른 속도로 전파됐다.

해양환경공단×예술인복지재단 〈바다로〉 전시회

현대미술로 새롭게 만나는 해양쓰레기, 그리고 해양환경의 문제. 해양환경공단은 아트스페이스 라프가 기획하고 국내 예술 작가 5인오혜린, 임승균, 김민지, 설호종, 박용화이 참여한 현대미술 전시회 〈바다로〉를 공식 후원했다.

바다와 사회, 인간의 상호작용을 소재로 한 회화와 조각, 사운드 아트 등 다양한 작품을 전시하여 해양환경 보전에 대한 시민들의 인식을 증진시켰으며, 모든 전시 작품은 참여 작가들이 직접 바다에서 촬영하거나 수집한 해양쓰레기를 활용했다는 점에서 의미가 깊다. 해양환경공단은 이 전시회를 영상에 담아 전시회를 찾지 못한 국민들과 함께 즐겼다.

바다의 아름다움과 감성을 가득 담은 해양환경공단의 유튜브 콘텐츠들은 자연스럽고 부드럽게 국민들의 마음을 파고들며 해양환경공단 브랜드의 가치를 높이고 있다.

지방자치단체 · 지방공공기관

경상남도	순천시
경상북도	안성시
대구광역시 관광과	전라남도 관광과
대구교통공사	제주관광공사(중문면세점)
부천시	제주특별자치도관광협회
서울디지털재단	창원특례시
서울특별시교육청	충청남도

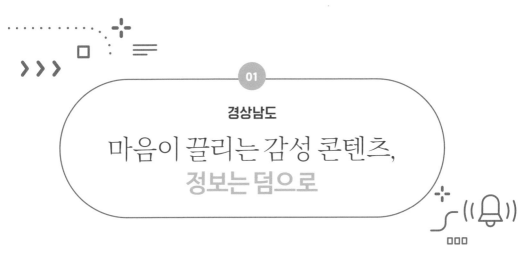

01

경상남도

마음이 끌리는 감성 콘텐츠,
정보는 덤으로

경상남도는 유튜브 채널을 통해 과감하고 다채로운 유형으로 콘텐츠 경쟁력을 높이고 있다. 〈Wanna play 경남?〉 시리즈 콘텐츠는 지역경제 활성화에 활력을 전달하는 뮤직비디오 형식의 영상을 선보여 호평을 받고 있다. 힙한 감성의 영상 무드를 기반으로 젊은 세대의 눈길을 사로잡으며 경상남도에 색다른 활력을 불어넣으며 누적 조회수 200만 회 이상의 폭발적인 반응을 기록하고 있다. 재치있는 영상미와 함께 경상남도가 지원하는 사업을 영상 하단에 설명하며 기

뮤직비디오 형식 콘텐츠인 〈Wanna play 경남?〉

관의 정책을 자연스럽게 전달한다. 이외에도 '도민보고서', '지역정보055'을 시리즈 콘텐츠를 통해 경남의 정책 정보와 일반정보를 함께 전달하는 한편, '주무관이 간다', '경남여행_최종 최최종.mp4'로 자사 임직원과 다양한 인플루언서의 출연으로 경상남도의 모습을 다각도로 담아내고 있다.

●●
공감력이 돋보이는
콘텐츠 구성

또한 경상남도는 SNS 사용자에게 선호도 콘텐츠 유형인 웹툰과 숏폼을 경남의 콘텐츠로 재해석하여 활용해 정책 전달의 효율성을 극대화시키고 있다. 웹툰에서는 도민 실생활에 필요한 혜택 서비스지만 몰라서 놓치기 쉬운 정책 등의 내용을 웹툰 콘텐츠로 알기 쉽고 흥미롭게 전달하고 있다. 이는 단순히 정책 내용을 텍스트로 나열해 전달하는 것보다 스토리텔링을 더한 콘텐츠로 정책

웹툰, 숏폼을 활용한 경남의 소식 전달 및 제철 과일 소개

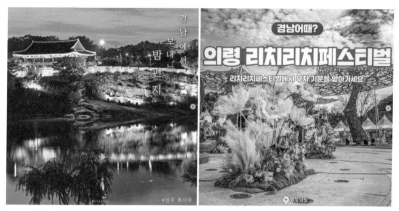

경상남도 인스타그램 채널 _ (좌)감성 콘텐츠 (우)'경남어때?' 콘텐츠

정보 전달의 쉬운 소비를 유도하고 있다. 웹툰 내에는 도민의 일상 속 경남의 정책이 필요한 순간을 선보이며 공감대 또한 높이고 있다.

경상남도의 숏폼 콘텐츠 활용도 돋보이고 있는데 짧은 시간 내에 MZ세대가 공감할 수 있는 요소를 담아내며 핵심 메시지를 전달하고 있다. 숏폼 콘텐츠에는 경상남도 유튜브 채널에 공유되는 콘텐츠를 압축해 설명할 뿐 아니라 〈주무관이 한다〉라는 숏폼 오리지널 콘텐츠를 통해 경남의 제철 과일을 소개하며 경남의 지역 농산물을 홍보해 지역상품 홍보와 판매 촉진에 기여하고 있는 평이다.

경상남도는 인스타그램 채널은 보다 감성적으로 지역 명소를 소개한다. 방문 욕구를 높일 수 있는 생생한 사진 콘텐츠를 중심으로 소통하며 채널을 운영하고 있다. 지속적으로 '경남 어때?' 키워드를 함께 사진 콘텐츠와 활용해 경상남도에서 선정한 장소 등을 콘텐츠로 제안하며 경상남도의 인지도를 올리고 있다.

경상남도의 관광지 및 자연경관에 대한 타임랩스 영상은 물론 감성메시지를 포함한 사진 콘텐츠로 도민들의 공감대를 높이고 있다. 그중 감성메시지를 포함한 콘텐츠에 사용자들의 반응이 높은데, 이는 경상남도만의 힐링 콘텐츠로 평가받고 있다. 단순한 지역 여행 정보뿐 아니라 경상남도만의 독창적인 감성을 함께 전달하고 있는 채널 운영은 시민들에게 긍정적인 평가를 받고 있다.

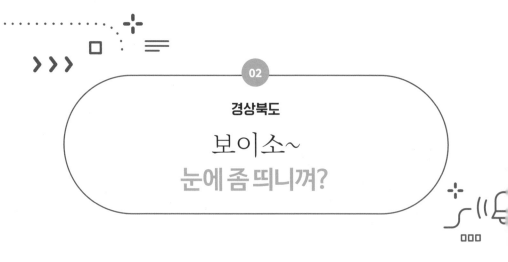

02

경상북도

보이소~
눈에 좀 띄니꺼?

경상북도의 SNS 소통전략은 참여형 콘텐츠를 기반으로 소통의 사각지대 해소 및 트렌드를 반영한 감각적 콘텐츠를 구현하는 것이다. 경상북도는 이를 위해 시즌 및 시리즈 콘텐츠로 다채로운 경북의 모습을 소개해, '오고 싶은 경북'의 이미지를 전파하고, 서포터즈 운영을 통해 친근함을 더한 경북 원격 여행지를 소개하고 있다. 그리고 숏폼을 활용해 MZ세대의 공감을 유도한 시각적인 콘텐츠 개발하고, 실제 관광객들의 사진 수급으로 관람객들의 경험과 가치 재공유하는 등 다양한 접근법과 콘텐츠로 국민들의 시선을 끌고 있다.

●●

17개 광역자치단체 중
유튜브 구독자 1위! '보이소 TV'

눈길을 사로잡는 콘텐츠를 만들겠다는 정체성을 반영한 채널 아트

경상북도의 유튜브 채널인 보이소 TV는 구독자 34.3만 명으로 경북도의 문화,

관광, 농업, 메타버스 등 주요 정책을 새로운 시각으로 다양한 콘텐츠를 기획한다. 인플루언서 '아싸라비아'와 경북이 함께하는 여행 정보 시리즈 콘텐츠는 출연자만이 할 수 있는 특별한 경험이 아닌, 시청자도 가보고 싶게 만드는 체험 브이로그 형식의 자연스러운 여행 영상이다. 인스타 감성 영상에 꾸밈없이 솔직하게 소통하는 자막은 Z세대의 공감을 일으키고 있다.

인플루언서와 협업한 지역 관광정보 시리즈 콘텐츠

「AI뉴스」는 디지털 대전환을 선언한 메타버스 수도 경상북도, 경북의 주요 이슈를 1분 안에 빠르고 정확하게 알려주는 정책 콘텐츠다. 재미없다고 느끼는 도정 이슈를 쉽게 풀어서 알리고, 도민들의 생활에 도움이 되는 유용한 정보를 시의

경북 국가산업단지와 수해 피해 작물 피해 지원 등 정책 안내 영상

성 있게 전달하고 있다. 궁금증을 유발하는 썸네일과 제목으로 각계각층 시청자들의 접근성을 높였고, 시청자 평균 시청 지속 시간은 '55초$_{91\%}$'로 클릭하는 순간 1분이 순삭 되는 정보 영상이다.

경북의 쇼츠는 보이소TV의 킬링포인

트만 꾹 눌러 담았다. 본편 예고, 언박싱, 정책 뉴스 등 짧은 시간에 재미와 정보를 전달하는 영상을 통해 본편에 대한 호기심을 유발해 시청까지 이끌어낸다. 때론 핵심 내용만을 담은 쇼츠가 본편보다 더 높은 조회수를 기록하는 효자 콘텐츠이기도 하다.

●●

인생샷 맛집,
경북의 인스타그램 감성

감성 사진 및 릴스 콘텐츠

경상북도의 인스타그램은 지역 곳곳의 감각적인 사진에 위로, 응원의 메시지를 더해 경북만의 따뜻한 감성을 전달한다. 관광지에 대한 정보뿐 아니라, 감성으로 공감하고 소통할 수 있는 공간을 마련했다.

경상북도는 인스타그램 스토리의 설문조사 기능을 활용해 국민들의 여행 선호도를 조사하고 니즈를 파악. 스토리의 결과는 차주 피드에 콘텐츠로 반영함으로써 활발한 소통을 이어간다.

여행자들이 전해주는 여행지, 인기 명소뿐만 아니라 경상북도에서 보여주고 싶은 숨어있는 지역과 장소를 선별해 직접 다녀온 후 생생하게 소개한다. 여기에 즐거움을 더하는 꿀팁도 함께 알려주면서 도민은 물론 전 세계인들의 눈길을 사로잡는 채널로 성장하고 있다.

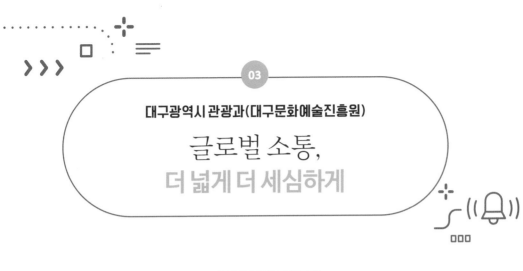

03

대구광역시 관광과(대구문화예술진흥원)

글로벌 소통,
더 넓게 더 세심하게

✦ SNS 채널 브랜드 슬로건 ✦

국내 채널   해외 채널

대구광역시 관광과는 포스트 코로나 이후 해외여행이 재개됨에 따라 국내뿐만
아니라 해외 관광객 유치를 위해서 힘쓰고 있다. 대구 도심과 외곽에서 즐기는
축제, 미식, K-콘텐츠 등 다양하고 매력적인 콘텐츠를 개발하고 있으며, 국내는
물론 해외도 각 언어권 별 맞춤 콘텐츠를 제작하여 대구여행의 즐거움을 널리 알리고 있다.

대구여행의 관심을 유발하는 숏폼 콘텐츠

대구관광 SNS는 글로벌 트렌드에 맞춰 콘텐츠 다양화에 주력하고 있다. 유튜브는 요즘 대세인 숏폼 콘텐

츠를 적극 활용하고 있다. 〈1분 대구 여행정보〉, 〈실시간 대구〉, 롱폼 연계 콘텐츠 등 1분이라는 시간 동안 짧고 굵은 임팩트 콘텐츠로 대구여행의 흥미를 유발하고 있다.

또한 유튜브 구독자 특성을 반영하여 시리즈로 즐길 수 있는 대구여행 예능영상을 꾸준히 선보이고 있으며, ESG 요소를 반영한 '대구 로컬'에서만 경험할 수 있는 〈로컬 대구싶다〉 콘텐츠로 대구로컬 문화 활성화를 유도하고 있다.

재미 요소와 글로벌 확산을 위해 외국인 인플루언서를 활용한 글로벌 콘텐츠도 제작하고 있으며 이벤트를 연계한 콘텐츠로 구독자와의 소통도 강화하고 있다.

다양한 글로벌 타깃을 위한
맞춤 채널과 콘텐츠

대구관광은 다양한 언어와 문화를 가지고 있는 글로벌 타깃에 맞춰 다양한 채

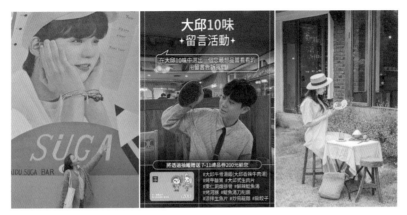

각 어권별 글로벌 맞춤 콘텐츠

널과 콘텐츠를 마련했다. 전 세계의 글로벌한 여행자들과 대구를 연결하기 위해 영어권, 일어권, 중화권(대만), 중화권(중국) 총 4개 어권에 대구여행의 매력을 전달하는 콘텐츠를 선보이고 있다.

각 어권별로 가장 영향력 있는 채널 플랫폼을 활용하는 것은 물론, 세부 타깃 분석을 진행해 사용자 정서와 요구에 맞는 특화 콘텐츠를 제작했다. 영문 채널에서는 K-Culture를 콘셉으로 BTS 슈가의 생일을 맞아 'BTS 벽화거리'를 소개하는 콘텐츠를 제작해 신규 팔로워를 대폭 늘렸고, 일문 채널에서는 최근 일본인들 사이에서 카페투어가 유행하는 트렌드를 파악해 '대구 카페거리' 콘텐츠를 제작했다. 이 콘텐츠는 기존 콘텐츠 대비 인터랙션을 180% 증가시켰다.

중문 번체 채널에서는 대만의 한국음식 트렌드를 반영해 '대구 10미 이벤트'를 진행했고, 중문 간체 채널에서는 중국 단오절 연휴에 맞춰 방문율 증가를 예상하고 대구 여행지 소개 이벤트를 진행했다. 현지의 관심사와 시즈널 이슈를 파악한 이벤트는 높은 관심과 참여율을 보였다.

현지인의 사용 패턴에 맞는 채널, 현지의 트렌드와 요구를 반영한 콘텐츠 선정은 글로벌 소통의 가장 중요한 요소이다. 적절하고 효과적인 채널 운영과 타깃 정서에 맞춰 잘 만들어진 콘텐츠에는 국경이 없다.

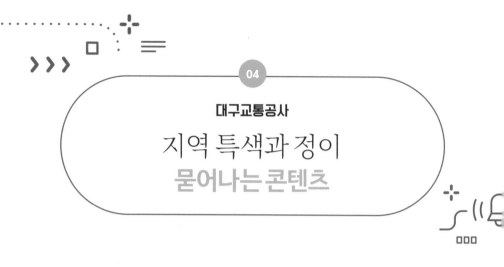

04

대구교통공사
지역 특색과 정이
묻어나는 콘텐츠

대구교통공사는 대구 도시철도 운영뿐만 아니라 건설, 통합모빌리티서비스 MaaS, 수요응답형 대중교통DRT 등을 수행하는 종합대중교통 전문기관이다.
대구교통공사는 대구시민이라면 누구나 이용해 봤을 도시철도를 매개로 하여 온라인에서도 다양한 소통을 이끌어 내고 있다. 사소한 일상도 시민들과 늘 함께 소통'하는 도시철도의 다양한 소식 소개부터 도시철도를 통해 갈 수 있는 일상 감성 여행지까지 시민들이 쉽게 공감할 수 있는 콘텐츠를 제작하고 있다.

대구교통공사의 블로그 콘텐츠

대구교통공사 블로그는 SNS 채널의 허브를 담당하고 있으며, 일상소통 및 도시철도에 대한 지식을 쉽고 재미있게 전달하는 역할을 수행하고 있다. 디트로 행사, 이벤트 등의 소식과 사소한 일상꿀팁이 담긴 콘텐츠와, 시민기자단을 운영하여 도시철도로 갈 수 있는 대구 여행지를 소개하여 대구 지역 관광 활성화 콘텐츠도 제작하고 있다. 또, 사내기자단을 운영하여 일반 시민들은 알기 어려운 '도시철도'에 대한 전문적인 정보를 쉽고 재미있게 전달할 수 있는 콘텐츠를 제공한다. 최근에는 대구교통공사의 고객 서비스 향상을 위한 노력들을 카드뉴스로 제작하여 시민들과 긍정적인 상호작용을 이어가고 있다.

••
그 어디에서도 찾아볼 수 없는
로컬 콘텐츠

대구교통공사 SNS 콘텐츠의 가장 큰 특징은 공사의 업무와 이와 연관된 대구 지역 콘텐츠로 꼼꼼히 채워져 있다는 것이다. 대구교통공사 SNS는 매일 만나는 지하철과 일상을 공유하는 지역의 사람들에 관련된 이야기를 담고 있다.

대구교통공사 인스타그램은 가족, 동네 사람들과 주변의 일상과 정보를 나누듯 가볍게 소비할 수 있는 일상 감성 콘텐츠 위주로 구성되어 있다. 감성적인 표지로 눈길을 끄는 일상 감성 콘텐츠를 제공하고, 해당 관광지에 도시철도대중교통를 이용하여 가는 방법을 안내하는 콘텐츠를 제공한다. 또, 대구 도시철도와 관련

대구교통공사의 인스타그램 콘텐츠

하여 이슈가 된 '트럼펫남 Jay.z'와 대구교통공사 브랜드송을 트럼펫으로 연주하는 릴스를 발행해 많은 대구시민의 사랑을 받았다.

유튜브의 콘텐츠도 도시철도에서 만날 수 있는 일상 이야기를 소재로 삼는다. 사내기자단 영상을 활용하여 '디트로'의 일상을 담은 브이로그 콘텐츠, 운전실이나 설비에 대한 소개 영상 등의 콘텐츠를 제작하여 도시철도에 대한 호기심 해소와 함께 대구교통공사의 전문성을 강조했다.

[대소사] 철덕들 모여라!! 열차의 이동방향을 결정하는 "선...
조회수 1.1천회

🎸 대구 트럼펫남 이번엔 지하철 허락받고 탔습니다.....(진...
조회수 2.6천회

2023 재난대응 안전한국훈련 #shorts
조회수 865회

대구교통공사 유튜브 쇼츠 콘텐츠

대구교통공사는 시민들의 피드백에도 적극적으로 대응한다. 경험, 감상 등에 대한 댓글 반응에 친구처럼 다정하게 응답하며 적극적 소통을 이어간다. SNS상이지만 '대구'라는 지역과 '대구도시철도'를 이용한다는 공통점은 서로 지역 공동체의 일원임을 느끼게 하고 자연스러운 소통으로 이끈다.

'대구 도시철도'를 이용하는 사람들은 대구의 특색이 묻어나는 콘텐츠를 통해 공감대를 형성하고, 대구교통공사는 이용자들의 요구에 부합하는 서비스를 제공하며 '즐거움'과 '공감'이라는 긍정적인 메시지로 서로 소통하고 있다.

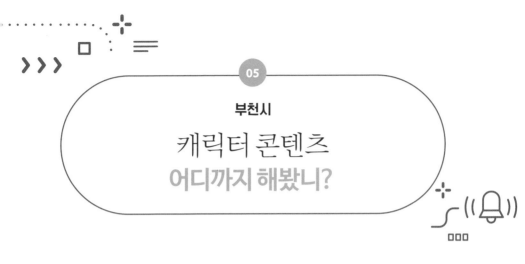

05

부천시

캐릭터 콘텐츠
어디까지 해봤니?

시민 행복 중심의 시정운영을 지향하는 부천시는 2023년 시 승격 50주년을 맞아 SNS 통해 본격적으로 부천시의 매력을 널리 알리기 시작했다.

부천시의 SNS 소통에는 어디든 빠지지 않고 등장하는 약방의 감초가 있다. 도움의 손길이 필요한 곳에는 어디서든 나타나 도움을 주는 친구의 이름은 부천시의 마스코트 '부천핸썹'이다. 부천핸썹은 MZ세대 세계관을 가지고 있어 자유분방하다. 이벤트의 도우미로 등장하는 것은 물론 캐릭터 시장의 최강 '펭수'와 콜라보를 진행하기도 하고, 귀여운 굿즈로 팬들의 지갑을 열게 하는 등 다양한 방면에서 부천시의 인기를 높이고 있다.

부천시 인스타그램은 부천시 SNS 채널 중 가장 반응이 뜨거운 채널인데, 부천시 채널과 마스코트인 부천핸썹 채널 2개로 운영되고 있다. 부천시 채널에서는 정보 외에 가볍게 웃으며 공감할 수 있는 '스낵콘텐츠'와 매월 3개 이상의 관내 명소를 소개하는 숏폼 영상릴스을 업로드해 딱딱한 지자체의 이미지를 완화하고 있다.

핸썹이를 이용한 각종 SNS 콘텐츠

부천핸썹 채널에서는 인형 탈을 쓴 부천핸썹의 실사를 업로드하고 있는데, 유행하는 릴스 챌린지 등 최신 트렌드 콘텐츠로 MZ세대에게 어필하고 있다. 부천핸썹은 유튜브에도 가장 많이 등장하는 출연자이기도 하다.

부천시 카카오플러스채널은 부천시 인구의 25.5%가 구독하고 있는 채널이다. 카카오친구 대상으로 매주 금요일 시정소식이 담긴 메시지를 발송하고 있는데, 이로 인한 유입효과는 크게 나타난다. 이 곳에서도 핸썹이의 활약은 대단하다. 부천시는 상반기와 하반기에 마스코트 부천핸썹의 이모티콘을 배포하는데, 상반기 배포 당일 약 5분만에 5만개가 소진되었다.

●●

식을 줄 모르는
이놈의 인기!

부천핸썹 키우기는 매주 시민들에게 미션을 주고(좋아요, 댓글 등) 달성 시 '부

핸썹이를 이용한 각종 SNS 콘텐츠

천핸썹'이 성장하여 공무원이 되기까지의 과정을 담은 사용자 인터렉티브 콘텐츠이다. 기존에는 시민들과 직접적인 소통 창구가 없었지만, 해당 콘텐츠로 댓글, 좋아요 수치 상승 효과를 거두었다.

이번주 어땠썹은 매주 금요일 오후 한 주를 되돌아보는 콘텐츠이다. 평소에는 일상 주제로 제작이 되지만, 홍보해야 하는 시정소식이 있다면 자연스럽게 내용을 녹일 수 있어서 시민들이 거부감 없이 받아들일 수 있다는 장점이 있다.

시민참여형 이벤트에도 핸썹이는 빠지지 않는다. 〈내 맘대로 칠하는 핸썹이〉는 어린이집 혹은 가정보육에서 교육자료로 이용할 수 있고, 자라나는 세대들에게 부천핸썹을 자연스레 노출하면서 지역에 대한 애정을 심어주는 역할도 하고 있다.

06

서울디지털재단

범위를 넓히는
캐릭터 마케팅

서울디지털재단은 2016년 설립된 서울특별시 출연기관으로, 서울시의 디지털 전환을 지원하는 대표기관이다. 스마트도시 서울을 구현하기 위해 AI·빅데이터 등 디지털 기술을 활용한 연구/교육/기업지원 등을 수행하고 있으며, 최근에는 챗GPT를 공공분야에 최초로 적용한 〈챗GPT 활용보고서〉를 발간하며 이목을 끌고 있다.

서울디지털재단의 캐릭터인 월디Worldy인 월디는 재단의 콘텐츠 마케팅에 핵심적인 역할을 하고 있다.

월디World Digital Leaders의 준말는 '디지털' 하면 떠오르는 '로봇'을 캐릭터 베이스로 캐릭터 배에 LED로 재단 목표를 넣고 머리 위 안테나로 시민과의 소통 신호를 표현했다. 서울을 상징하는 'S'와 디지털을 상징하는 'D'는 캐릭터 귀에 표현됐다.

서울디지털재단의 로봇 신입사원 '월디'

요즘 많은 기업·기관이 수많은 캐릭터들을 경쟁적으로 내놓고 있지만, 그 중에서 월디는 활발한 활동으로 다른 캐릭터와의 차별화를 시도하고 있다.

월디를 이용한 콘텐츠 〈월디 웹툰〉과 〈금디뉴스〉

••

시민과 함께 즐기는
다채로운 캐릭터 콘텐츠

서울디지털재단은 월디의 탄생 스토리를 애니메이션으로 제작해 스토리텔링
을 강화하고 독특한 세계관을 만들어가고 있다. 화성에서의 탄생부터 재단에
입사하게 된 이유, 월디의 MBTI 대공개 등 재미있는 스토리를 공개 시민들을
매력적인 세계관 속으로 이끌고 있다.

월디는 서울디지털재단 공식 인스타그램 외에 자체 인스타그램을 개설하여 활
동하고 있으며 귀여운 모습과 다양한 콘텐츠로 인기를 끌어올리고 있다.

〈월디 웹툰〉은 회사에서 펼쳐지는 일상, MZ의 솔직한 마음을 담아냈다. 월디의

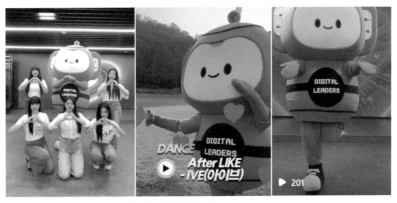

걸그룹 콜라보 콘텐츠와 댄스 커버, 유명 밈 숏폼 콘텐츠들

최근 히트 콘텐츠는 바로 댄스 영상이다. 걸그룹 '에이디야'와 콜라보한 월디 댄스 영상은 조회수가 폭발했고, 블랙핑크, 선미, 아이브 등 인기 아이돌의 댄스를 따라 추는 월디의 댄스 영상은 해외팬들까지 대거 유입시켰다. 토카토카, 햄스터챌린지, 블랙팬서챌린지 등 유명 틱톡 영상을 따라하는 유명 밈 영상도 알고리즘에 자주 노출되며 재단 SNS 채널 유입을 극대화했다.

민간, 공공 등 다양한 분야와 협업하는 월디의 콜라보 콘텐츠

서울시 출연기관 26개 중 인형탈을 가진 기관은 단 3개 기관밖에 없다. 그중 서울디지털재단은 가장 활발히 인형탈을 활용하고 있는 기관으로, 서울시, 출연기관, 민간기업 등과 다수의 콜라보를 진행해 다양한 콘텐츠를 생산해 냈다.

메타버스 공간에 만들어진 〈월디 시민랜드〉와 시민들과 함께하는 콘텐츠

2022년 미국 타임지가 선정한 최고의 발명, 메타버스 서울! 서울시 행정 서비스를 아바타로 이용할 수 있는 메타버스 서울에 〈월디 시민랜드〉 공간을 조성해 월디와 시민이 함께하는 이벤트 공간으로 꾸며 시민들과 소통하고 있다.

이외에도 도움이 필요한 시민에게 월디가 직접 찾아가 봉사활동을 진행하는 사회공헌 캠페인, 월디 웹툰 공모전 등 시민들과 직접 만나고 소통할 수 있는 이벤트와 콘텐츠로 시민들과의 접점을 강화하고 있다.

서울특별시교육청

수요자가
주체가 되는 콘텐츠

공공기관은 주로 정책 정보 전달의 효율성을 높이기 위해 유튜브 채널을 활용해오고 있다. 다만, 일방향적 정책 정보형 중심의 채널 운영은 수많은 영상 콘텐츠들 사이에서 이목을 끌기 어렵다는 한계가 있다. 이러한 편견을 깨트리고, 최근 교육행정기관의 유튜브 채널은 정책 정보 타깃의 깊은 이해를 기반으로 독창적인 콘텐츠 개발하며 콘텐츠의 활력을 띄고 있어 주목된다.

서울특별시교육청은 학생 중심의 콘텐츠를 개발하여 정책을 소개하고 매월 커뮤니티 기능을 적극 활용해 소통채널로서 유튜브 채널을 강화하고 있는 모습이다.

숏폼 콘텐츠– What's in your–?

서울특별시교육청의 유튜브 채널은 교육적인 내용을 담아낸 콘텐츠는 물론 젊은 학생 세대와 접점을 넓히기 위한 숏폼 콘텐츠, 콜라보 콘텐츠 등을 선보이며 쉬운 콘텐츠 소비를 유도하고 있다.

여기서 학생들은 콘텐츠 주체로서 영상 콘텐츠 내에 자주 등장하는 것이 특징이다. 학생들과 소통하며 함께 콘텐츠를 채워 나가는 소통 채널로 이미지를 확고히 하고 있다.

그중 〈What's in your-?〉 숏폼 시리즈 콘텐츠는 조사 결과 시민들에게 가장 긍정적인 반응을 얻고 있는 것으로 분석됐다. 현재 숏폼 콘텐츠 유형에 대한 선호도가 높은 것이 반영된 것일 수 있지만, 콘텐츠 소재의 활용 측면에서 우수하게 평가된 것으로 조사됐다.

짧은 러닝타임 내에 학교 생활 내 필수품부터 최근 유행하는 아이템까지 매회 다양한 소재를 활용하는 학생들을 인터뷰하며 해당 소재를 저마다의 개성을 가지고 사용하는 다채로운 모습을 함께 전달하고 있다. 이는 같은 소재라도 나만의 아이템으로 만드는 학생의 개성을 독창적으로 담아냈다는 평을 받았다. 학생들이 관심을 가지는 소재를 발굴해 재조명하여 공감 콘텐츠로서 콘텐츠 경쟁력을 높였다.

●●
톡톡 튀는 학생들의 감성과 개성이 담긴 콘텐츠

콜라보 콘텐츠−(좌 Breaking On/(우) 학교 앞 on the block

숏폼 콘텐츠 이외에도 서울특별시교육청은 콜라보 콘텐츠에서도 강점을 보였다. 〈학교 앞 on the block〉 시리즈 콘텐츠는 웹예능 콘텐츠로 아이돌 멤버 러블리즈 '류수정'을 메인 mc로 출연시켜 화제성을 높였다. 10분 내외의 영상 콘텐츠에서는 학생들의 공감을 이끌어낼 수 있는 학교생활에 대한 내용을 중심적으로 다루며 실제 학생들과의 진솔한 대화를 이끌고 있다. 다양한 학교의 모습을 젊은 세대의 눈높이에 맞추어 전달하며 공감대를 높였다는 의견이다.

또한 최근 선보인 〈브레이킹 온〉 영상 콘텐츠는 높은 퀄리티의 영상미로 사용자들의 이목을 집중시켰다. '브레이킹' 공교육 도입 승인을 기념하기 위한 특별한 콜라보 콘텐츠로 초등학교의 내부를 색다른 에너지와 이미지로 전달해 호응을 얻었다. 서울의 공공교육 공간에서 비보잉 그룹인 '진조크루'의 색다른 콜라보는 시각적인 즐거움뿐 아니라 기관의 트렌디한 이미지를 확실히 전달했다.

유튜브 커뮤니티를 통한 참여기반 소통활동 강화

서울특별시교육청은 유튜브 커뮤니티를 매월 활용하며 기관 중에서도 높은 활용도를 보이고 있는 것이 특징이다. 커뮤니티 내에 사용자들의 많은 참여를 이끌기 위해 이벤트를 연계하여 소통을 강화하고 있다. 또한 지속적으로 서울특별시교육청의 콘텐츠에 대해 관심을 가질 수 있도록 유도하고 있다.

이처럼 서울특별시교육청은 일방향적인 정보전달 콘텐츠에서 나아가 커뮤니티 활용, 재미있는 소재 및 콘텐츠 유형을 발굴하여 콘텐츠화 하는 등 학부모뿐 아니라 젊은 세대와의 접점을 높일 수 있는 소통 채널로서 유튜브 채널을 활용하고 있다.

순천시

지역의 숨은 매력,
웹드라마로 알리다

순천시는 웹드라마로 지역관광 활성화 및 '2023 순천만국제정원박람회'를 효과적으로 홍보했다. 순천시에서 제작한 판타지 브×로맨스브로맨스+로맨스 웹드라마 '백설공주와 수상헌 여행사'는 웹드라마 전용 유튜브 채널 루디고 및 순천시 유튜브 채널, 네이버TV를 통해 공개되었다.

브×로맨스 웹드라마 '백설공주와 수상헌 여행사'

동화 속 백설공주? NO! 그런 백설공주는 잊어!

그동안의 백설공주를 생각했다면 착각이야.
검은 머리카락, 빨간 입술만 같을 뿐, 나이를 가늠할 수 없는 이야기에
독심술과 시공간 이동 능력, 다국어 회화 능력까지.

하지만, 그녀에겐 치명적인 약점이 있으니...
그건 바로 사과를 먹으면 모든 능력을 잃는 것.

과연, 그녀는 능력을 다시 되찾고 오랫동안 꿈꿔왔던 사랑을 할 수 있을까..?

삼식스의 리더! 초긍정 사나이! 헬스장은 뒷전 여행사 대표로?

탄탄한 몸매의 소유자. 머리보다 몸이 먼저인 진정한 육체파다.
머리가 아플 땐 달리는 습관이 있다.

맘대로 되지 않는 헬스장 운영과 고단한 현실에
낙안읍성을 뛴 후 갑자기 백설공주를 만나게 된다.

그런데, 이 이상한 와중에 이상형 백설공주만 보면 가슴이 뛴다.
머리보다 몸이 먼저인 육체파 답게 백설공주에게 직진하려 한다.

웹드라마의 주요 등장인물과 캐릭터

기존 공공기관 등이 자체 유튜브 채널에만 웹드라마를 업로드했던 것과 달리, 순천시는 더 많은 국민들에게 순천의 매력을 전하고자 전문 웹드라마 채널 루디고와의 협업으로 순천을 잘 알지 못하는 세대에까지 적극적으로 홍보했다.

이 웹드라마는 시공을 초월한 능력자 '백설'이 가진 거라고는 의리밖에 없는 순진한 순천의 청년들 삼식스 앞에 나타나면서 벌어지는 판타지 로맨스 웹드라마다.

그동안 관광 웹드라마의 경우 관광지에서 일어나는 로맨스가 대부분이었지만, 이 웹드라마는 판타지 요소를 반영해 트렌디한 스토리를 개발했고 젊은 층의 조회수를 높일 수 있도록 동화적인 요소를 많이 차용해 영상적으로도 완성도 높은 작품을 제작했다.

백설 역을 맡은 배우 송예빈은 웹드라마 여신으로 불리는 떠오르는 신예 배우다. 이번 웹드라마를 통해서 처음 판타지물에 도전한 송예빈 배우는 정체를 알 수 없는 신비하지만 사랑스러운 백설의 역할을 완벽하게 소화해냈다.

'백설공주와 수상헌 여행사'는 이처럼 신예배우들에게 연기의 기회를 제공, K-컬쳐를 책임질 차세대 배우로서의 발판의 계기를 마련하기도 했다.

웹드라마로 체험하는
볼거리와 즐길거리

백설공주와 수상헌 여행사는 순천을 배경으로 하여 순천의 대표명소 순천만 국가정원뿐만 아니라 순천만습지, 낙안읍성 외에 순천의 트렌디한 명소 달빛야 시장, 옥리단길 등 순천의 다양한 관광지를 국내·외에 알렸다. 이를 통해 순천시 유명 관광지와 로컬 문화를 경험할 수 있는 관광지를 모두 소개, 포스트코로나 시대 다시금 해외여행이 증가하는 가운데 여행객들이 국내관광으로 눈을 돌릴 수 있는 계기를 제공했다.

순천시는 2023년 4월 순천만국가정원 박람회를 개장하고 이어 5월에 웹드라

순천만국제정원박람회를 소개하는 '길에서 주운 사과가 존예로 나타났다' 편

마 '백설공주와 수상헌 여행사'를 방송하면서 순천여행의 붐을 조성하고 대한 민국 생태수도 순천 브랜드를 국내외에 널리 알렸다.

아름다운 관광명소를 수준 높은 영상미와 탄탄하고 재미있는 스토리텔링으로 풀어낸 웹드라마는 순천의 매력을 새롭게 어필한 신선한 시도였다.

안성시

시민의 곁을 지키는
SNS

"안성安城은 경기도와 충청도가 갈라지는 곳이요, 삼남三南을 통괄하는 입구" 안성시의 지리적 특성을 한마디로 표현한 가장 대표적인 문구로써, 안성시는 이러한 지리적 특성을 이용하여 경기도와 충청도를, 나아가 경기도와 전국을 잇는 '이음'의 도시로 성장하고 있다. 안성시의 SNS는 안성의 이런 장점들을 부담 없이 외부에 전파하는 홍보관의 역할을 맡고 있다. 사실 안성시는 가진 장점에 비해 인지도와 관광지로서의 매력도가 높은 편이 아니다. 안성시 SNS는 이를 해결하기 위해 시의 장점을 부각하고, 외부 관광객을 유치하고, 시민에게 유용한 정보를 신속하게 전달하고자 사방으로 노력 중이다.

● ●

이용자가 직관적으로
위험을 인지할 수 있는 재난정보

기후위기로 인해 폭염, 호우 등의 강도와 이에 따른 피해가 매년 늘어나고 있다. 안성시는 재난 상황에 SNS만큼 활약할 수 있는 미디어는 없다는 일념으로 SNS를 적극 활용한다.

대표적인 재난 전파 미디어인 재난문자의 경우는 휴대폰이 있는 모두가 수신할 수 있다는 확실한 장점이 있지만 강제적으로 발송하기 때문에 수신자들이 수동적으로 반응한다는 단점을 수반한다. 수신자가 정보의 2차 생산자가 되지 않는다는 뜻이다. 또한 콘텐츠가 텍스트에 국한되어 수신자에게 재난 상황을 직관적으로 보여주지 못한다는 단점도 존재한다.

안성시의 SNS는 이 재난문자의 단점을 타파하는 것을 목표로 한다. 이용자가 직관적으로 위험을 인지할 수 있게 직접 현장에 나가 사진을 촬영하여 업로드하고 있다. 이에 이용자들은 게시물을 공유하는 등 주변에 상황을 적극적으로 전파하는 2차 생산자가 된다. 안성시의 SNS는 이 선순환을 더욱 촉진시키기 위해 재난 관련 행동요령, 대비 현황, 피해 현황, 2차 피해 신고방법 등 재난상황의 전체 프로세스를 신속하고 정확하게 전달하는 것에 모든 역량을 쏟는다.

재난만이 아니라 행사도 현장의 분위기를 담아내려 노력한다. SNS 이용자들은 다른 어떤 콘텐츠보다 행사 관련 현장 스케치에서 가장 큰 호응을 보인다. 따라서 안성시의 SNS는 안성맞춤랜드, 팜랜드, 벚꽃 명소 등 수많은 관광지에서 시행되는 행사들의 사전 홍보부터 준비 현장, 실시간 현황을 현장에서 실시간 업로드하며 근거리에서 소통한다.

소통에서 '친구'라는
인식이 미치는 영향

안성시의 SNS는 채널을 불문하고 메인 페이지부터 콘텐츠까지 바우덕이로 시작해서 바우덕이로 끝난다고 해도 과언이 아니다. SNS 담당자가 누구든지 SNS상에서는 바우덕이가 되어 시민과 소통하게 된다. 현실의 바우덕이는 '여성 남사당패'일뿐이었지만 SNS상에서는 무엇이든 될 수 있다.

이러한 바우덕이 캐릭터의 자유로운 재해석은 현실 공감만화 '덕이일기 몰래읽기', '덕이 네컷' 등의 독자적인 콘텐츠까지 이어질 수 있게 만들었다. 이제 안성시 SNS 이용자들은 SNS의 바우덕이를 '과거의 인물로서 인식하기보다 온라인 친구로 인식하고 있다. 이 '친구'라는 인식은 소통에서 상당한 이점을 가져온다. 바로 이용자들이 어렵고 딱딱한 '안성시' 나 '공무원'과 소통하지 않을 수 있게 된다는 것이다. 이미 안성시 SNS 이용자들은 SNS 운영자에게 '덕아' '덕이야' 등 친근한 호칭으로 질문이나 감상을 댓글에 남기고 간다.

결론적으로 바우덕이의 가장 큰 역할은 이 '친근감의 유지'다. 안성시는 바우덕이가 더욱 친근하게 남을 수 있도록 최근 리뉴얼 버전의 서브캐릭터를 제작하여 SNS에서 활용하고 있다.

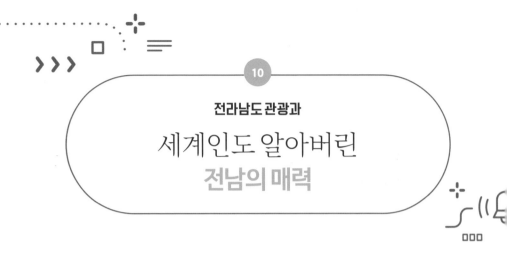

전라남도는 우리나라 서남부에 위치한 곳으로 바다로 둘러싸여 있어 해양 관광 자원이 풍부하다. 특히 2,165개의 섬이 산재하고 있고 지리산과 섬진강이 포함 되어 있어 계절별로 형형색색 변화하는 아름다운 산림자원이 가득한 지역이다. 또한 화순 고인돌 유적지, 순천 선암사, 해남 대흥사, 장성 필암서원과 자연 생 태계의 보고 보성·순천·신안의 갯벌, 가사문화권 담양·장흥, 고산 윤선도 유

테마별로 관광정보를 소개하는 블로그 콘텐츠

적지 완도, 전통 남화의 성지 완도 운림산방, 판소리의 성지 보성 서편제 등의 시·서·화·창과 관련된 예술세계를 구축하고 있다. 또한 전라남도는 말이 필요 없는 맛의 고장이다. 완도 전복거리, 무안 낙지거리, 광양 불고기특화거리 등에서는 산지 재료로 만든 본고장 요리를 맛볼 수 있다. 전라남도는 매년 '남도음식 문화큰잔치'를 열어 남도의 맛을 세계에 알리고 있다. 이러한 관광자원을 알리기 위해 전남도는 2022-2023 전라남도 방문의 해로 지정하고 다양한 온·오프라인 행사를 추진하여 국내외 관광객을 유치를 위해 노력하고 있다.

••

세계를 향하는
전남의 블로그

전라남도는 유럽, 미주, 동남아, 중국, 일본을 비롯한 35개국 170명의 SNS 서포터즈를 선발하여 관광자원을 홍보하고 있다. 또한 2023년 3월부터 베트남, 필리핀, 인도네시아 3개국 대상으로 무안국제공항 무사증 입국 제도를 운영하고 있

전남의 아이덴티티를 강화한 홈페이지형 스킨

어 해외 관광객이 계속 증가하고 있다. 또한 전남의 아이덴티티와 매력을 강화하기 위해 인기 콘텐츠와 원하는 여행정보를 한눈에 볼 수 있는 홈페이지형 블로그 스킨을 제작해 다양한 정보를 쉽고 편리하게 얻을 수 있도록 정비했다.

지역민들의
니즈를 반영한 콘텐츠

지역 커뮤니티 상위에 노출된 전남 관광 콘텐츠

전라남도는 외부의 관광객뿐 아니라 지역민들과의 공감대를 형성하고 그들의 니즈를 반영한 콘텐츠 개발에도 힘쓰고 있다. 또한 콘텐츠 제작에만 그치지 않고 시즌 이슈 및 전라남도 지역축제 등 화제성 키워드를 적극적으로 활용해 네이버 검색 상위에 노출시키고 있다.

화제성 높은 콘텐츠들은 전남 지역민들이 자주 활용하는 우리동네 판에도 다수 노출되었다. 전라남도에서는 동네 기반 커뮤니티도 적극 활용해 지역민들의 참여와 공감을 유도하고 숨겨진 명소, 맛집 등 다양한 정보를 발굴하여 제공하고 있다.

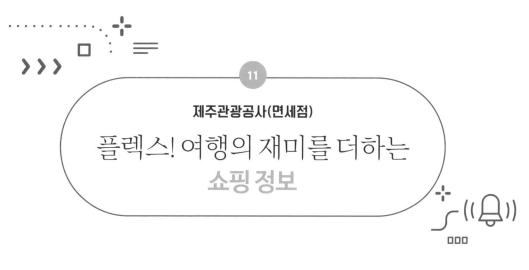

11

제주관광공사(면세점)

플렉스! 여행의 재미를 더하는
쇼핑 정보

제주관광공사는 2008년에 설립된 제주특별자치도의 공공기관으로, 제주의 관광산업 발전과 관광객의 만족도 향상을 위해 다양한 역할을 수행하고 있다. 제주관광공사의 여러 활동 중에는 재정적으로도 지속 가능한 운영을 지원하기 위한 수익사업도 있다. 제주관광공사 중문면세점은 제주 공항·항만을 이용하는 국내외 관광객들에게 해외 브랜드는 물론 제주만의 로컬브랜드 제품 등 다양한 부문의 상품을 판매하며 이용자들에게 특별한 쇼핑 경험을 제공하고 있다.

중문면세점이 특별히 신경 쓰는 것은 고객과의 소통강화다. 중문면세점은 SNS 댓글 이벤트로 면세점에 어울리는 브랜드를 고객에게 추천받고 있다. 그리고 이를 바탕으로 고객 트렌드를 분석해 향후 브랜드 입점 기초 데이터로도 사

소통 및 고객 참여 이벤트 콘텐츠

용하고 있다. 그 외에도 이슈별 시즌별로 다양한 참여 이벤트를 기획해 이용객, 잠재고객과 지속적 소통을 이어나가고 있다.

면세점 상품 소개 콘텐츠

중문면세점은 SNS를 통해 신규입점 브랜드, 매장 추천 상품, 제주단독 브랜드, 인기 위스키, 한정판 등 테마별로 상품과 정보들을 소개하고 있다. 주요 브랜드에 대해서는 최근 인기 있는 릴스를 통해 제품의 다양한 면모를 선보이고, 각 브랜드 특성에 맞게 콘텐츠마다 차별화를 주며 제품이 최대한 돋보일 수 있는 콘텐츠를 만들고 있다.

MZ 인턴 추천 콘텐츠

면세점의 주요 고객인 MZ세대 친화형 콘텐츠도 선보이고 있다. MZ세대 인턴 직원을 주인공으로 인턴의 시선으로 바라본 면세점, 직접 근무하면서 만나는 상품들을 엮어 콘텐츠로 만들었다. 20대 인턴이 첫 월급으로 면세점에서 가지고 싶은 아이템이라든가 여름여행 갈 때 필요한 추천템, 인턴이 강추하는 제주 기념품 등 새로운 시선의 콘텐츠로 MZ 세대의 마음문을 열고 있다.

혜택, 할인쿠폰, 체험공간 관련 콘텐츠

SNS를 통한 쇼핑 혜택 제공은 면세점의 특성상 고객 유치를 위해 중요한 부분이다. 매월 정기 이벤트 및 할인 행사, 쿠폰 혜택 등의 정보를 제공하고 매장 내의 인생네컷, 포토스팟 등 체험공간을 소개하면서 중문면세점 방문을 유도하고 있다.

매장 내 '비짓제주 라운지'와 이와 연계한 관광정보 콘텐츠

중문면세점 매장 안에는 제주여행 팁과 관광 정보를 제공하는 '비짓제주 라운지'가 설치되어 있는데 중문면세점에서는 이와 연계하여 인스타그램에 면세점 주변 관광정보를 소개해 지역관광 활성화에 힘을 보태고 있다.

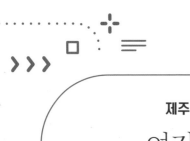

12

제주특별자치도관광협회

여기, 바로, 제주!
생생한 여행 감성

제주특별자치도관광협회는 제주 관광산업의 성장 발전과 회원 업체의 사업발전, 제주관광 정책에 대한 조사·연구를 위해 1962년 설립되어 제주관광의 시작부터 지금까지 제주관광의 성장을 견인해 왔다. 협회의 주요 업무는 관광객 유치를 위한 관광상품 개발 및 홍보 마케팅, 관광안내소 및 국내 홍보센터 운영, 관광사업체 지원 등 제주관광 전분야에 걸쳐 있다.

제주관광협회의 SNS 채널 운영은 인스타그램과 유튜브로 단순화되어 있다. 여행 관련 콘텐츠라는 특성을 최대한 살릴 수 있는 채널에 역량과 자원을 집중하

제주관광협회 인스타그램 '여기바로제주' 콘텐츠

는 전략이다. 그 중에서도 특히 인스타그램은 제주관광의 매력을 가장 효과적으로 확산하는 채널이다.

••
감성에 정보를 더하다,
제주관광협회 인스타그램

제주관광협회의 공식 인스타그램 채널 '여기바로제주'는 채널명 만큼이나 직관적이고 감각적인 콘텐츠로 여행을 꿈꾸는 많은 사람들에게 사랑받고 있다.
'여기바로제주'에는 감성이 뚝뚝 묻어나는 아름다운 제주의 사진과 영상으로 채워져 있지만 의외로 현지 곳곳의 정확하고 발 빠른 여행 정보도 가득하다. 협회의 네트워크와 정보력 등 현지에서 가질 수 있는 이점을 살려 다른 데에서는 찾을 수 없는 차별화된 고급정보를 제공하고 있다.

인스타그램 여행정보 콘텐츠

여기바로제주'는 다양한 체험과 개인의 취향을 중요시하는 여행객들을 위한 맞춤형 콘텐츠를 제공하고 있다. 계절별, 시기별, 날씨별 제주 현지의 변화에 따른 여행정보 및 추천 코스도 찾아볼 수 있다.
제주관광협회는 ESG 여행문화친환경 및 지속가능한 여행문화와 여행자들과 지역민제주도민이 함께 즐거운 제주여행을 만들어가기 위해 노력하고 있으며, 이러한 시도들을

ESG 여행문화와 트립메이트 관련 콘텐츠

각종 이벤트와 콘텐츠를 통해 확산해 나가고 있다.

도민과 여행객이 함께 모여 제주도의 해변 쓰레기를 치우는 '줍젠' 프로젝트, 지역민 크리에이터가 함께 참여해 콘텐츠를 만드는 '트립메이트' 등 제주의 관광자원을 보호하고 지역민과 소통하는 여행문화를 만들기 위해 노력하고 있다.

사용자의 참여로 만들어지는 참여형 이벤트 콘텐츠

제주에 관심이 있는 사람들을 제주 매니아로 만들어가기 위한 참여형 이벤트도 활발하게 진행하고 있다. SNS를 운영하는 크리에이터들이 제작한 콘텐츠를 SNS로 전파하는 'SNS 포스팅 공모전'을 5년째 개최하고 있으며, 해시태그 이벤트, 포토 콘테스트 등 다양한 주제와 유형의 참여형 콘텐츠로 소비자들을 제주 여행의 한 주체로 만들어가고 있다.

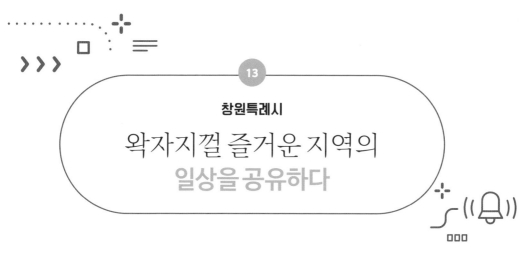

왁자지껄 즐거운 지역의
일상을 공유하다

창원특례시는 '창원' '마산' '진해' 세 도시의 강점을 살려 창원시로 통합한 데에
이어, 2022년 1월 비수도권 유일의 특례시로 출범했다. 창원시의 SNS는 '시민
일상과 삶을 함께하는 소통의 도시'라는 목표를 가지고 시의 정책과 생활 정보
를 빠르게 전달하고, 실시간 소통으로 작은 소리에도 귀 기울이는 열린 소통의
공간을 만들어가고 있다. 창원시 SNS의 특징은 채널간 연동성이다. 온오프라
인 소식을 연계하여 창원시의 다양한 소식을 인스타 스토리 하이라이트 기능
을 통해 알리고 있으며 SNS에 접속하지 않아도 창원시의 중요한 소식을 받아
볼 수 있는 카카오톡 채널 메시지도 적극 활용하고 있다.

일상에 웃음을 더해주는
즐거운 콘텐츠

창원시 SNS 재미와 정보라는 두 마리 토끼를 잡기 위해 다양한 방식으로 콘텐
츠를 가공하고 있다. 춤, 노래, 패러디, 시트콤 등 시민들의 일상에 즐거움을 더해
줄 수 있는 것이라면 새로운 시도도 망설이지 않는다. 시민들에게 보다 나은 정
보를 제공하기 위한 일이라면 시청 공무원들도 콘텐츠 제작에 적극적으로 참여

즐거움이 묻어나는 창원시 유튜브 영상 콘텐츠

하고 있다.

일상에 활력을 더해주는 이벤트 콘텐츠도 빼놓을 수 없다. 시민들에게 재미, 정보에 경품까지 1석 3조의 정보와 즐거움을 전달해 주는 이벤트 콘텐츠는 창원시 SNS와 시민들을 더 가깝게 연결하는 소중한 매개체이다. 창원시는 게임 기능을 추가한 이벤트 페이지 등 새로운 내용과 형태를 개발하기 위해 지속적으로 노력하고 있다.

시민 참여형 이벤트 콘텐츠

우리 지역의 핫한 소식,
그리고 사람들

창원시는 지역의 이야기로 시민들이 서로 공감을 나눌 수 있는 콘텐츠도 적극적으로 개발하고 있다. 우리 지역에 요즘 뜨는 Hot 플레이스, 새로운 트렌드, 그리고 지역사회를 든든하게 지탱해주는 마음 따뜻한 사람들의 이야기까지 지역민이 공감하고 소속감과 자부심을 느낄 수 있는 소재를 발굴해 지역공동체 의식을 키워나가고 있다.

지역의 화젯거리 그리고 지역 사람들의 이야기를 다룬 콘텐츠

또한 창원시는 시민들의 일상 생활에 필요한 소식을 SNS를 이용해 실시간으로 빠르게 전달해 시민 생활 편의를 돕고 있다. 한파, 폭염, 호우 등 자연재해 등 시민의 안전과 관련된 사안부터 대중교통 파업, 대형 행사 교통정보, 공사 정보 등 시민들의 생활에 불편을 초래할 수 있는 사안에 대해서는 특별히 신속하게 대응하여 최대한 빠른 방법과 채널로 정보를 알리고 있다.

창원시의 SNS는 정책을 일방적으로 홍보하는 수단에서 시민들의 편안한 일상과 안전을 위한 수단으로, 지역민들과 만나 즐겁게 소통하는 지역의 사랑방으로 진화해 나가고 있다.

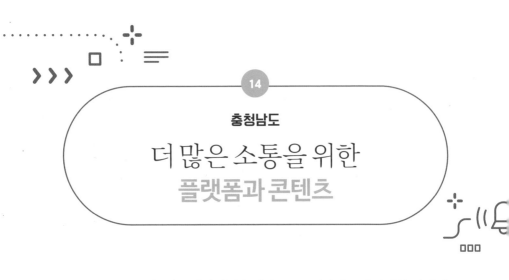

14

충청남도
더 많은 소통을 위한
플랫폼과 콘텐츠

충청남도는 2010년 8월 트위터 개설을 시작으로 도민과의 소통 강화를 위해 적극적으로 소셜미디어 채널을 확대·운영하고 있다.

공식 채널로서 '페이스북'은 시의성과 공보성을 바탕으로 도정을 전하는 충청남도 대표 SNS이며, '인스타그램'은 도민 리포터의 소스를 활용한 도민의 시각을 담는 채널로, 뉴스 콘텐츠 플랫폼으로서의 'X트위'는 일상에 영향을 주는 다양한 소식을 신속하게 전달하며, '유튜브'는 충청남도의 대표 영상 채널로서 도민의 정보 소비 패턴에 따라 기획 영상, 도정 홍보 영상, 충남 영상소식쎈스테이션 등을 통해 도민과 소통하고 있다.

충청남도는 2023년 '카카오톡 채널'과 '스레드'를 잇따라 개설하고 모든 세대, 모

도민의 제안을 받는 쌍방향 소통 플랫폼 '충남 서로이음'과 관련 콘텐츠

든 계층과의 소통을 강화해 나가고 있다. 아울러 정보 유통의 중심, '대표 누리집홈페이지'은 사용자 편의성을 강화하고 사용자 참여 및 접근성을 확대하기 위해 UI를 개편했다. 특히 온라인소통 플랫폼 '충남 서로이음' 런칭을 통해 도민 중심의 쌍방향 서비스를 구축하고 도정에 도민의 뜻을 적극적으로 담기 위한 노력을 강화하고 있다.

●●
차이를 넘어 더 많은 사람들이
공감하는 콘텐츠

광역자치단체로서 충청남도가 추진하는 정책은 구체적이기보다 탄소중립과 같이 방향성만 제시하는 추상적인 내용이 많을 수밖에 없다. 충청남도는 이를 도민에게 가시적으로 쉽게 전달하기 위해 기획에서 제작까지 전달 과정의 디테일을 높였다. 영상의 자체 제작도 메시지 전달력을 강화하기 위해 선택한 방법이다.

도민의 시각에서 메시지를 전달하는 〈아무말파티〉

어렵고 지루하게 여겨질 수 있는 충남의 주요 도정을 두 아나운서의 재치 있는 입담으로 풀어낸 〈아무말파티〉 전문가 패널이 아닌 도민의 시각에서 도정을 다루면서 두 아나운서의 대결 구도를 유도함으로써 자연스럽게 도민이 정책을 공감하고 응원할 수 있도록 했다. 여기에 도민들은 어느 출연자의 입장을 지지하는지 묻는 장치를 만들어 도민의 참여와 공감을 얻어냈다.

MZ세대 공무원의 일상을 따라가 본 〈공사다망〉

공공의 이익을 위해 여러 곳에서 여러 형태로 근무하는 MZ세대 공무원의 일상을 조명한 〈공사다망〉은 잘 알려지지 않은 공공기관의 역할과 업무를 소개하여 도민들의 큰 공감을 이끌어냈다. 또한 MZ세대의 일상을 꾸밈없이 보여줌으로써 세대간의 이해도 넓혔다.

그리움을 담아 전하는 당신의 충남, 〈당충전〉

충청남도는 전통적인 구독자층과의 정서적 공감대를 높이기 위한 노력으로 기존 〈충남한바퀴〉를 새롭게 개편하였다. 진행자도 아나운서에서 리포터로 교체하고 진행 방식도 체험과 인터뷰 비중을 늘렸다. 보다 보기 편하고 재미있는 포맷으로 재정비한 〈당충전〉은 충남 곳곳의 명소와 특산물을 생생하게 소개하여 고향의 소식을 궁금해하는 도민들의 갈증을 풀어주고 있다.

〈당충전〉은 이와 같은 노력에 힘입어 40대 이상 타지에 사는 충남 출신의 높은 호응을 얻고 있다. 또한 최근에는 영상 콘텐츠에 수어를 삽입하여 더 많은 도민이 함께 콘텐츠를 즐길 수 있도록 배려하고 있다.

콘텐츠 인사이트 2024
잠재고객을 충성고객으로

1판 1쇄 인쇄 2023년 11월 20일
1판 1쇄 발행 2023년 11월 22일

지은이   박혜진·더콘텐츠연구소
편집   황재용
디자인   유노아트
제작 인쇄   유노아트
펴낸곳   ㈜더콘텐츠
주소   서울시 강남구 테헤란로 443 애플트리타워 15층
www.the-contents.kr

ISBN 979-11-965361-2-1 13320